中国革命論のパラダイム転換

K・A・ウィットフォーゲルの「アジア的復古」をめぐり

石井知章
Ishii Tomoaki

社会評論社

表紙写真＊1927年7月15日の武漢政府による「分共」決定後、蒋介石と合流して、南京へ向かう汪精衛（中央）。

本扉写真＊北京での在外研究中（1935-37年）のウィットフォーゲル。自宅書斎にて。

「だが、われわれは労働者と小ブルジョア諸君にこう呼びかける。諸君の階級を救うという口実で全国民を中世の野蛮状態につきもどすような、過去の社会形態に逆もどりするよりは、むしろ諸君の全員に解放をもたらすべき新しい社会を建設するための物質的手段を、その工業によってつくりだす近代のブルジョア社会で苦しむほうを選びたまえ、と！」

マルクス「モンテスキュー五六世」、『マルクス・エンゲルス全集』（第六巻）、一九一頁。

中国革命論のパラダイム転換——K・A・ウィットフォーゲルの「アジア的復古」をめぐり　目次

第二章　農民問題と「アジア的復古」――K・A・ウィットフォーゲルの中国革命論(2)　117

第三章　毛沢東主義と「農民革命」――K・A・ウィットフォーゲルの中国革命論(3)　178

序章　中国革命論のパラダイム転換

1　アジア的生産様式論における「アジア的」なものとは何か――中国との関連で

　K・A・ウィットフォーゲルのただ一人の弟子であるG・ウルメンが指摘したように、東アジアのコンテクストでみた場合、一九三〇年代半ばに繰り広げられた日本資本主義論争とは、じつは「半植民地・半封建」という、アジア的生産様式を排除した中国共産党、及びコミンテルンの基本テーゼ（一九二八年）を契機に中国で繰り広げられた社会性質論戦・社会史論戦との延長線上でとらえることが可能である。それらはいわば、「遅れた」資本主義国家群を内に含んだ東アジアとしての地域秩序のあり方をめぐるアジア的生産様式論争そのものであった。★1 逆にいえば、社会性質論戦・社会史論戦とは、その論者たちの多くが日本への留学生であったことにもみられるように、日本資本主義論争との連関性においてのみ、その本来的な意味を正しく理解できるのだといえる。

そもそも、アジア社会論にとって日本の一九三〇年代とは、一九二〇年代までに形成された伝統的「アジア学」が、西洋近代を超克すべく思想的に試されただけでなく、現実的な外交論・社会政策論にまで踏み込んで世界史的レベルで展開されるという激動の時代のことを意味した。ここでは、マルクス主義的方法論が主流となって一つの体系を形成しつつ、西洋の衝撃を受けて変貌するアジア社会の基底に残存する「封建的」なもの（マルクスのいう「アジア的」なもの）をどう理解するかという視点をめぐって、近代的「資本制」を強調する学派と前近代的「封建制」に力点を置く学派とが激しい論戦を繰り広げたのである。[★2]

だが戦後、一九六〇年代の後半から七〇年代後半にかけて「復活」した「アジア的生産様式論争」とは、こうした新たな世界秩序、あるいは地域秩序の形成や転換と連動していたものではけっしてなく、むしろそれが原始的共同社会、最初の敵対的かつ普遍的社会、アジア的奴隷制社会、奴隷制とも農奴制とも異なる独自の古代的社会構成のいずれなのか、それともそれらの混合形態なのかといった、おもに土地の所有形態をめぐる、きわめて矮小化された、かつ限定的な意味における社会構成体の一局面をめぐって行われていたに過ぎない。この「復活」した論争に実質的な収束をもたらした小谷汪之（一九七九年）は、「アジア的専制国家」と「土地国有制」というマルクスのアジア観が「具象性を欠いたもの」であり、その「アジア的なるもの」の「固定観念」とは、現実にはアジアを自分自身で「体験」せず、ヨーロッパ的「教養」の枠組みで解釈するだけでなく、「アジア社会に住み、現実のアジアを自分の目で確かめうる立場にあるもののアジアをみる目までも制約した」と主張した。そのうえで小谷は、「『アジア的なるもの』の観念の枠組みによってアジア社会を安易に裁断してあやしまない精神構造を再生産しているとしたならば、そこには容易ならない問題があるといわなければならない」と厳しく批判したのである。★3

この小谷によるインドの村落共同体論をめぐるマルクスの著作への内在的、かつ実証的テクスト・クリティークによって明らかにされたのは、実在としてのアジアとは乖離した「事実誤認」に基づいて、このマルクスの「アジア的」なる概念が構成されており、それゆえにその拠って立つ「アジア的専制主義」と「アジア的共同体」との「結合」というマルクスの試みそのものが、「現実のアジアの歴史からは完全にかけ離れたものとならざるを得なかった」という「事実」である。★4 つまり、小谷にとっての「アジア的なるもの」とは、「観念化された『知識』」に他ならず、したがって「素材としての観念」を具象化することで、「実在」としてではなく、つねに新たな「観念」としてのみ生みだされてきたに過ぎない、というわけである。★5 ここで小谷は、インドの農村共同体論をめぐるマルクスの「アジア的なるもの」についての「観念性」を暴露することによって、いわば「土台」のもつ理論的非有効性を「実証的に」明らかにしつつ、あたかもその「上部構造」である「アジア的専制主義」論の非有効性をも同時に論証したかのような論理構成をとっている。それゆえに小谷は、「専制君主と共同体とによって彩られた『アジア的なるもの』の観念はこのようなプロセスの中で、一九世紀後半のヨーロッパにおいて一般化した新たな観念としての『アジア』であり、マルクスもそれを共有していたといわねばならない。このマルクスにおける『アジア的なるもの』の具象化と観念化の交互作用のプロセスを問い直すことなく、『アジア的生産様式』を文献考証学、訓詁学風に『解釈』することには、少なくとも思想的営為としての意味はあり得ない」と結論づけて、★6 この論争にピリオドを打った。さらに、姜尚中（一九九九年）は、E・サイードによるオリエンタリズム批判とアジア的生産様式批判との攻勢がすでに「主流」となっていた当時の学界の動きとも相俟って、「当たり前のことだが、マルクスもまた時代の子であったのだ。二〇世紀の終わり、経済危機に揺さぶられはしたが、依然としてアジアが経済の成長センターであることに変わりはない。その意味でマルクスのアジア論は完全にお蔵入りになったと言えるかもしれない」と記し[★7]、この「復活」したアジア的生産様式をめぐる言説そのものを封印した。さらに植村邦彦（二〇〇六年）も、アジア的生産様式論を全面的に否認しつつ、「アジアは『アジア的』ではないし、『アジア的なるアジア』などという実体は存在しない」と、最後のダメ押しを行ったのである[★8]。

だが、その「アジア的社会」において、「現実のアジアを自分の目で確かめうる立場にあるもの」（小谷汪之）がアジア的専制主義論の有効性を問うた際には、いったいどういうことになるのか。なぜならば、「アジア的なるもの」とは、「具象性を欠いたもの」どころか、きわめて現実的、かつわれわれ自身の主体的な判断として、実在する政治社会に対して下すべき価値評価そのものに直接関わってくるはずのものだからである。

たとえば、天安門事件で失脚した趙紫陽は、こうした東洋的専制主義の問題を「社会主義初級段階」論との関連で位置づけた、最高責任者の一人（党総書記）である。彼は第十三回党大会（一九八七年十月）の「政治報告」で「党政分離」の方針を打ち出し、国家の諸問題を検討すべく行政機関に対応して党内に設置された党機構（対口部）を廃止し、行政機関の中心で実権を握っている党組の撤廃、「党指導下の工場長責任制」から「工場長単独責任制」への切り替え、基層民主（村民自治と住民自治）の推進、情報公開の推進および対話制度の整備などの大胆な政治体制改革を提起した。[★9]こうした一連の政治体制改革の青写真を提出する際の下敷きとなっていたのが、中国共産党政治局拡大会議（八〇年八月）で鄧小平が提出した、「党と国家の指導制度の改革」についての講話である。党と国家の最高責任者である鄧小平は、中国共産党史上はじめて、過去における「封建専制」という名の東洋的専制主義の存在そのものを公式に認めて、それが文革という悲劇を招いた根本原因の一つであると見なし、そのことと「わが国の歴史上の封建専制主義の影響と関係があり、また国際共産主義運動時代におこなった各国の党の活動において、指導者個人が高度に権力を集中させていたことと関係がある」と認めつつ、それを如何に克服するかという現実的政治課題に結び付けたのである。[★10]実際、趙紫陽は上記の「政治報告」の中で、この講話こそが政治体制改革を推進する上での「指導的文書」になっていると明言している。

だが、この政治報告が鄧小平の同講話よりもさらに画期的なのは、中国社会主義の現在を「社会主義初級段階」と位置づけ、資本主義発展の遅れた後進国として社会主義に突入したという歴史的事実をはじめて直視したことであろう。これは明らかに、かつての資本主義論争において二段階革命論として議論された「ブルジョア民主主義」をめぐる現代的再論である。趙紫陽はここで、「中国人民が資本主義という十分な発展段階を経ることなく社会主義の道を歩めることを認めないのは、革命の発展という問題上の機械論であり、かつ極右的な誤りの認識上の重要な根源であるが、生産力の巨大な発展を経ずに社会主義の初級段階を越えられると考えることは、革命の発展という問題上の空想論であり、極左的誤りの認識上の重要な根源である」と述べ、間接的に、「遅ればせのブルジョア民主主義革命」の必要性を提唱したのである。★11 趙によれば、中国は「半植民地、半封建国家」として、「旧民主主義革命」の度重なる失敗後、「新民主主義革命」の「勝利」によって、資本主義でなく、社会主義こそが「帝国主義、封建主義、官僚資本主義」を克服する唯一の道であることを証明した。

たしかに、ここには「ブルジョア民主主義」の課題として克服できなかった毛沢東の「新民主主義革命」を「勝利」と呼ばざるを得ないことに明らかな限界があるとはいえ、それが「社会主義初級段階」という「ブルジョア民主主義」の課題としてはじめて提起されている点では、きわめて大きな進歩である。だが、ウィットフォーゲルにいわせれば、ここで仮に本来の意味の「半分」(semi)であったとしても、いわゆるマルクス・レーニン主義がマルクスその人の意図とはまったく反対に「アジア的」なものを「封建的」(「半」封建)と見なしたことにこそ、そもそもの問題の根源がある。「彼らは中国、インド、近東の伝統的制度を『封建的』と呼んで躊躇しなかった。彼らはモンゴル以後のロシアと西ヨーロッパ封建制を同一視した。そして彼らは共産主義ロシア——と最近では中国本土——はともに『封建制』と資本主義に優越しているが故に、発展のより高度な社会主義的あるいはプロト〈原〉社会主義的水準に到達したと確信していたのである」★12。

しかしながら、趙紫陽の見るところ、現実の歴史に飛び越えは不可能であり、結局はその生産力水準の低さゆえに、「半植民地」、「半封建」の地位から容易に抜け出すことはできず、高度に発達した資本主義国家に比べるとはるかに劣らざるを得なかった。それゆえ中国における現代化の目標は、他の資本主義の国々がすでに達成している「工業化、生産の商品化、社会化、現代化」を長い時間をかけて実現することにある。しかもそれは、あくまでも「社会主義初級段階」として達成されるべきであり、けっして「資本主義の復古」であってはならないというのである。では、それらを実現するための党＝国家の指導方針とはいったいいかなるものであるべきなのか。

ここで趙紫陽は、現代化により生産力を発展させ、そのための改革を全面的に推し進め、公有制を主として大胆に計画的商品経済を発展させるなどの諸条件づくりを提唱した上で、それらの民主的諸改革遂行の困難さの原因として、中国の伝統的「封建専制主義」の影響に言及する。すなわち、「必ずや安定的団結の前提の下で、民主政治を建設すべく努力しなければならない。社会主義は、高度な民主、完成された法制、安定的社会環境を有すべきである。初級段階においては、不安定要因がきわめて多く、安定的団結を維持することがとりわけ重要となる。必ず人民内部の矛盾を処理しなければならない。人民民主の独裁を弱めることはできない。社会主義的民主政治の建設は、封建専制主義の影響が深いという特殊な緊迫性の存在ゆえに、またその歴史的、社会的条件の制限を受けるがゆえに、秩序ある段取りでしか、進めることができないのである」[★13]。つまり、ここでも趙紫陽は鄧小平と同じように、文化大革命という悲劇をもたらし、民主主義の健全な育成を妨げる根本原因の一つとして、歴史的、社会的伝統である「封建専制主義」の問題を取り上げ、それを社会主義初級段階論＝ブルジョア民主主義革命論に結びつけつつ、長期的視野での「アジア的」遺制の克服を企図したのである。

こうしたポスト文革の時代において、「家長制」、「宗法観念」、「封建専制主義」といった中国における「アジア的」なものの諸問題をめぐる議論の活発化は、鄧小平、趙紫陽ら政権中枢のトップリーダーたちやその周辺をとりまく知識人だけでなく、当時、すでに一般庶民のレベルにすら波及しつつあった。いわゆる『河殤』問題とは、そのことをとりわけ象徴的に示すできごとである。

『河殤』とは、一九八八年六月十一日から二十八日まで最初に放映され、さらに視聴者の更なる要望で同八月下旬に再放送された蘇暁康、王魯湘らの編集による連続テレビ番組である。このテレビドキュメンタリーの制作顧問である金観濤の言葉を借りれば、それは「黄河という一筋の糸を頼りに中国の歴史、文化、社会に対する現代の学者の深い思索を明らかにしようとした」★14。その脚本は放映直後から単行本として出版され、社会的に多くの反響を巻き起こしたが、やがて中国指導部内部では「中華文明を否定するものだ」とする批判の声があがり、そのシナリオの発売も禁止されることとなる。だが、その後もこの『河殤』の政治問題化は収まらず、『人民日報』をはじめ、多くの新聞、雑誌が賛否両論の論評を掲載し、社会的関心はさらに大きく拡大していった。この作品が制作、放映されたのは、文革の全面否定と同時に着手された改革開放路線が曲がりなりにも順調に推移し、ポスト文革とも呼ぶべき新たな社会思潮が生まれつつあった時期であり、このことが問題を広く社会的に共有させたことの背景にあったことはいうまでもない。

その第一部、「夢を追う」では、古い文明を持った民族がいずれも、現実と伝統との間で厳しい危機に直面することが説かれた。中国民族のルーツをたどったとき、それが黄河を中心として生まれ育ったことがすぐに理解できる。中国文明に黄河という自然の力が計り知れないほど大きな役割を果たしてきた。悠久の歴史をもつ農業大国にとって、水は支配的な要因であり、数千年の間、「水への渇望」こそが中華民族の生存への巨大な力となってきた。厳しい自然環境という挑戦によってこそ、人間の創造力は刺激され、発揮され、黄河文明は人類史上のきわめて早熟な文明として発達し、治水、暦方算術、土地測量、家畜の飼育、製陶、冶金などの技術を西側よりも千年早く成熟させた。だが、それと同時に、そのことをもたらした過酷な自然環境自体が、その他の分野の発達を妨げ、とくに「歴史の展開、社会構造、政治組織などの面では、純東方型の道を歩むこととなった」[★15]。マルクスのアジア的生産様式論が提起されたのは、まさにこうしたコンテクストにおいてである。

「今日もし誰かが東方社会のあの悠久の専制主義は本当は水と関係あるのだと言ったら多分あなたは不思議に思うだろう。実はこうした見方はまさにマルクスとエンゲルスが提起したものなのだ。東方の自然環境の下では、大規模な人口灌漑施設をつくることが農業を営むための第一の条件となっており、当時の生産力レベルでは高度に集中した中央独裁政権が数千万の人々を組織し、人工灌漑をやり遂げる必要があったと、彼らは考えた。これこそが有名な『アジア的生産様式』の観点である。惜しむらくはマルクスとエンゲルスはこの問題をはっきりとは語っていないため後世の人々は延々と議論を続けている。

全くのところ、エジプトのピラミッドにしても、中国の大運河や長城、さらに南米の密林のマヤ人のピラミッドにしろ、現代人が舌を巻くこれら古代の大工事はいずれも非常に似通った『アジア式』歴史の影を示しているのではないだろうか。どれも古代の大帝国の遺物ではないか。何千何万の一つ一つではとるに足らない個体がある種の秩序によって組み合わされ配列され、最高至上の頂点をともに戴く大一統の社会構造は、巨大なピラミッドに非常に似ていないだろうか。その故に民主、自由、平等などという代物は『アジア』のものとはなり難いのだ[★16]」。

治水との親和的関係の深い「アジア的」社会へ熱い眼差しを注ぐその語り口には、ウィットフォーゲルのそれに限りなく近いものがある。しかしながら、こうした「大一統」の社会システムが、いわゆる「封建的社会形態」として中国でかくも長く続いてきたのはいったい何故なのかを問う「アジア的停滞論」について、『河殤』はこれまで通りの「封建的」という公式見解に立っており、マルクスの「アジア的」立場をとってはいない。こうした「封建的」社会形態とは、あくまでも「特殊なもの」でなく「普遍的なもの」であるとし、それはマルクスのアジア的生産様式論をいわば世界史=普遍史の初期発展段階に位置づけることで、その「アジア的」地域特殊論を退ける立場にある。いわく、「特殊なのは東方の古い現象ではなく、ヨーロッパで発生した突然変異なのである」[★17]。

折しも、このテレビドキュメンタリーの制作顧問であった金観濤によって出版された『興盛与危機――論中国封建社会的超穩定結構』(湖南人民出版社、一九八四年)が中国国内で大きな話題を呼んでいたのも、ちょうどこれと同じ時期に重なっている。金観濤・劉青峰夫妻はこの書で、伝統的中国社会構造の特徴が、(1)連絡の機能を担える強力な階層、(2)この階層による統一的な国家学説、(3)官僚によって管理される郡県制、(4)統一的信仰によって組織された官僚組織、という四要素によってシステム化(同一化)された「超安定システム」にあると説いていた。つまり、歴代王朝は興亡を繰り返すだけで社会が進歩しなかったこととの解明と、『河殤』による問題提起とは、ほぼ完全に一致していたのである[★18]。

また第四部の「新紀元」では、後進国資本主義の発展過程における諸問題について提起される。ここでは一九一七年に革命を経たロシアについて、マルクスの念頭においた未来社会が実現されたとするには、「なお遅れた農業国であり、農業生産は国民総生産値の五七・九％を占め、工業生産はアメリカの七％に過ぎなかった」とし、その後進社会主義の問題について言及した。そしてこの後進性が、十月革命に否定的な態度を取ったプレハーノフとロシア社会に社会主義への転換を可能にする資本主義を認めていたレーニンとの間で激烈な論争をもたらしたのである。「『ロシア・マルクス主義の父』と呼ばれるプレハーノフは、歴史はその必要な発展段階を飛び越えることはできないというマルクスの思想を堅持し、時期尚早な政権奪取は主張せず、社会主義の成功を急ぐことが、経済をして惨憺たる失敗に終わらせることになると考えていた。プレハーノフの疑問は十月革命の勝利によって粉砕されたが、しかし彼のレーニンに対する挑戦は歴史によっても埋没されることはなかった。経済が未発達の社会主義国家で商品経済の発展段階を飛び越えて成功を収めることができるか。これはプレハーノフが描いた巨大な疑問符であり、半世紀余り社会主義陣営に取りついてきた問題であった[★19]」。

2　ロシアと中国におけるアジア的生産様式とブルジョア革命

いうまでもなく、ここで問われているのは、プレハーノフとともにウィットフォーゲルその人が警告した「不都合な真実」としての「アジア的復古」の問題である。たしかにスターリンは、一九三〇年代に農民からの収奪と消費水準を抑えることによって高度な蓄積を強行し、ソ連工業の目覚しい発展をもたらしたが、その重い代価によって、その死後には新たな経済改革が強いられた。この厳然たる歴史的事実が示すように、「歴史は後退しない。人間が歴史を飛び越えたのである[20]」。これと同じ歴史の潮流は一九七八年、ついに中国にも到達し、改革の大潮流に巻き込んだものの、ソ連と同じような後進農業国である中国にとっては、その商品経済の発展はけっして容易なことではなかった。中国のような小農からなる大国家でも、商業はかつてかなり発達したとはいえ、「真の商品観念」は育たなかった。「何代もの王朝が続いたが、皇帝は全中国を所有する唯一人の私有者であった。皇帝は、任意に民衆から税金を徴収し、労働を割り当て、無償かつ無際限に農民を搾取することができた。官吏は朝廷の与える僅かな給与で暮らさねばならず、当然民衆を騙したり、力づくでその富を奪い取った。こうした農業文明の基礎の上に立てられた『大一統』の中央集権制度は、古代中国経済、とくに商業・工業活動を抑制する重い首枷となったのである。その故に一部の西側学者は中国ではもともと真の私有制が生まれたことはない。資本主義の萌芽などということも語りようがないと考えている[21]」。これは明らかに、「唯一の所有者」（マルクス）の下にある伝統的中国社会において、なぜ産業資本、および商業資本が十分に発達しなかったのかを説明するアジア的生産様式について言及するものである。ここでは明示されてはいないものの、この「一部の西側学者」としてウィットフォーゲルが念頭に置かれていることは、おそらく間違いないことであろう。つまり、「反共主義者」として長年中国で忌避されてきたウィットフォーゲルによる問題提起が、全国レベルでの社会的な問題関心としてはじめて取り上げられ、かつ共有された一時期が確実に存在したのである。

かつてプレハーノフの忠実な弟子として自認していたレーニンにとって、既述のような「アジア的」なものとは、ツァーリズムによって象徴される「前近代的」遺物以外の何ものでもなかった。そもそも二段階革命論におけるブルジョア革命の課題としてレーニンの念頭に置かれていたのも、この「アジア的」専制主義の克服であったという歴史的事実を、いったいどのように考えるべきなのであろうか。

プレハーノフの主張や第一回社会民主労働党大会（一八九八年）の宣言にみられたように、専制政治、及び絶対主義の打倒としてのブルジョア革命、さらにその目的に向けたプロレタリアートの積極的役割の必要性という「ロシア的」、すなわち、マルクスのいう「半アジア的」特殊性への配慮があったことは事実であり、その配慮を抜きにしてはレーニンの『何をなすべきか』もあり得なかった。渓内謙によれば、そもそも一九〇五年革命とは、マルクス主義の「革命類型学」からすればブルジョア革命そのものであり、しかも最終的には挫折に終ったブルジョア革命であった。それゆえに、この時点においても、その革命論はまずブルジョア革命をめぐる諸問題から出発しなければならなかったのである。専制政治から「一挙に」社会主義革命への飛躍を主張するナロードニキの「一段階革命論」は、マルクス、エンゲルスのひそかな共感を得ていたとはいえ、いわば「半オクシデント」たるロシアにおけるマルクス主義者の思考には基本的に受け入れられるものではなかった。彼らの革命論のもつ共通の前提が一貫してブルジョア革命、つまり民主主義革命から社会主義革命への「二段階革命論」であったことは、レーニンが新たな革命論の展開の中で、「政治的民主主義の道を通らずに別の道を通って社会主義に進もうとする者は、かならず経済的な意味でも政治的な意味でも、愚劣で反動的な結論に達する」と述べていることからも明らかである。[★22]

しかもレーニンは、ロシアでは専制政治と最後まで闘うことのできる階級はプロレタリアートの他にはいないと考えていた、というのがここでの重要なポイントである。というのも、「プロレタリアートは民主主義革命（ブルジョア革命）よりもさらに先に進む覚悟をしているから、かれらだけが民主主義革命を最後までやりぬくことができる」とされたからである。★23

しかし、より根源的な問題はその先にある。後進資本主義ロシアでは、プロレタリアートは国民の中の少数者でしかないがゆえに、ここでレーニンは、プロレタリアートがブルジョア革命を完遂できるためには、その運動が国民の大多数による支持の上での「国民的運動」として展開されねばならないと考えた。つまりこのことは、プロレタリアートをブルジョア革命の第一線に押し出した「後進性」が、「多数者の形成」というもう一つの新たな「特殊ロシア的」問題を提起したことを意味している。ここでレーニンは、「全体としての農民」というナロードニキ的な観念をブルジョア革命のコンテクストへと導入しつつ、この要求を革命の綱領に組み込むことによって、二つの階級の意思統一が成り立ちうると主張した。これがいわゆる、「労農同盟」論である。これによってプロレタリアートは「民主主義革命」において多数を制して意思統一が成り立ちうるとしつつ、党、国家、指導者などと同一化されやすい「人民の支配」★24としてのいわゆる「プロレタリアートの独裁」としてではなく、その担い手（主体）がより具体化＝可視化された「プロレタリアと農民の革命的民主主義独裁」としてこれを実行に移していったのである。★25

ここまで述べれば自ずと予測されることだが、同じことは中国革命論についてもそのまま当てはまる。すなわち、一九一一年の辛亥革命とは、のちに孫文自身がその遺嘱として残した「革命未だ成功せず」という言葉に象徴されるように、ロシアの一九〇五年革命と同様、「未完のブルジョア革命」

そのものであった。K・A・ウィットフォーゲルが指摘したように、その政治理念である「三民主義」の重要な構成要素の一つである「民権主義」とは、じつはマルクス・レーニン主義の民主主義論にきわめて近いところに位置していた。すなわち、孫文にとってブルジョア革命とは、国民革命としての理念の中で着実に追求可能な対象としても位置づけられていたのである。それゆえに、ウィットフォーゲルの見るところ、この中国におけるブルジョア革命とは、すべての「中世的官僚的＝専制的制度」を払拭する任務を持つものであった。「農民も都市の手工業者も、はじめて生起しつつある中国のプロレタリアートも――まったくの権利として――それをすすんで支持するだけでなく、彼らはそれに多数の戦士さえ送るのである[★26]」。

このように、孫文にとってのブルジョア革命とは、伝統的村落共同体と専制国家とによって成り立つ「前近代的」社会構造を「近代ブルジョア的」それへと根本的に転換させることを意味していた。いうまでもなく、このブルジョア革命としての中国革命とは、民族解放闘争（統一戦線）というモメントとしての「民族主義革命」を最低綱領＝共通目標としつつ、主にコミンテルンを媒介にして、共産党と国民党とが共に手を結んでいたことにその大きな特徴がある。つまり、専制主義論をその大きな柱の一つとするアジア的生産様式とは、国民党と共産党のいずれにとっても、中国の伝統社会、つまり実存する（あるいは実存した）政治社会をめぐるきわめて実践的かつ具体的課題として提起されていたということである。したがって、アジア的生産様式論そのものを否認するというのは、一九三〇年代に中国で繰り広げられた社会性質論戦・社会史論戦の本質的意義を否認するということでもある。仮にマルクスが十九世紀後半のヨーロッパにおいて一般化された時代制約的観念としての「アジア」を共有していたことが事実であったにせよ、小谷が指摘するように、「『アジア的なるもの』の具象化と観念化の交互作用のプロセスを問い直すことなく、『アジア的生産様式』を文献考証学、訓詁学風に『解釈』することには、少なくとも思想的営為としての意味はあり得ない」のであり、[★27]したがって中国にとってのアジア的生産様式とは、本来、「事実としての」中国革命史という具体的プロセスの中でこそ問うべきであろう。その意味で小谷が、戦前の「アジア的生産様式論争」のあり方に対する石母田正の批判を、一九七〇年代に「復活」した「アジア的生産様式論争」において引き継いだこと自体は、きわめて正当な手続きであったといえる。石母田は次のように述べている。

「私は『アジア的生産様式』の論争を想起せざるを得ません。この問題は、御承知のように、一九一一年の革命が達成することのできなかった一切のものを、一挙に達成するために立ち上った一九二六年・二七年の革命のただなかから提起されました。中国革命の敵の本質はなんであろうか、その敵はいかなる法則をもち、それはいかにして倒し得るかを決定するためにつくられた一九二七年の中共中央委員会のいわゆる十一月決議――革命にたいする蔣介石の裏切的な反共クーデターが行われてから七ヵ月後の決定的な分岐点に立った時期――が、その敵の正体をマルクスのいう『アジア的生産様式』であると規定したことが問題の端緒でありました。かかる規定は敵の正体を混乱させ、中国革命の基本的任務の一つである半《ママ》封建闘争を誤らせることがただちに認識され、翌二八年の中共第六回大会は公式にこの理論を否定しさりました。中国革命の実践のなかではこの問題は急速に解決されましたが、しかしアジア的生産様式自体についての学問上の論争は、これを契機として国際マルクス主義学界にひろくひろがり、ソ同盟・中国・ドイツ・日本等の進歩的科学者が参加したかつてない広汎な論議をわきたたせました。……私はこの論争を小さく見るものではありません。しかし日本での論争についてここで申上げたいことはつぎの点であります。それは論争が、そもそもこの問題が提出された地盤である中国革命の生きた課題と現実から遊離して、たんなる学問上の論議に転化されればされるほど――事実そうなりましたが、一つの特徴的な傾向がでてきたのであります。それはいちじるしい観念的な傾向、スコラ的な論議です。インドから中国・蒙古の高原を経て日本にいたる広大なアジアが、原始、古代、中世にわたって、論者の掌中で自由にされ、あらゆる範疇や概念が駆使され、実体のない法則が立ててはくつがえされ、あげくの果てにはマルクスの典拠の訓詁学的な解釈にさえ堕しはじめました。かんがえ得るあらゆる可能な『理論』が提出されたあと、論争はいつか終りました。アジアの大地がこれほど軽くなったことはかつてありません。それは軽くなっただけでなく、『アジア的停滞性』という呪文のような言葉にしばりつけられました。一見停滞的に見えるアジア諸民族の歴史のなかに、二千年にわたるアジアの人民の生存と進歩のための苦闘があり、このたたかいが歴史を推進せしめてきた偉大な足跡についてはは学ぼうとせず、『停滞性』はいかなる理由によっておこったかという問題について注意が集中された観がありました。それは『アジアの停滞性』をうちやぶる使命をもった理論がいつかアジアの停滞性を基礎づける理論――帝国主義のアジア支配の理論――にひきずられていったばかりでなく、自分自身の無気力と行動の停滞の合理化となり、西欧にたいするいわれのない讃美となり、アジアの大衆にたいする絶望ともつながってゆきました」[28]。

だが、これだけ長い引用をしておきながら、小谷はこの後半の部分、すなわち日本におけるアジア的生産様式論が「いちじるしい観念的な傾向、スコラ的な論議」に陥り、「あらゆる範疇や概念が駆使され、実体のない法則が立ててはくつがえされ、あげくの果てにはマルクスの典拠の訓詁学的な解釈にさえ堕しはじめた」という部分のみに批判の力点を置き、前半部分をいわば自明のこととして受け流してしまっている。それゆえに、七〇年代に「復活」した論争でも、「このような現実のアジア社会から遊離して観念化していく傾向から自由でありえているであろうか」という問いとしてのみ引き継がれているという点では、その「批判」はそれまでのアジア的生産様式の否定論者とまったく同じ轍を踏むものである。なぜなら、現実の「アジア社会」に内在したアジア的生産様式の根源的な意味を問うのであれば、むしろ前半の部分、すなわち、一九一一年のブルジョア革命としての辛亥革命が達成することのできなかった「アジア的」なものをめぐる「一切のもの」（＝「封建的」遺制）を「一挙に達成」しようとした、いわば「時期尚早」（ウィットフォーゲル）ともいうべき一九二六―二七年の革命のただなかからそれが提起されたのは、いったいなぜなのかを問うべきだからである。しかも、ここで決定的に重要なのは、蔣介石の反共クーデターを経て、いったんは二七年の党中央委員会決議でアジア的生産様式＝アジア的専制主義の残存を認めながらも、翌年の第六回党大会では「半植民地、半封建」という中国社会の規定の中でアジア的生産様式が急遽、全面否定されるに至ったのはいったいなぜなのか、ということである。

筆者の見るところ、それは中国共産党とスターリンの指導するソ連を中心とするコミンテルンが、「封建的」という言葉の中にマルクスのいう西欧近代市民社会へと導く「封建的（feudalistisch）なもの」――それはきわめて奇妙なことに、言葉の上ではその反対物である中国の前近代的＝「封建的」なものでもある――を仮に「半」分であっても中国社会にも当てはめることによって、「アジア的」特殊性（専制主義と停滞）論を排し、あるべき中国革命の路線を「普遍史」としての「世界史」的発展のプロセスへと「恣意的に」載せ、西側の先進資本主義国において来るべき革命との理論的、実践的一体化を図ったものである。だが、このことは本来的に、「前近代的」遺制を克服するというブルジョア革命としての歴史的課題をすでにして「半ば」放棄するものであった。石母田のいうように、仮に「一見停滞的に見えるアジア諸民族の歴史のなかに、二千年にわたるアジアの人民の生存と進歩のための苦闘があり、このたたかいが歴史を推進せしめてきた偉大な足跡」であったとしても、のちに「主観的能動性」とも称されることとなる毛沢東による人民の「自発的」動員によって、こうした「前近代的」遺制が「一挙に」克服できるほど容易なものでなかったことは、のちの反右派闘争・大躍進という名の暴政、文革での前近代的非合理性の噴出、天安門事件での暴力的弾圧、ポスト天安門事件期の人権抑圧など、それ以降に現実として展開していった中国現代史のさまざまな負の局面が如実に物語っている通りである。

しかるに石母田は、既述の二八年の第六回党大会が「前年の決議をただちに否定していることは、その理論的な水準の高さを示して余りあります」と手放しに評価し、それに続く箇所では、「国際マルクス主義学界の『碩学』として、『アジア的生産様式』論争のドイツにおける主要な学者であり、中国民衆の友であると自他ともに許し、旧中国に関する大きな『業績』をあげたウィットフォーゲル博士は、ご承知のことと思いますが、戦後われわれの前に帝国主義者の召使としてあらわれました」と記し、さらに「私はこの『碩学』の堕落と彼の過去のマルクス主義的『業績』の内容とは内面的な関係があると信じているものです」と、きわめて深刻な思想的倒錯をあからさまに表明している。[★29]しかしながら、石母田が反右派闘争も、大躍進も、文革も、そして天安門事件も知らずにこの一文を書いている（一九五二年）という点ではまだ理解できるとしても、植村邦彦（二〇〇六年）が「中国のマルクス主義者は賢明にも一九二八年に『アジア的生産様式』という概念を放棄したが、日本のマルクス主義者は、石母田の批判にもかかわらず、一九七〇年代にいたるまでこの概念にとらわれた[★30]」と記したことは、日本の学界における「現実のアジア社会から遊離した」絶望的なまでの理論的混乱ぶりを象徴するものである。

3　K・A・ウィットフォーゲルと中国革命論をめぐる社会認識のパラダイム

こうした問題の背後には、ソ連や中国をはじめとする後進国革命論、そしてその根底に置かれたアジア的生産様式論をめぐり、二つのまったく異なるパラダイムにある言説間のいわば「共約不可能性」（incommensurability）ともいうべき、認識主体の内部で築かれた社会認識のパラダイムの本質的相違、そしてそれがもたらす巨大な思想的懸隔が横たわっている。[★31]筆者の見るところ、このこと自体が、じつはアジア的生産様式そのものをいかに理解するのかをめぐる解釈論上の問題性と深く結びつきあっている。そして、この「共約不可能性」の背後の奥深くに隠されているものこそ、「アジア的復古」という前近代的遺制をめぐる「不都合な真実」に他ならない。

ロシア社会民主労働党ストックホルム大会（一九〇六年）で、レーニンによる土地の「国有化」の綱領をめぐり、プレハーノフとレーニンは激しく論争していた。ここでプレハーノフは、レーニンの主張する「国有化」が再び農民を束縛し、ロシアにおける「アジア的」遺制を再び活気づけ、「古い、半アジア的制度」の「復古」を招くであろうと主張した。この事実を一九四八年にはじめて知ったウィットフォーゲルは、自分が社会主義を裏切ったのではなく、社会主義こそが「前近代的」体制の復活者によって裏切られていたことを悟ったのである。

ここでウィットフォーゲルは、マルクスとエンゲルスがロシアの村落共同体の中にツァーの専制主義の社会・経済的基礎を見いだしつつ、それらを「封建的」ヨーロッパの村落共同体とは構造的に異なった「アジア的」インドの村落共同体と同じものと見なしていたことをはじめて知るに至った。[★32] 実際、マルクスにとってツァーリズム体制とは、「国家の最も粗野な形態」であり、「西洋のわれわれが想像だにしえない専横をほしいままにする中央集権的な東洋的専制主義」（『ゴータ綱領批判』）であった。ウィットフォーゲルの見るところ、こうしたマルクスのアジア観は、たしかにプレハーノフやレーニンの中に深く刻印されている。「それがマルクスのアジア的概念のメリットであろうと、欠点であろうと、一九〇六年、新たなロシア革命の可能性、そしてアジア的、あるいは半アジア的復古への退化の危険性について討論した際に、レーニンとプレハーノフの意見を形成していたのは、他ならぬマルクスの概念だったのである。彼らにとって、『アジア』とは一つの社会形態であり、生産様式であり、政府のパターン（範型）だった。彼らはロシアの過去、現在、未来について議論するとき、地理的にではなく、制度的な用語で考えていたのである[★33]」。

「ロシアとアジア」（一九五〇年）と題されたウィットフォーゲルの論考によれば、専制的官僚主義とは水力経済の単なる上部構造ではなく、むしろ「征服王朝」の成立の結果として「移植」されたものに他ならない。「十三世紀の半ばから十五世紀末までのモンゴルの支配下において、周辺的な東洋的帝国の一部になったとき、ロシアはその制度的な分水嶺を超えた。東洋的な専制官僚的統治方法の組織と社会との結合が可能になったのは、この延々と続いたタタールの軛（Mongol Yoke）の時代──多くの研究者が多くの理由によって軽んじてきた時代──においてであった[★34]」。東洋的農業社会、あるいは東洋の半管理者的官僚社会とはまったく同じものではないにせよ、それらの社会と深い関連を持つ全体的管理国家体制のアパラチキ（ロシア語の「機構」）が、革命後のソ連社会の中にも築かれ、ここにロシア社会における「アジア的復古」の基礎が成立したのである[★35]。

ウィットフォーゲルの見るところ、これこそがマルクス主義者、非マルクス主義者とを問わず、現存する（あるいは現存した）「社会主義」体制の問題に真剣に取り組んできた世界の知識人たちの「不安を駆り立てる」ものの根源に横たわるものである。だが、戦後日本におけるアジア的生産様式論をリードしてきた塩沢君夫、小林良正、福富正実、本田喜代治、小谷汪之、福本勝清といった研究者ですら、このマルクスの「アジア的」なものをめぐる最大の「発見」（revelation）を見過ごしてきてしまった。

この「アジア的」なものをめぐる認識論上の懸隔のはじまりを象徴的に示しているのが、日本における最初のウィットフォーゲルの紹介者・翻訳者であり、フランクフルト大学時代（一九二〇年代）以来の旧友であった平野義太郎との往復書簡（スタンフォード大学フーバー研究所所蔵）である。ウィットフォーゲルは一九五〇年十一月十四日付の書簡で、かつてお互いに議論した政治や社会をめぐる諸問題について、「明らかにわれわれの以前の分析は、ロシアの場合でいえば、かつて自分が若き社会主義者として希望していた社会とはまったく異なった、新たな過酷な階級社会へと導くある種の社会的勢力を考慮に入れていませんでした」と振り返る。そしてウィットフォーゲルは、マルクスとレーニンを包括的に再検討し、過去のロシア社会に対する彼らの解釈とそれがロシア革命に与えた本当の意味について考え抜いた結果、「ロシア社会があきらかに半アジア的であり、初期の無階級社会どころか、史上最も恐ろしいアパラチキ社会となってしまった」という認識にたどりついたことを平野に告げている。だが、もちろん平野の理解と同意を得ることが容易ではないことを、ウィットフォーゲル自身もはじめから分かっていた。

「もちろん私は、現在のわれわれの世界の状況で起きている多くの理論的、政治的、そして人間的諸問題に十分気づいています。これまで多くの集団、そして個人が、大きな悲劇を経験するのを目にしてきました。対立や疑念が、かつて私が知り合った、そして今日親しい一部の立派な人々に苦しみを与えていることを完全に理解しています。それらのことすべてに、私は気づいています。私は今日の状況の複雑さと、新しい考え方を大胆に構想し、古い考え方を再評価することの困難さとを、完全に斟酌するものです。自分自身に関する限り、私は長年にわたる辛い発展の後で、強力な、そして鮮明なる理論的立場にたどり着きました。この立場は、私の以前の科学的仕事の形式（form）というよりは、むしろその実質（substance）を擁護し、また私の歴史的、制度的分析を生産的に継続し、再度、われわれの時代の政治的生活に参加することを可能にするものです」。★36

だが、これに対する翌年三月五日付の平野の返信は、思想的には最も根源的なところで、ウィットフォーゲルの期待を大きく裏切る内容であった。平野はツァーリズム体制下のロシア社会を「アパラチキ社会」ととらえるウィットフォーゲルの見方に一定の理解を示しつつも、「ツァーリズム下のロシア社会がアジア的秩序（アジア的社会、あるいは東洋的専制主義）として性格づけられているとする、新しく、かつ最も重要な問題を示してくれたことに感謝します。それと同時に、このことはツァー帝国の時代のみに限定されるのであり、いいかえれば、ロシア社会は十月革命以降、アジア的社会には属さないとするもう一つの意見があることを、あなたは理解できることでしょう」と述べ、ソ連社会をその概念で分析することについては明確に反対したのである。★37

しかしながら、帝国主義支配を「正当化」したとされた「アジア的停滞論」に対する反省として、戦後、一部のマルクス主義者が厳しく批判されるという学界・言論界の状況が背後にあったことを鑑みれば、こうした平野の反応は、ある意味で至極当然のことなのかもしれない。さらに同年五月七日付けの平野への返信によれば、ロシアのアパラチキは東洋的社会と同じものではなく、東洋的社会が半管理者的であるのに対して、それは全面管理者的である。たしかにマルクスは、『経済学批判要綱』の中で「臣民」がそれと気づくことなく「国家の奴隷」となっているような社会を東洋的社会と呼んでいるが、「東洋的専制主義国家は最も強固な社会的統制においても、その臣民の生活に対しては、せいぜい数週間から、数カ月の間の賦役労働を通して影響を与えているだけに過ぎず、彼らはそれ以外ではむしろ、乞食の民主主義（beggars democracy）の下で、村落共同体における主人公である農民として自らの自立した生活を営んでいる」のである。これらソ連社会における「アパラチキ」とは、工業、農業のすべてを一年中従属させている近代社会の「アパラチキ」とは大きく異なっている。それゆえウィットフォーゲルは、『東洋的専制主義』と題する以前の構想段階のタイトルであった『東洋的社会』という新たな著書の中で、「ソビエトのアパラチキ社会論の中で、東洋的社会、国家権力、そして社会主義の最奥に潜む諸問題に関するマルクス、レーニン、スターリンについて扱うつもりです」と伝え、その上で「多くの意味で、社会主義と東洋的専制主義との同一視を拒否するという東洋的社会に対する態度が、真の社会主義者を単なる従属的社会主義者、あるいはあからさまなペテン師から区別する上での鍵となる基準なのです」と結んだ。[★38] これを最後に、二人は社会認識のパラダイムを完全に異にする、「共約不可能」な状況へと陥っていった。

4　中国革命論をめぐるパラダイム転換

既述のように、東アジアというより広範なコンテクストでみれば、一九三〇年代半ばの日本資本主義論争と中国社会性質論戦・社会史論戦とは、じつはアジア的生産様式（反絶対主義＝日本、反専制主義＝中国）を媒介にして密接に連関しあっており、したがって、現行パラダイムを超えるメタレベルでの社会認識とは、一九三〇年代のアジア社会論にまで遡ってはじめて可能になってくるといえる。いいかえれば、一九二八年を境にして生じたこの思想的大転換とは、「半植民地・半封建」というコミンテルンの規定を媒介とする社会認識のパラダイムそのものの転換として解釈することによってのみ達成可能となる。ここで実際の中国社会で起きたことを端的にいうならば、次のように要約できる。すなわち、中国革命は本来、伝統的村落共同体と専制国家によって成り立つ「前近代的」社会構造を「近代ブルジョア的」なそれへと根本的に転換させるという課題を担い、なおかつ民族解放闘争（統一戦線）の目標としての「民族主義革命」という課題と「同時に」、しかも「同じ比重で」追求されるはずであった。それにもかかわらず、ここでアジア的生産様式が排除されたことで、「民族主義革命」だけが前面に押し出されることとなり、その結果、「アジア的」なものの復古へと導いた「農民革命」への大転換がもたらされ、「前近代的」なものとの全般的な闘争という課題は完全に後景に退き、そしていつの間にか「反封建」という言葉が、きわめて矮小化された「反国民党（＝反蔣介石）」という意味にすり替えられ、「前近代」的なものがまるごと「解放」後にまで温存されることなったのである。これは原理的には、スターリンが前近代的である「アジア的」なものと、本来、近代へと向かっていくはずの「封建的（feudalistisch）」なものとを形式的には等価に扱い、実質的には両者をすり替えて定式化したことによって実現されたものである。より具体的にいえば、毛沢東による「労農同盟」論から「農民革命」論への大転換（一九二八年）を経たうえでの井崗山闘争への着手、そして長征をはさんでの日中戦争（三七年～）、さらに国共内戦（四五年～）へと至る中国革命論をめぐるパラダイム転換の「過渡期」、そして国共内戦終了後の「社会主義」中国の成立、さらに「新民主主義」、「過渡期の総路線」という、これら現行パラダイムの「定着期」という、大きく分けて、二つの段階的プロセスを経て、このパラダイムの転換は着実に進められていったのである。逆にいえば、このことは、現在進行しつつある新たなパラダイムへの転換が、この歴史的プロセスに組み込まれたロジックの内在的理解によってのみ可能であることを意味している。だが、やっかいなことに、この「新たな」地平の表出とは、旧パラダイムへの部分的な「回帰」でもあることにさしあたって留意すべきであろう。

そもそも、T・クーンのパラダイム概念とは、「ある集団の成員によって共通して持たれる信念、価値、テクニックなどの全体的構成」を指している。★39 それは現実科学の積み重ねに基づきつつ、「通常科学」、及び「科学者集団」という二つの概念によって基本的に説明されてきたが、われわれが現実に抱いている中国革命像のパラダイムについても、多かれ少なかれ同じことが当てはまる。なぜなら、われわれが自ずと抱いている中国認識のパラダイムも、主に中国研究者集団によって形成された言説が人々の間に共有されることによってのみ存立しているからである。すなわち、科学者一般が通常そうしてきたのと同じように、アジア研究者を志す際に求められる制度的な「作法」とは、既成のパラダイムの内部において、たとえば中国をめぐる政治、経済、社会、歴史、文化といった特定分野での「地域研究」という名の実証的「現実科学」として、通常、長い徒弟修行期間を経て蓄積され、身につけてきたところのものである。彼らはこうした既存のパラダイム内部で新たに学術的な「業績」を加えることで、そのパラダイムの共有者であることの身分証明として「学位」なるものが授与され、そこではじめて一人前の「独立した」研究者とみなされ、個別の地域研究に携わることとなるのである。だが、クーンの科学革命論に基づけば、彼らの成し遂げる個別の「実証研究」とは、既存のパラダイムに導かれた研究という意味では、実際のところは、「通常科学」でいうところの単なる「パズル解き」を行っているに過ぎない。

とはいえ、ここで現行パラダイムそのものの意義を問うという行為は、当該パラダイムが支配的である限りにおいて、ほとんどの場合、学界＝学会内での「業績」としての意味を持ち得る個別の「実証研究」とはみなされないか、そもそもこの研究そのものが「社会的に意味のない」こととすら理解され、ウィットフォーゲルの言説に対する扱いがそうであったように、この研究者集団＝学会からは「完全に（＝論理整合的に）」排除されることにならざるを得ない。たとえば、アジア的生産様式論にしても、それは梶谷懐の言葉でいえば、いわば「そういう概念自体が『なかったこと』にされた」ということになる。[★40] だが、こうした中国認識のパラダイムがいつまでも安定的であることはもとより不可能であり、この「パズル解き」による論理整合性の確保という手段は徐々に綻びを生じはじめ、そしてやがては底を尽き、逆にそれまでのパラダイムでは説明できない「変則事例」が蓄積されていくこととなる。とりわけ、この一〇～二〇年余りの間に、中国や日本をはじめ、世界的にも拡大していった国民党史、国民革命史の再検討とは、そうした事情の具体的な表れでもあった。こうした中で、やがてパラダイムの危機が生じ、その混乱の中から新しいパラダイムが登場することによって、かつての「科学革命」のように、中国革命像をめぐるパラダイムも、ここで大きく転換せざるを得ないのである。

こうしたプロセスにおいて、中国研究者に対する「規律訓練」（M・フーコー）とそのための資格認定から始まって、「通常科学」としての「正統なる」中国研究を営み、獲得された中国学の「品質保証」を行っているのは、現行パラダイムを共有している「科学（研究）者集団」としての「学会」（たとえば、日本の場合、アジア政経学会や日本現代中国学会など）である。だが、戦前・戦中の旧パラダイムにおいては、中国国内でのアジア社会論と日本におけるそれとが相互に連関したものであることが客観的に認識可能で、より可視化されたものであったとはいえ、二八年以降に築かれ、戦後に定着していった現行パラダイムも、本来、中国共産党という巨大な政治権力の下で、中国を中心にして形成され、日本における中国社会論とも密接に連関しているものである。それにもかかわらず、そのような認識をこのリベラル・デモクラシーを自認する日本においてさえ困難にせしめているのは、中国研究のパラダイムを成り立たせている情報源、そして「学術」的資料、さらにその「解釈」権が、すべて中国共産党という絶大なる権力の統制下に置かれていること、しかもその構造そのものがきわめて巧妙に隠蔽されていることに由来している。何清漣によれば、たとえば、現代中国の「経済成長」とは、政府の合法性を裏づける基礎であると同時に、中国政府と協力して研究プロジェクトをおこなっている日本を含む国外の学者が、中国の発展に「楽観的な」見通しをもつ根拠となっているし、しかもそのこと自体が、「研究者の利益」にもなっているのである。

「中国政府の習わしとなっている統計数字の捏造については、みずからの利益を第一に考えるこれらの学者によって無視されている。改革開放のプロセスにおいて中国政府は、中国に有利な国際世論を形成するために利益をエサにしてコントロールすることを学んだ。正義感にみちたある学者は道義心から中国政府を批判した。だがこのために中国政府から入国ビザの発給を拒否され、長年にわたり中国に入れず、その学究生活に影響を受けた。こうした間接的な打撃は『世論を誘導する』役割を果たした。一部の中国研究者とりわけ華人学者は、中国を称賛すれば政府から好感をもたれ、中国に入って調査ができるし、関係部門から資料を入手できることを発見した。現地調査や資料は研究基金を獲得するうえでは必要条件であり、かれらが学界で地位を獲得するための『資本』である。中国政府とこれらの学者のあいだには注目すべき『利益交換』がなされた。あらゆる情報を独占する中国政府は、すべての研究資料にお墨付きを与える者である。外国の学者がこれらの資料にもとづいて研究すれば、それが現実とどれだけギャップがあろうと、中国政府はこれを採用し、『参考消息』や中国研究を紹介する外国むけの刊行物に掲載した。中国の建設の成果は外国の学者によって論証され認められている、ということを国民に証明するため、中国政府はこれを利用した。表面上は愛国主義感情が高まっているかにみえるが、じつは西洋文明に深い劣等感をもつ中国民衆のあいだでは、外国人研究者の『科学的論証』はまだそうとうなマーケットをもっている。もちろん中国政府とこれらの学者が相互に『合理的な』利益を与えあうことは、学者にとって名誉なことではなく、そのためこうした実態は深く隠されている」★41。

何清漣によれば、こうした中国政府が独占する「能力」とは、彼らが「経済改革」と「社会の現状」を「フィクション化する」のにも大いに役立っている。たしかに、筆者自身の個人的経験からいっても、中国政府から「好感」をもたれずとも、最低限、これと敵対的にさえならなければ、中国に入って「現地調査」ができるし、関係部門から豊富な資料を入手することもできる。さらにいえば、成功裏に資料を入手したうえで、たとえその「統計数字」がたしかなものであるかが疑わしくても、他にそのことを論証しうる材料がないがゆえに、そのまま使うことを余儀なくされる。また、日本の国内的な意味においても、中国での「現地調査」や「資料収集」とは、文部科学省や勤務先大学の研究資金を獲得するうえでの「必要条件」であり、仮に学界＝学会で新たな「地位」を獲得できないとしても、それを失わずに、学究生活を続けるための最低限の「資本」となっているのもまた事実である。かくして、客観的事実として、中国政府とわれわれ中国研究者との間では、一定レベルでの何らかの「利益交換」がなされているにもかかわらず、こうした権力側と研究者側との「癒着」の関係そのものは、「自己規制」という名の「主体的」選択を通して行われるがゆえに、その問題性そのものはけっして意識化されることはなく、中国国内だけでなく、日本国内においても、この癒着の構造がまるごと隠蔽されてしまうのである。このようにして、中国政府による言論統制は、日本における知識人、そしてわれわれ中国研究者の「馴致化」としても、きわめて成功裏にその目的を達成しているといえる。

したがって、既述のような社会認識のパラダイムの危機は同時に、中国研究者集団の危機でもあり、新しいパラダイムへの転換とは、新しい中国研究者そのものの誕生を意味することにならざるを得ない。いいかえれば、現行パラダイムと自己のアイデンティティそのものを重ね合わせてきた研究者にとっては、このパラダイムの崩壊とは、自己の研究の依存してきた準拠枠組みだけでなく、さらに極端な場合では、自己のアイデンティティそのものの崩壊を意味するだけに、その衝撃の度合いはきわめて深刻なものにならざるを得ない。逆にいえば、この既存のパラダイムに立ち向かうことは、往々にして、こうした「科学（研究）者集団」を構成員とする「学会」が制度的に独占する学問＝科学の権力・権威との決定的な対立そのものを意味するのである。だが、科学革命時代の天文学者たちが、地球そのものではなく、その近くに太陽や惑星の運動の中心があるとして、これらの天体の「一様な円運動」の論証を模索したように、現在の中国革命論をめぐる状況とは、これまでの「社会主義」中国像ではとらえきれないさまざまな「変則事例」の増大によって、すでに現行パラダイムから新たなパラダイムへの段階的模索期間に入っている。とはいうものの、このパラダイムは、まったく新規のものではなく、むしろ戦前・戦中に共有されていた旧パラダイムとも大きく重なることが、この問題をめぐる事態をより複雑で、やっかいなものにしている。

このような新・旧二つのパラダイムの対立を、クーンは「伝統と革新の間の本質的緊張（essential tension）」と呼びつつ、伝統に最も忠実なものこそ、その伝統を乗り越えることができると主張した。

なぜなら、「成熟した科学における新しい理論やましてや革新的な発見は、まったく新しく発生するもの」ではなく、「それらは古い理論の間から、しかも世界が含みかつ含まない現象に関する古い信条の母体の中から出現する」からである。★42

この意味でいえば、K・A・ウィットフォーゲルの中国革命論とは、まさにそうした中国をめぐる学問＝科学（Wissenschaft）の伝統に最も「忠実に」なることによって、中国革命像のパラダイム転換を提唱した、最初の、そしてほとんど唯一の「アジア社会」論者であったといえる。それゆえに、現在進行しつつある新たなパラダイムへの転換とは、この中国革命のプロセスそのものに内在したロジックを理解することによってのみ可能となる。それは旧パラダイムへの部分的「回帰」としての性格を帯びるものでもあるが、そのこと自体は、このクーンの議論に照らし合わせれば、きわめて正しい手続きということになろう。それは市井三郎がかつて「伝統的革新思想」と呼んだものとも重なり合っている。★43さらにいえば、それはあたかもテンニースが、「前近代的」ゲマインシャフトから「近代的」ゲゼルシャフトへという方向性の転換を認めつつも、これとはまったく逆に、「ゲゼルシャフトからゲマインシャフトへ」という過程として、「前近代」の克服を描いてみせたこととのアナロジーとしても理解可能であろう。つまりそれは、テンニースが「ゲゼルシャフト批判」のなかに「ゲマインシャフト再興」の可能性を示そうと試みた際、ゲマインシャフトのもつ「前近代的残余」を克服すべく、マルクスにも通じる「ゲノッセンシャフト」（Genossenschaft）の論理で基礎づけつつ、「近代」を克服する「集合的統一体」として、「新たなゲマインシャフト」の再興を企図したことにも通底しているのである。★44

あたかも天動説において地球を中心にしたことが、太陽や惑星を不規則な運動として説明したように、中国共産党による「社会主義革命史観」を中心にそのパラダイムを構成すると、国民党による「国民革命史観」は、いわば不規則、かつ異端的な運動としてしか、われわれの前に立ち現れてこない。だが、コペルニクスが天動説というパラダイムの根幹にある「一様な円運動」への固執によって科学革命の引き金を引いたように、アジア的生産様式論を媒介にしつつ、もしこの「太陽」を「国民党」、あるいは「コミンテルン」に置き換えると、いったいいかなる中国革命像が見えてくるのであろうか。近代科学以前の西欧は世界の中心でなく、むしろ中国やイスラム圏が世界の中心であったが、西欧が「科学革命」によって世界史の主導権を握るようになったという事実は、地球、太陽、惑星、そして中国共産党、コミンテルン、国民党という三者間による構造的アナロジー以上のものを示唆しているようにも見える。

しかしながら、中国革命論をめぐる現行パラダイムを生んだ決定的な「大転換」とは、かつて一度だけ、しかもソ連と中国という巨大な権力内部の変動を背景にして、アジア的生産様式が全面的に否認された一九二七―二八年にのみ起きているに過ぎない。しかも、この際にきわめて重要なのは、このパラダイム転換は旧パラダイムでは説明できない「変則事例」が蓄積されていく「自然的」プロセスで起きたのではなく、二つの巨大な「後進社会主義」党＝国家という独裁的政治権力を背景にして「恣意的に」行われた、ということである。なぜなら一九一七年、この地球上にはじめて社会主義革命が発生してからわずか一〇年余りという短い期間でこの「大転換」が起きてしまったことから、「変則事例」そのものが生じる時間さえ、十分に与えられないまま現行パラダイムの体系が閉じられ、そのまま定着していったからである。否、「変則事例」の発生がなかったのではなく、それはむしろ単に、上記の「恣意的」転換による現行パラダイムが、その発生そのものを隠蔽してきた結果なのかもしれない。

戦前・戦中に活躍したアジア研究者らの多くは、じつはこの旧パラダイム内部におり、その中で一定期間の修行期間を経てアジア研究者となり、当該パラダイムを担っていった人々である。この旧パラダイムにおいて、ウィットフォーゲルの占める位置がきわめて大きいものであったことは、たとえば、一九三〇年代の日本における中国社会論を支えていた代表的ジャーナリストの一人である尾崎秀実が、ウィットフォーゲルの『目覚めつつある中国（*Das erwachende China*）』を読んで発奮し、中国アナリストを志したと述べていることからも理解できる。[★45] この旧パラダイムは、中国をめぐる政治、経済、社会、歴史、文化などの特定分野で蓄積された研究・学説を彼らが身につけることで形成、維持されていったわけだが、ここで重要なのは、これとは本質的に異なる現行パラダイムには、当初からアジア的生産様式論の本質的部分がその基底から完全に排除されていた、ということである。その意味でいえば、一九六〇―七〇年代に「復活」したアジア的生産様式論争とは、「アジア的」なものの本質的側面である「アジア的復古」の問題を隠蔽したままで進められており、つまりけっして一九三〇年代に通用していたパラダイムのもつ水準までには「復活」されないまま、表面的、かつ形式的な土地所有形態をめぐる論争に終始したという点で、現行パラダイム「内部」で「即自的に（ansich）」行われたものに過ぎない。さらにいえば、第二次世界大戦の終結、そして中華人民共和国の成立によって、この現行パラダイムは、その背後にあるソ連と中国という巨大な政治権力を背景に定着していったのであり、「変則事例」、すなわち、本来の「社会主義」の理念とは矛盾したさまざまな社会現象が蓄積されていく自然的プロセスで生成されたものではなかったのである。それゆえに、それ以降に生じたさまざまな政治・社会変動も、じつはすべてこの二七―二八年におきたパラダイム転換後の現行パラダイム「内部」で起きたことなのである。

たとえば、これまでの「社会主義」中国の現代史は大まかに、国民経済の復興期(一九四九―五二年)、社会主義改造期(一九五三―五七年)、大躍進期(一九五七―六〇年)、転換期(一九七七―八一年)、四つの現代化期(一九八二―八九年)、脱社会主義期(一九九〇年代)、「三つの代表論」による国民政党化期(二〇〇〇年代)という国家目標、リーダーシップの政治路線、経済政策の変化をメルクマールとした時代区分と、過渡的体制の時期(一九四九―五三年)、党の代行主義の制度化(一九五四―五七年=ソ連型体制)、党による一元化指導の時期(一九五八―六五年=毛沢東型体制)、文化大革命期(一九六六―七七年)、四つの現代化期(権威主義体制への移行)、脱社会主義期(一九九〇年代～)という政治体制の変化を指標とする時代区分との、主に二つの大きな時代区分法によって整理されてきた。★46 この歴史的現実としての政治過程では、反右派闘争と大躍進運動(一九五七―五九年)、文化大革命(一九六六―七六年)、毛沢東の死とそれに続く四人組の逮捕(一九七六年)、さらに天安門事件(一九八九年)という、だれの目にも明らかな「変則事例」が少なくとも四回はあったものの、これらの変動とは、現行パラダイムの転換をもたらすものではけっしてなかった。たしかにこの間、最高指導者は毛沢東から鄧小平、江沢民、そして胡錦濤に移り、その都度国家目標も国内政策も大きく変化してはいる。とりわけ、このプロセスのうち、一九八〇年代後半の趙紫陽による政治体制改革は、この現行パラダイムの超克を視野に入れつつ、「社会主義初級段階」としてそれを乗りこえることを自らの課題としていたのは事実である。だが、天安門事件での挫折によって、この最初で最後の努力も虚しく、再度、「前近代的なもの」への後退を余儀なくされてしまった。この半世紀にわたる中国史の中で、七八年までを毛沢東時代と呼ぶとすれば、それ以降を鄧小平の時代と、性格の大きく異なる二つに分類できるものの、これらはすべて、四九年の「共和国」成立後に定着していった、中国共産党を中心とした一国「社会主義」的現行パラダイム内部でのみ理解可能なことなのである。

5　本書の目的と構成

筆者は、前著『K・A・ウィットフォーゲルの東洋的社会論』（二〇〇八年）において、戦後長い間タブー視され、かつ隠蔽されてきたマルクスの「アジア的」視点をめぐり、ウィットフォーゲルのテクストへの内在を通し、その再評価を試みた。その際、その主著『東洋的専制主義』（一九五七年）がまとめられる以前に準備されていた『東洋的社会』という本来の構想のコンテクストで、それまでの諸著作を読み直しつつ、ウィットフォーゲルがマルクスやウェーバーらのアジア社会論についての古典的著作に忠実で、なおかつ実証的研究に基づいたきわめて説得力のある議論を展開していたことを明らかにした。ウィットフォーゲルにとってこの『東洋的社会』とは、マルクスの『資本論』に対する『経済学批判要綱』に相当する、とりわけ重要な意味を持つ原初的構想だったからである。それゆえ前著では、実際のウィットフォーゲルが立ち向かった『東洋的社会』論から『東洋的専制主義』論へというプロセスを、逆に『東洋的専制主義』論から『東洋的社会』論へと遡り、これまで世界の学界・言論界において幾重にも歪曲されてきたその人物の全体像と言説について、その本来の姿を取り戻そうと試みた。さらに、現在の東アジアの代表的「東洋的社会」である中国と北朝鮮の現代史とその具体的政治過程の中で、ウィットフォーゲルの東洋的社会論の援用によって、如何なる「解釈」が可能になるのかについて考察した。だが、ウィットフォーゲルの中心的な研究テーマであった中国については、おもに中華人民共和国成立後の現代史にその主な考察の対象を限定していたため、その研究課題と目的について十分に明らかにしているとはいいがたかった。

これに対して本書は、このウィットフォーゲルの「東洋的社会論」という問題関心を引き受けつつも、中国革命史そのものを孫文の辛亥革命（一九一一年）にまで遡りつつ、コミンテルン、国民党、共産党という三つのアクターを中心にして繰り広げられた「大革命」（一九二六―二七年）の政治過程をウィットフォーゲルの問題意識の観点から整理し直し、さらにそのうえで、その政治思想的意味を中華人民共和国成立へと至る政治過程において再検討するものである。とりわけ上海クーデター（四・一二事変）を契機として進んでいった毛沢東による「労農同盟」論から「農民革命」論への大転換（二八年）、そして井崗山闘争への着手、さらに長征をはさんでの抗日戦争（三七年～）、国共内戦（四五年～）へと至る中国革命論をめぐるパラダイム転換の「過渡期」、そして国共内戦終了後の「社会主義」中国の成立というプロセスで、中国革命論のパラダイムの転換が進められていったことを明らかにする。既述のように、一九二八年を境にして生じたこの思想的大転換とは、アジア的生産様式が排除された「半植民地・半封建」というコミンテルンの規定を媒介とする社会認識のパラダイムそのものの転換として解釈することによってのみ可能となる。「反封建」という言葉が「反国民党（＝反蔣介石）」というキャッチフレーズへと矮小化されることによって、「前近代」的なものがまるごと温存されたのだとすれば、現在進行しつつある新たなパラダイムへの転換とは、この歴史的プロセスに組み込まれたロジックの内在的理解によってのみはじめて可能となる。それゆえに、本書の目的とは、この「大転換」が契機となって生成され、定着していった中国革命論の「現行パラダイム」と、一九三〇年代にまで遡る「旧パラダイム」を基底として新たに生成されつつある「新パラダイム」との間に横たわる「共約不可能性」を克服しつつ、後者への移行をすみやかに成し遂げることにある。そのためにまず、一九一一年以降に展開された中国革命が、これまでの中国共産党による「正統」史観とはまったく反対に、共産党ではなく、むしろ国民党こそがその最も重要な役割を果たしていたという仮説に立ち、その政治過程をウィットフォーゲルの言説に内在しつつ、再検討する。ここでは主に、中国共産党と国民党が統一戦線で二回合作したものの、二回とも分裂と内戦に終ったのがいったいなぜなのかについて分析する（第一—四章）。さらに中国革命論をめぐる現行パラダイムがいかに維持されているかを見るために、新左派の代表的論者である汪暉の言説に焦点を当て、現行パラダイムの中心に位置するその言説とロジックを批判的に検討する（第五章）。そして最後に、ウィットフォーゲルの主著、『東洋的専制主義』（一九八一年、ヴィンテージ版）に付された本邦未公開の「ますます〈不安を駆り立てる〉ことになった議論についての前文」（Foreword concerning arguments that have become increasingly "disquieting"）」の全文訳を掲載する（第六章）。既述の「アジア的復古」という概念を中心にして世界史のパラダイムを組み直すことを、すでにウィットフォーゲルは一九八一年、明確に提唱していた。この論考が示唆するものは、ポスト「社会主義」時代にグローバリゼーションが急速に突き進んでいった今日、きわめて大きいといえる。

註

（1）G.L.Ulmen, *The Science of Society: Towards an Understanding of the Life and Work of Karl August Wittfogel* (Mouton; The Hague, 1978), pp.549-550. G・L・ウルメン（亀井兎夢監訳）『評伝ウィットフォーゲル』（新評論、一九九五年）、七七四―七七六頁。

（2）石井知章・小林英夫・米谷匡史編著『一九三〇年代のアジア社会論――「東亜協同体」論をめぐる言説空間の諸相』（社会評論社、二〇一〇年）、とくに序論を参照。

（3）小谷汪之『マルクスとアジア』（青木書店、一九七九年）、一五八―一五九頁。

（4）同、九二頁。

（5）同、八―九頁。

（6）同。こうした小谷によるアジア的生産様式批判をめぐり、芝原拓自はその実証的批判に一定の正当性を認めながらも、「だが、このことは、マルクスが、それらの資料を検討し、理論的に抽象しながら深刻に提起した問題自体をも否定することには決してならない、と思う」（芝原拓自「小谷汪之『アジア近代現代における民族と民主主義』――一九七二年度歴史学研究大会報告批判」、『歴史学研究』、一九七三年、四七頁）と指摘している。さらに、これをうけて福富正美は、「そのような十九世紀の資料をもちいて構築された彼のアジア的生産様式論や農業共同体論などが今日の段階においていろいろの研究者たちによって真剣に問題にされているのは、その実証的制約をこえた彼の理論的綜合への志向性に基因するのではなかろうか」とさらなる問題を提起している（福富正美「B・И・ザスーリッチの手紙の回答およびそれの下書き」、現代の理論編集部『マルクス・コメンタールV』、現代の理論社、一九七三年、二四五頁）。筆者はこの芝原と福富による小谷批判に基本的に同意するものの、ここで問われるべきさらなる問題とは、ではマルクスが「深刻に提起し」、そして「実証的制約をこえた理論的綜合」を志向することとなった問題意識の根源にあったものとは、いったいなんだったのか、ということであろう。

（7）姜尚中「マルクスはアジアをどう見ていたか」、『AERA MOOK――マルクスがわかる』（朝日新聞社、一九九九年）、三三頁。

（8）植村邦彦『アジアは〈アジア的〉か』（ナカニシヤ出版、二〇〇六年）、二七二―二七三頁。

（9）これについては、拙著『中国社会主義国家と労働組合――中国型協商体制の形成過程』（御茶の水書房、二〇〇七年）第四章、及び『現代中国政治と労働社会――労働者集団と民主化のゆくえ』（御茶の水書房、二〇一〇年）第五章を参照。

（10）『工人日報』、一九八七年七月一日。

（11）中共中央文献研究室編『十三大以来――重要文献選編』上巻（人民出版社、一九九一年）、九―一〇頁。この「社会主義初級段階」論とは、現実の政策的課題として取り上げられたのはこれがはじめてだが、もともとは、中国共産党による「建国以来の党の若干の歴史的問題についての決議」（一九八一年六月）で提起されたものである。なお、こうした初期社会主義（＝ブルジョア民主主義）の問題を、毛沢東による「新民主主義論」の再検討としてとらえる作業が、近年中国では急速に進められている。これについては、于光遠『従〝新民主主義論〟到〝社会主義初期階段論〟』（人民出版社、一九九六年）、于光遠（著述）韓鋼（詮注）『〝新民主主義論〟的歴史命運――読史筆記』（長江文芸出版社、二〇〇五年）、韓大梅『新

民主主義憲政研究』(人民出版社、二〇〇五年)、王占陽『新民主主義与新社会主義——一種社会主義的理論研究和歴史研究』(中国社会科学出版社、二〇〇六年)などを参照。

(12) Karl August Wittfogel, *Oriental Despotism: A Comparative Study of Total Power,* (以下*OD*と略記) Yale University Press, New Haven, 1957, p.372. 湯浅赳男訳『オリエンタル・デスポティズム』(新評論、一九九一年)、四六七頁。

(13) 前掲『十三大以来——重要文献選編』、一四頁。こうした趙紫陽の「封建専制主義」に対する認識の根底にあったのは、一九一七年のロシア革命以降、スターリン体制として成立した「アジア的復古」と、それが中国に与えた意味合いであった(宗鳳鳴『趙紫陽軟禁中的談話』、開放出版社、二〇〇七年、二五頁参照)。その意味で、趙紫陽におけるスターリンの「封建的」なものとは、本来のマルクスの「アジア的」なものとして認識されていたことになる。

(14) 蘇暁康・王魯湘(辻康吾・橋本南都子訳)『河殤』(弘文堂、一九八九年)、一五四頁。

(15) 同、二七頁。

(16) 同、二八頁。

(17) 同、三二頁。

(18) 金観濤・劉青峰(若林正丈・村田雄二郎訳)『中国社会の超安定システム——「大一統」のメカニズム』(研文出版、一九八七年)、三二頁。ちなみに、これは『隆盛与危機』の簡約本(『在歴史的表象背後——対中国封建社会超穏定結構的探索』、四川人民出版社、一九八三年)である。

(19) 前掲『河殤』、八四頁。

(20) 同、八五頁。

(21) 同、八八—八九頁。

(22) 渓内謙『現代社会主義の省察』（岩波書店、一九七八年）、三八頁。
(23) 同、三九頁。
(24) 丸山眞男『自己内対話』（みすず書房、一九九八年）、五六頁。
(25) 前掲『現代社会主義の省察』、四〇頁。
(26) K・A・ウィットフォーゲル（筒井英一訳）『孫逸仙と支那革命』（永田書店、一九三六年）、七一頁。
(27) 前掲『マルクスとアジア』、八―九頁。
(28) 石母田正『歴史と民族の発見――歴史学の課題と方法』（東京大学出版会、一九五二年）、二六―二七頁。
(29) 同、二九―三〇頁。
(30) 前掲『アジアは〈アジア的〉か』、二四七頁。
(31) T・S・クーン（安孫子誠也・佐野正博訳）『科学革命における本質的緊張』（みすず書房、一九九八年）、XXIV頁。
(32) G.L.Ulmen, *op. cit.*, p.249, 前掲『評伝ウィットフォーゲル』、三七一頁。
(33) Manuscripts on Russia, including "Russia's Asiatic Restoration," originally meant to be published separately but eventually incorporated into Oriental Despotism, Folder No. 6, Box No. 80, p. 21, Karl August Wittfogel Papers, Hoover Institution, Stanford University.
(34) Karl August Wittfogel, "Russia and Asia," *World Politics*, vol. 2, no.4, July 1950, p.450.
(35) *Ibid.*, p.454. なお、『アジア的復古』については、拙著『K・A・ウィットフォーゲルの東洋的社会論』（社会評論社、二〇〇八年）の序章、及び本書第六章を参照。
(36) 「ウィットフォーゲルの平野義太郎宛ての書簡」（一九五〇年十一月十四日）、Folder No.16, Box No.22, Karl August Wittfogel Papers, Hoover Institution, Stanford University.

（37）「平野義太郎のウィットフォーゲル宛ての書簡」（一九五一年三月五日）、*Ibid.*

（38）「ウィットフォーゲルの平野義太郎宛ての書簡」（一九五一年五月七日）、Folder No.16, Box No.22, Karl August Wittfogel Papers, Hoover Institution, Stanford University.

（39）T・S・クーン（中山茂訳）『科学革命の構造』（みすず書房、一九七一年）、一九八頁。

（40）梶谷懐『〈壁と卵〉の現代中国論』（人文書院、二〇一一年）、一七一頁。梶谷が本書で、「前近代」という言葉の代わりに、「非近代」という、いわば第三の「価値中立的」言葉を使っているのはたいへん興味深い。だが、筆者の見るところ、これは「子供を子供と呼ばずに、大人ではない人と呼ぶようなもの」（黄仁宇『放寛歴史的視野』）で、「前近代」という言葉の持つ本質的意味内容に直面することを回避するものである。

（41）何清漣（坂井臣之助・中川友訳）『中国現代化の落とし穴――噴火口上の中国』（草思社、二〇〇二年）、一二一―一二三頁。

（42）前掲『科学革命における本質的緊張』、二九四―二九五頁。

（43）市井三郎・布川清司『伝統的革新思想論』（平凡社、一九七二年）。

（44）拙稿「一九三〇年代のアジア社会論再考――ゲノッセンシャフト概念を手がかりに」、『社会思想史研究』第三五巻、二〇一一年九月。

（45）この邦訳は、ウィットフォーゲル（二木猛）『支那は目覚め行く』（白揚社、一九二八年）。

（46）これについては、前掲『中国社会主義国家と労働組合――中国型協商体制の形成過程』の序章を参照。

第Ⅰ部

K・A・ウィットフォーゲルの中国革命論

ウィットフォーゲルのゼミの授業風景（1962年）。

第一章　「ブルジョア民主主義」と国共合作

K・A・ウィットフォーゲルの中国革命論(1)

はじめに

通常、「中国革命」とは、孫文による指導の下で中華民国として成立するきっかけとなった「辛亥革命」（一九一一年）か、あるいは毛沢東による指導の下で中華人民共和国として成立した「社会主義革命」（一九四九年）のことを指している。ここでK・A・ウィットフォーゲルの問題関心との関連で重要なのは、前近代的社会体制を克服する「ブルジョア（民主主義）革命」という課題と、高度に発達した資本主義社会においてのみ成立した市民社会のポジティブな諸条件を前提として社会主義が開花するとした「社会主義革命」という課題とが、マルクス・レーニン主義のいわゆる「二段階革命」論によって一つの線で結びつけられていることである。[★1] これに対して、トロツキー派によれば、中国社会にはすでに十分に発達した資本主義が支配しており、「封建的」（＝「アジア的」）諸関係があってもそれは残存に過ぎず、したがってここでの中国革命とはプロレタリア（社会主義）革命を、そして民族運動も中国ブルジョアジーによる運動を意味しており、民族解放闘争におけるブルジョアジーとの「合作」とはブルジョアジーに対する屈服、つまり労働者階級による「永続革命」（die Revolution in Permanentz）の放棄であると理解されていた。★2 マルクスのアジア的生産様式論に基づきつつ、「アジア的」遺制を克服するためのブルジョア民主主義を擁護していたウィットフォーゲルが、こうしたトロツキー派の立場に批判的であったことはいうまでもない。

では、もう一つの対極にいる孫文にとって、ブルジョア革命とはいったい何を意味したのであろうか。ウィットフォーゲルの見るところ、その政治理念である「三民主義」の重要な構成要素の一つである「民権主義」とは、じつはマルクス・レーニン主義の民主主義論にきわめて近いところに位置している。

「（一九〇〇年ごろ――筆者）孫文の胸中には、中国において遂行されなければならないブルジョア（bürgerliche ＝市民）革命の思想が次第にはっきりと形成されていった。このブルジョア革命は、すべての中世的官僚的＝専制的制度を払拭する任務を持つものである。したがって、農民も都市の手工業者も、はじめて生起しつつある中国のプロレタリアートも――まったくの権利として――それをすすんで支持するだけでなく、彼らはそれに多数の戦士さえ送るのである。しかしながら、政治的に活発な首脳部、及びその闘争目標とは、市民的性格（bürgerlichen Natur）を帯びるものである」★3。

すでに欧米民主主義の洗礼を受けていた孫文にとって、ブルジョア革命とは、伝統的村落共同体と専制国家とによって成り立つ前近代的社会構造を、近代ブルジョア的なそれへと根本的に転換させることを意味していた。だが、このブルジョア革命としての中国革命は、のちに孫文が格闘した反軍閥・反帝国主義というモメント以上に、民族解放闘争（統一戦線）というモメントとしての「民族主義革命」を最低綱領＝共通目標としつつ、主にコミンテルンを媒介にして、共産党と国民党とが共に手を結んでいたことにその大きな特徴がある。ウィットフォーゲルの見るところ、利害の大きく異なる階級を代表している国民党と共産党という二つの政党がなぜこのように「ブルジョア民主主義」(bürgerliche Demokratie）という理念で一致できたのかといえば、それは手工業者や農民といった「ブルジョア的要素」が国民党内でも組織的な大ブルジョアジーとも結びつけられているものの、たとえば共産党を中心に組織された農民協会（Bauenverbände）に見られるように、その一部分は「進歩した階級意識を持ち、独自の政治的方向を持っている」と理解されたからである。[★4]「この二つの市民社会群にとっては、抑圧と相対的に強度な革命状態とは共通である。この両社会群にとっては、プロレタリアートの行き過ぎに対する恐怖と共産主義に対する恐怖とは共通なのである」。[★5]だが、こうした労働者と農民とをともにブルジョア的（＝市民的）価値を体現していたととらえるウィットフォーゲルの見方は、のちに見るように、中国革命の政治過程を同時代人として観察する中で、少なからず変化していくこととなる。

中国共産党の正統史観に基づく中国革命論は、通常、いわゆる「ブルジョア民主主義」の課題が民族主義のそれとして明確化していった「五四運動」（一九一九年）によって始まったとされる。[★6]このことを象徴するかのように、この同じ年の三月には、国際共産主義運動の一部として「ブルジョア民主主義」を実現すべく、コミンテルン（＝第三インターナショナル）が創設されている。そもそも「ブルジョア民主主義」という言葉は、西側の議会制民主主義に対する蔑称として使われると同時に、本来、社会主義社会への過渡期として克服されるべき西欧近代を起源とする市民的（bürgerliche）自由や平等を実現するための前提条件としても使われるという両義性を帯びていた。★7 だが、マルクスのアジア的生産様式論を擁護するウィットフォーゲルにおいては、むしろ後者のポジティブな意味で用いられることの方が一般的であるという点が重要である。★8

しかしながら、ウィットフォーゲルの見るところ、スターリンは一九二六年以来、マルクス、エンゲルス、レーニンの議論を如何に処理したのかについては一切触れないまま、アジア的生産様式を完全に否定して、中国の土地制度を「封建的」と決めつけた。そして、一九三一年のレニングラードでのアジア的生産様式をめぐる討論会で、スターリンはこの背後で決定的な影響力を及ぼしていく。この討論会では、「アジア的」社会論とは「ブルジョア的」西側が自ら建設的と称する行動の正当化を通して、アジアの共産党指導部を窮地に追い込むものだと理解され、「反封建派」陣営のメンバーが「トロツキスト」として、学術的にではなく、政治的に排除されたのである。その後一九三八年には、スターリンの『弁証法的唯物論と史的唯物論』で、原始共同体社会、奴隷制、封建制、資本主義、社会主義というういわゆる五段階発展説が世界史の基本法則として確立されるとともに、翌三九年には、このスターリンによる「封建制」理解に基づいて、毛沢東の『中国革命と中国共産党』が編纂されていった。このスターリンと中国共産党による公式見解が、戦後日本における中国史研究の視角・

方法論においても、決定的な影響を及ぼすこととなったことはいうまでもない。[★9]

ところで、これはある意味で地域研究者の宿命とすらいえるが、研究手段としての基礎資料・情報とは、その発信源である研究対象国の言説＝権力空間に依拠しながら、自らの研究主体を多かれ少なかれそれに適合させざるを得ないという問題性がつねに横たわっている。だが、中国のように一党独裁の国家権力によってあらゆる情報が統制、かつ操作されている国では、事態はなおさら深刻にならざるを得ない。[★10]とりわけ既述の「ブルジョア革命」という課題とのコンテクストでいえば、一九二〇年代に遡る中国革命論へのアプローチの根底には、コミュニスト、あるいは非コミュニストによる、ある種の政治的意図から自由になることはない「情報操作」がすでにしてまとわり続けていた。現代においても変わらないこの対中国の言説空間をめぐる基本構造が、ウィットフォーゲルは中国革命論の研究に沈潜する過程で、すでに一九二〇年代から存在していることに気づいたのである。

ウィットフォーゲルによれば、中国共産党史を扱っているコミュニストの著述家たちは、そのある面については非常に口達者だが、他の面についてはひどく口が堅い。たとえば、こうした研究者は、中国共産党が他のグループまたは他の党派と同盟を結ぶ以前、及び期間中にとった方法をあいまいにするなど、巧妙な情報操作を繰り返している。「一般に彼らは、モスクワのもつ政治上の最高権力を強調するが、中国共産党とソ連間の行動上の関係は隠そうとする。また彼らは、個々の指導者や指導グループの犯した歪曲、過誤、偏向等は大げさに表現するが、ソ連や、一定の有名な中国のコミュニスト、とくに毛沢東がこれらのことに関して演じた役割については黙して語らないのである[★11]」。

だが、ウィットフォーゲルの見るところ、これと異なる種類の情報の歪曲は、コミュニストだけでなく、一部の非コミュニストによる中国におけるコミュニズムの発展についての記述にも表れている。こうした研究主体と研究対象とのアンバランスとは、現代の中国研究のあり方そのものが抱えている構造的問題と同じように、研究課題を中国側に立って一方的に強調することに由来している。それゆえに、この基本構造は、現代の日本における中国研究のアプローチにおいても恐らくそのまま当てはまるであろう。「このような割拠主義的（compartmentalized）研究方法は、ソ連側についても中共側についても、研究者をしてともに重要な事実を見落させる結果が生じる。その最もよく知られ、かつ最も不幸なあらわれ方をしているのは、毛沢東がソ連の指導者たちの基本的教義に背いて逸脱し、異端の『毛沢東戦略』なるものを創設して、これを定着せしめたという主張である[★12]」。

このように、ウィットフォーゲルにとっていわゆる中国共産党の「毛沢東戦略」とは、一九六〇年代まで通常理解されていたような、ソ連を中心とするマルクス・レーニン主義の正統史観からは外れた「異端」の独立路線のことではなく、むしろソ連共産党やコミンテルンの方針に「忠実に」従って定着していったものである[★13]。したがって、ウィットフォーゲルの中国革命論は、いかなる共産党の発展もそれらを国際共産主義運動のモスクワ・センターたるコミンテルンとソヴェト政府、そして究極的にはソ連共産党との関係において見た場合にのみ、完全に理解できるとの立場にある[★14]。なぜなら、ソ連共産党とコミンテルンとの関係では、たしかに両者は本来的に別個の組織であり、ソ連共産党は形式的にはコミンテルンの一部に過ぎないとはいえ、実質的にはソ連共産党がその支配者として、コミンテルンとソ連政府との関係を少なからず反映するものとなっているからである[★15]。そのためにウィットフォーゲルは、第一の方法のようにもっぱら中国の政治過程に依拠して中国革命を論じるのではなく、利用し得るあらゆる証拠をもって、コミンテルンとソ連政府との関係の第一次性を強調するというアプローチをとっている。

たしかに、ソ連やコミンテルンとの政治的背景が、中国共産党と非コミュニズムの諸組織との間の相互作用を分析する上において、最も重視されるべきなのかもしれない。だが、ウィットフォーゲルの研究姿勢の独自性とは、ただ単にそのことだけにあるのではなく、ブルジョア（民主主義）革命という観点に立った際、これまでの中国共産党の正統史観とはまったく逆に、中国においては共産党ではなく、むしろ国民党こそがその最も重要な役割を果たしていた、という仮説を論証する点にある。中国共産党と国民党は統一戦線で二回合作したものの、二回とも分裂と内戦に終っているが、いったいなぜ失敗に終わったのか。このことを明らかにすべく、中国共産党成立（一九二一年）後のウィットフォーゲルの主な関心は、一九二三年から二七年までと、一九三七年から四五年までの間の、二つの統一戦線時期に向けられる。ここでは主に、その数少ない中国革命論の一つである『中国コミュニズム小史』（*A Short History of Chinese Communism*, 1956）に内在しつつ、なおかつ他の周辺の文献によってさらに関連情報を補足しながら、第一次国共合作とそれに至る前者の政治過程を、ウィットフォーゲルがいかに考察、分析したか、さらにその抑制された記述にいかなる問題意識が隠されていたかに焦点を当てる。★16

1　中国におけるコミュニズムの台頭と国民革命運動

ウィットフォーゲルは、近東、インド、中国の諸文明という近代ヨーロッパには存在しない社会を「東洋的社会」（Oriental Society）と称し、これら諸地域に共通する「制度的特徴の複合」を理論化しつつ、小規模灌漑を伴う農業経済（灌漑農業）と大規模な政府管理の治水事業を伴う農業経済（水力農業）を区別して、後者を「水力社会」、「水力文明」と呼び、それらを地理的要因、技術的要因、経済的要因のどの一つの要因でも説明できない非決定論としてとらえていた。その中国革命論における社会認識の根底にも、こうした主にK・マルクスやM・ウェーバーに依拠した「東洋的社会」論が下敷きになっていることはいうまでもない。そうしたウィットフォーゲルの立場から見れば、それは中国という巨大な農業国家において、ヨーロッパ、アメリカ、及び日本といった海外列強の大きな圧迫をうけつつ、たしかに一度は古い秩序が覆されたものの、それに代るべき新たな秩序が作られるまでには至らなかった「アジア的」社会の上部構造として成立している。

このように、農業国家としての中国の状態が「近代的中産階級」を成長させるのにインドよりも適していなかったことの背景には、中国には国民を団結させるだけのすぐれた社会勢力がなかったことがあげられる。たとえば、一九一二年に満州王朝（清朝）が崩壊した際、多くの地方長官や将軍たちが旧帝国の各部分の支配権を握り、軍閥割拠による四分五裂の状態に陥っていったことは、まさにそのことを証明する上での具体的実例であった。ここで列強は、それぞれ自分たちの目的のためにこの状態を利用していたが、ウィットフォーゲルの見るところ、このことはむしろ旧中国社会の「アジア的」基本構造を温存するのに役立っていた。だが、その後、中国という国民国家としての国の団結と主権の回復を目指すさまざまな運動が、国民に強く訴える力をもつようになり、この運動が強くなればなるほど、ますます「近代的分子（modern elements）」（ブルジョアジー）をひきつけるようになったのだという。★17

「共和国時代に国民党と呼ばれた、孫文の率いる国民革命団体は、最も効果的にこの要求を満たすものであった。国民党は、海外にいる中国の実業家たちから大きな支持を受け、在外中国人と密接な関係があることで知られている広東地方に、次第にその基地を築き上げていった。孫文は、トルコのアタテュルク、その他アジアの民族主義指導者たちと同じく、強力な政府と包括的な国有化政策が、経済と文化の近代化を推進する上で必要欠くべからざるものであるという信念を共有していたが、孫の考え方は、トルコのアタテュルクよりもはるかに進んでいた★18」。

このように、コミュニストらが包括的国有化政策を社会（共産）主義と結びつけたのに対して、孫文はむしろそれを「近代化」と結びつけていた。そして彼は、国民革命こそが専制政治に見られるような前近代的遺制を克服すべき中国における「近代化」を強力に推し進められると考えたのである。とはいえ、孫文は若いときから社会主義思想の影響を受けていたこともあり、単なる近代主義者とは異なり、のちに共産党との「合作」を可能にする基礎をも兼ね備えていた。このことは、彼が唱えるいわゆる「三原則」中の第三の原則についての説明によっても知ることができる。すなわち、一九〇七年一月十六日、東京において行なった演説で、孫文は清朝に対しては「国民革命」（第一原則）を、政治権力の独占に対しては「政治革命」（第二原則）を、そして「社会革命」（第三原則）をそれぞれ行なう必要があると強調している。この最後の原則について孫は、「われわれは一握りの富んだ人々がわが国の全部の富を独占することを欲しない」としているが[★19]、このことを見ても、彼がある一定の社会主義的思想を堅持していたことがわかる。

だが、ウィットフォーゲルの見るところ、ある種の社会主義者でありながらマルクス主義を受け入れなかった孫文は、「資本主義に対する闘争」についての考え方があいまいであった。とはいえ、土地問題についての孫の意見は、表面的にはあたかも正統派マルクス・レーニン主義のそれのようにきわめてはっきりしていた。たとえば、彼の率いる「中国同盟会」の最初の宣言は、「平等な土地の再分配」を主張しており、この組織に入ったものは厳粛に、「私は天帝に向って、清朝を倒し、中国の主権を回復し、共和国を設立して、土地を平等に再分配する基礎に立った農村問題の解決をはかるために、私の全力を尽すことを誓います」との言葉を復誦せねばならないほどであった[★20]。

汪精衛派（国民党左派）の知識人である湯良礼によれば、孫文がマルクス主義に反駁したのは、「階級闘争」を媒介とする「土地分配」のためであった。孫文にとって、中国の真の問題は「貧困」そのものなのであって、「不平等分配」の問題ではけっしてなく、仮に富の分配が不平等なる社会で平等に適用されるべきであるとしても、産業の未発達な中国では共産党の主張する「階級闘争」によってそれを実現し、「プロレタリア独裁」を受け入れる余地はない[★21]。なぜなら、レーニンの考え方とはまったく反対に、孫文にとって耕すもののための「土地革命」とは、「自作農的土地私有制」の実現であり、「全民土地所有＝公有制」の敢行を意味するものではなかったからである。[★22]

このように、孫文はたしかにマルクス・レーニン主義の主要な教義を拒否してはいたものの、反資本主義と反帝国主義のスローガンを結合した一九一七年のボルシェヴィキ革命は、たちまち彼の心をつかむこととなった。というのも、そもそもマルクス・レーニン主義に対しては批判的であった孫文にとって、三民主義の重要な構成要素である民生主義とは、集産主義と共産主義とを兼ね合わせた「社会主義」を包摂する概念として提唱されていたからである。実際、彼は一九一八年のはじめ、多くの媒介者を通じて、レーニンに祝いのメッセージを送り、ツァーと資本主義の抑圧に反対するロシア国民の闘争に大きな共鳴の意を表していた。[★23]

さらに、ソ連が一九二〇年九月、中国における特権的地位の主張を放棄して以来、孫文はソ連政府、国際コミュニスト、及び親コミュニズム的中国人と密接な関係を結ぶこととなった。陳烱明将軍が広東省長であった一九二一年のはじめ、すでにコミュニズムの同調者として知られていた陳独秀は広東の教育行政委員会委員長となり、同年七月に創立された中国共産党の中央局書記になるまで、その地位につくこととなった。[★24]

孫文は同年夏、中国共産党大会の基礎を作るために中国を訪問していたコミンテルンの代表マーリンと会っている。孫はマーリンに対して、ロシア革命や新しい経済政策について多くの質問をしているが、このことが示すように、中国共産党が一九二一年七月に誕生した際、孫文はソ連のコミュニズムに少なからず好意を抱いていたのである。こうした孫文のソ連に対する肯定的評価は、新経済政策

（NEP）といういわば「ブルジョア民主主義」的諸政策が、じつは彼の「民生主義」の一環としての事業計画とほとんど同じであることをマーリンによって知らされたことが契機になったとされる。孫文はそのソ連の民生主義を一種の「国家資本主義」制度ととらえ、世界でこの民生主義を実行した最新の国家はソ連だけであり、イギリス、アメリカ、日本のような国は、国家そのものが富強であっても、いまだに民生主義を実行していないと考えていた。[25]

もちろん、孫文やその周辺の国民党の人々のみが、共和国初期における唯一の革命勢力ではない。そこには、国の規則や習慣に従わない古い型の秘密結社のメンバーもいたし、また西洋流の急進主義者や文芸復興運動の担い手のように、文学、歴史、または哲学、あるいは無政府主義や社会主義思想、さらには文学と政治との両方に興味をもつ者など、必ずしもマルクス主義に基づくとはいい難いさまざまな社会的勢力が存在していた。ウィットフォーゲルによれば、胡適とともに文芸復興運動の先頭に立ちつつ、すでに代表的なマルクス主義者と目されていた中国共産党の陳独秀も、またその北京大学の同僚である李大釗も、たしかに中国でのボルシェヴィキ革命を志向していたのは事実とはいえ、ともにマルクスの社会主義についての正確な知識をもっていたわけではなかった。すなわち、中国共産党の基礎を創ったこれらの人たちでさえ、たとえば「アジア社会」や「アジア的生産様式」についてのマルクスの考え方と、これを中国に適用することについての理解をまったくといってよいほどもっていなかったのである。[26]

たしかにウィットフォーゲルが、コミンテルンやソヴェト政府、及びソ連共産党との関係という外部要因の第一次性を強調しつつ、中国革命について論じていたのは事実である。だが、だからといって彼は、いわゆる「マルクス・レーニン主義」型の共産主義運動が「自然発生的」には起り得なかったと主張しているわけではけっしてない。とはいえ、一九二〇年代の中国における共産主義運動は、国民党と共産党による自立的な運動によって展開されたというよりも、むしろソ連型コミュニズムの鼓舞と現実的なソ連からの援助によってのみ展開可能であったと解釈するのが、ウィットフォーゲルの基本的立場である。[★27] こうした見方が少なからず正しかったことは、コミンテルンの代表マーリンとソ連外務人民委員会の代表ヨッフェとの連携が、コミンテルンのインターナショナリズムとソ連のナショナリズムとの結合によってはじめて可能になり、どちらもその性格・目的を異にしていたにもかかわらず、結局のところ、ソ連の力を得て国際連帯を可能にしていたという事実からも裏付けられる。[★28] つまり、中国の共産主義運動も、コミンテルンを媒介にした国際連帯だけでなく、ソ連のナショナリズムによって少なからず左右されていた面が否定できないということである。

2 ブルジョア民主主義革命論（レーニン）の中国への受容

ウィットフォーゲルによれば、ある程度の民主主義を装ってでも「上から」指導すべき厳格な規律をもった党を作るというレーニンの構想は、一九〇二年から三年にかけて固まったものである。この「民主集中制」（democratic centralism）は、民主主義に対する根底のしっかりした見解をもっていなかった初期の陳独秀にはきわめて適していた。陳とその周辺の仲間たちは、この構想をレーニンが一九〇五年のロシア革命の間に発展させた新しい型の「ブルジョア民主主義革命の綱領」とともに受け入れた。レーニンは同年、ロシア社会民主党の指導者として、「プロレタリアートと農民の革命的民主主義独裁という新しいスローガン」を発表することとなる。彼はこの構想を、「民主主義革命におけるロシア社会民主党の二つの戦術」という論考の中で発展させて、ロシアのような主たる農業国においては、前衛的マルクス主義者を先頭とする少数の労働者階級が、さまざまな不満を抱く農民の支持を獲得するや否や、「独裁権力」を確立することができると説いたのである。[★29] だが、E・H・カーが指摘するように、ここでマルクスその人の原理論に立ち返れば、そもそも「農民」とは、小製造業者、小売商人、職人といった「小ブルジョア」集団とともに、「大規模資本主義」の奔流の中で消えていく運命のものであり、歴史の車輪を逆に回そうとすらする、「保守的」で、「反動的」な存在ですらあった。[★30] レーニンのいわゆる「労農同盟論」とは対照的に、ウィットフォーゲルがアジア的生産様式論に基づきつつ、プレハーノフによって警告されていた「アジア的復古」の問題を提起したのは、まさにこの点をめぐってである。[★31]

とはいえ、一九一七年二月の革命の段階では、「労働者、農民の革命的独裁」は実現されなかったので、レーニンの見通しは歴史的現実によって覆されることとなった。このためレーニンは、そのスローガンを修正して、「プロレタリア独裁」を実現するための闘争に着手していく。ここでレーニンが、政権をとるために現実的に大多数を構成している農民の支持を必要としたことはいうまでもない。そのために彼が使った戦略的政策こそが、農民に対する「土地の分配」であった。レーニンは一九一七年秋には、再び「労働者と農民の独裁制」を主張し、当時、最も人気があった民主主義政党である「社会革命党」が主張していた「土地分配の綱領」を、いわば半ば横取りするかたちで採用することによって、「支配の正当性」を農民から調達していったのである。かくして、ボルシェヴィキが一九一七年十月、国の支配権を獲得した際、彼らははじめて「労農政府」を打ち立てることができた。★32

レーニンはさらに一九二〇年、「全般的民主主義革命」の段階、つまり農民が全体として大地主に対して闘うという「ブルジョア民主主義革命」の段階をすでにソ連が経ているととらえた。彼は、この「過渡的」時代がロシアにおいてはそう長く続かないという楽観的な見通しをもっていたものの、中国のマルクス主義者たちよりははるかに用心深く、「東洋」においてもこの時間表通りに事が運ぶとまでは考えていなかった。これは多かれ少なかれ、すでにレーニンが「アジア的」なものに対するマルクスやプレハーノフの思想的影響の下にあったためと思われるが、ウィットフォーゲルによれば、だからこそレーニンは、「アジアの大部分の国が後進国であることと、植民地または半植民地状態にあることとを強調して、これら諸国におけるブルジョア民主主義革命は、さまざまな面を含み、かなりの時間を必要とするかもしれないという考え方を、コミンテルンの課題を決定する際の基礎にしていた」のである。★33このように、ロシアにおける「アジア的復古」の危険性を現実的に認識していたレーニンとは異なって、中国のコミュニストにはこの問題意識はまったくといってよいほど共有されていなかった。このことは、当時からすでにして、レーニンと中国のコミュニストとの間に、「アジア的」なものをめぐる認識にきわめて大きなギャップが存在していたことを示唆している。

また一九二〇年のコミンテルン第二回大会でレーニンは、「ブルジョア民主主義革命」が「アジア的」なものが色濃く残存する「植民地または半植民地」諸国においても十分遂行できるという政治方針について、自らの見解を述べていた。一方、インドのコミュニストであるロイは、このような国におけるソヴェト設立の可能性についてのレーニンの議論を補足しつつ、中国とインドに「労働者と農民のソヴェト」の創設を要請した。このロイ発言の趣旨に賛成したレーニンは、ほどなくしてほとんど工業プロレタリアートをもたない諸国においても、コミュニストは農民や労働者によるソヴェトを築くことができると主張しはじめており、徐々に「アジア的」なものに対する認識を後退させていったのである。★34 つまり、逆にいえば、レーニンに対して本来のマルクスの思想からの最初の方向修正を施したのは、他ならぬこのロイであり、しかもそれが「農民」の役割をめぐってであったということになる。★35

たしかに、アジアの「後進」地域におけるボルシェヴィキ活動について、レーニンがこの種の政策が非常な困難にあうと考えていたのは事実かもしれない。だが、ウィットフォーゲルの見るところ、レーニンはこうした困難にもかかわらず、ほとんどプロレタリアのいない地域においても、大衆の間に独立の政治思想や独立の政治活動への闘いを起させることが可能だとしており、その「アジア的」後進性の克服に際する、以前とは立場を異にする楽観的主張がほぼ固まりつつあった。こうしたレーニンにとって、ソヴェト組織をめぐる観念はきわめて単純なものであり、彼はプロレタリアのみならず、「アジア的」なものの主要な担い手である農民、そして何よりも「封建的または半封建的」社会的諸関係にも適用できると理解しはじめていた。それゆえにレーニンは、「後進国や植民地国のどこでも、農民ソヴェトや労務者（toilers）ソヴェトの観念に役立つような宣伝を行なうことは、共産党や党に同調する人たちにとっての本来の義務である」とまで主張できたのである。[36]

こうしたレーニンによるテーゼは、やがて東洋諸国と植民地諸国におけるコミンテルンの戦略上の基本的教義となる。コミンテルンの議長ジノヴィエフは一九二〇年九月、その数週間前にジノヴィエフ、ラデック、ベラ・クンといったコミンテルンの主要なメンバーが出席したバクーでの東方諸民族大会の報告の中で、ベラ・クンが東方の代表者たちに「農民ソヴェト」の構想を身につけさせたことに賛同の意を表明するに至る。そこでベラ・クンは、ソヴェト制度が前資本主義的状態にあるところでも、「貧農の独裁制度」としてこれを設立することができると主張し、「東洋におけるソヴェト制度の政府」に関するテーゼが「全会一致」で採択されることとなった。[37]

これに先立つ一九一八年、ソ連の外務人民委員チチェーリンは、従来ロシアが中国において保有していた領土的、及び法的特権を、ボルシェヴィキ政府が放棄するとの声明を発表していた。ウィットフォーゲルの見るところ、「このような措置は、軍事的にはまだ弱かったが、共産勢力を全世界に拡大しようと望んでいたソヴェト政権にとっては容易に実行することができた。このソ連の声明は、国民党をはじめとする中国の民族主義者たちに深い感銘を与え、親共産主義の急進論者を活気づけたのである」[38]。それゆえに、やがてコミンテルンの使節となったヴォイチンスキーは、北京で李大釗と、さらに上海で陳独秀とそれぞれ会談した際に、こうした親善ムードによって大いに利益を得ることとなる。ヴォイチンスキーの会談後、陳は社会主義青年団（のちの共産主義青年団）を組織し、また李大釗、譚平山らとともに「マルクス学説研究会」を組織したが、このグループは、のちに漢口、長沙、広東、済南その他各地で作られたこの種の政治組織のモデルとなっていった。[39]

一九二〇年夏のコミンテルン第二回世界大会における民族問題や植民地問題に関する諸討論、及び九月のはじめバクーで行なわれた東方諸民族大会におけるさまざまな演説と決議案は、陳独秀やその他の仲間たちが、中国のような「農業国」で行なうコミュニズム活動についての考え方を明確化するのに役立った。またソヴェト・ロシアが中国政府にあてて送った一九二〇年九月二十七日付の書簡は、モスクワがその古い特権を放棄して本腰を入れていることを彼らに保証するものであった。[★40]

一九二一年の夏までに事態は順調に進んだ。中国訪問についていくつかの使命をモスクワから与えられていたコミンテルンの代表マーリンは、北方では呉佩孚将軍と、南方では孫文と会った。コミュニズム的考えをもつさまざまなグループを代表する一三人が、一九二一年七月、上海に集まって中国共産党の礎を築いたのは、マーリンとヴォイチンスキーの、つまりコミンテルンの直接的援助によるものであり、いいかえれば、同党が結党当初からコミンテルンによる強い指導の下にあったことを示唆している。[★41]

3　コミンテルンによる統一戦線の構想

第一次世界大戦後、モスクワの期待に反して、「資本主義的帝国主義」の体制は再び強化されつつあった。この新たな事態に直面したレーニンは、工業的資本主義の牙城が、その柔かな腹部にあたる「植民地、半植民地」諸国に革命の一撃を加えることによって、最も有効にその足もとを掘り崩すことができるとの確信を強めていた。[42] だが、ウィットフォーゲルにとってこのことは、高度に発達した資本主義における市民社会の基礎の上で社会主義が成立するとしたマルクスの思想とは、まったく反対の戦略を選択していることを意味したのである。

陳独秀とその仲間たちは、いわばロシア経由のマルクス主義のみを受容する中で、帝政ロシアが「封建主義」を倒してからわずか半年後には「社会主義」に転換したと考えており、成熟した資本主義を経過しなくてはならないという通説には反対していた。[43] この頃の陳独秀については、労働、資本主義、及び世界革命等については十分研究することができたかもしれないが、「アジア」におけるコミュニストの闘争については、ほとんど学ぶことができなかった。それゆえにウィットフォーゲルは、「コミンテルンの第二回世界大会のテーゼや、非コミュニスト、非社会主義者、非プロレタリア国民革命家等と一緒になって会議を開くという考え方自体、マルクスの『アジア的』なものについてなんら理解していない陳にとっては、恐らく奇異に感じられたであろう」としている。[44]

こうした中で、前年に開かれたワシントン会議に対抗しつつ、第一回極東諸民族大会が一九二二年一月、モスクワで開かれた。この会議は、ウィットフォーゲルが見るところ、「アジアで生まれたばかりの諸共産党と、反帝国主義闘争に進んで参加しようとする『ブルジョア』、及び『小ブルジョア』の『革命的』分子を糾合したもの」であった。[45] この会議に出席したのは、五二名の朝鮮人、一三名の日本人、三七名の中国人、その他大小さまざまのグループであり、出席したコミュニストの中には、M・N・ロイ、及び張国燾と瞿秋白という二人の著名な中国人がいた。この会議では、コミンテルンの議長ジノヴィエフによる「国際情勢」に関する演説と、コミンテルンの極東問題の専門家サファロフによる「民族問題と植民地問題」に関する演説という、二つの重要な演説が行われた。[46]
ウィットフォーゲルによれば、この第一回極東諸民族大会の主要な演説の選択で、コミュニストたちが支配的に立ち回った。二人のコミンテルンの演説者、ジノヴィエフとサファロフは、ともに「アジア」においてコミュニストと非コミュニストがとるべき協力の形については、あまりはっきりしたことをいわず、どちらも「反帝国主義的連合」に重点を置いていた。ジノヴィエフは、自ら中国の非コミュニスト、とくに孫文の支援者らに話しかけて、米国の好意に期待をかけないよう警告し、既述の「民族・植民地問題についてのテーゼ」(コミンテルン第二回大会)に基づいて、コミュニストが指導する労働者と非プロレタリア労務者(toilers)の同盟によってのみ、中国における民族問題が解決され得ると強調した。サファロフは、国民革命の利益のために、ブルジョア民主主義者もコミュニストも「一緒に」やって行かねばならないと繰り返した。[47]
一九二一年に成立したばかりの中国共産党は、この第一回極東諸民族大会において、当初めざしていた「プロレタリアの独裁」の実現と主要な任務としての労働運動をはじめとする「直接的」社会主義革命がともに批判された結果、その路線の選択をめぐり最初の転機を見ることとなる。[48]だが、その一方で注目に値するのは、この会議でサファロフが、コミンテルンの指導者によって本音に近い深い部分で思念されてきた「土地革命」と「農民ソヴェト」という二つの問題を提起したことであろう。ウィットフォーゲルの見るところ、コミュニズムをめぐるこれら二つの中心的基本政策は、一九二三年から一九二六年までの間、中国共産党に対するモスクワの指令の中で、時に緩和され、時に除外されたように、「政策施行の上での一種の戸惑い」があったことを示唆している。サファロフの主張では、中国の民主主義革命は「土地の国有化」[★49]に向って前進し、その過程においてソヴェト樹立の構想を宣伝しなければならないとされたのである。

ウィットフォーゲルによれば、この第一回極東諸民族大会は孫文に十分な用心と警戒を怠るべきではないというメッセージを伝えたであろうし、他方、共産党の方でも、中国に国民革命の統一戦線を結成することについて、会議に出席した代表たちが同党にコミンテルン側の真剣さを伝えることに役立っていた。だが、陳やその仲間たちは、この時点ではまだ「ブルジョアジー」との同盟を意味する「統一戦線」を恐れていたので、彼らも国民党と同様、明らかに警戒的であった。[★50]

一九二二年五月に開かれた中国共産党第二回全国代表大会では、「民主主義連合戦線は、労働者、貧農、及び小ブルジョアを含む」などとする宣言文が採択された。この定式は、本来の「ブルジョア」はもちろん、中農と富農を除外したものである。ウィットフォーゲルは、「この宣言は、ブルジョア民主主義革命で、彼らが期待するパートナーを引きつけるというよりは、むしろ逆に驚かせたであろう」と見ている。[★51]なぜならば、それはブルジョア民主主義の育成の対極にある、次のような長期的なコミュニズムの目的をうたっていたからである。

「民主主義革命が完全に達成されたら……プロレタリアートは第二段階、すなわち、労働者と貧農の独裁制樹立の実行に入るために、ブルジョアジーに対して闘争を開始しなければならない。この革命闘争の過程において労働者たちは、貧農と共にソヴェト樹立の準備をしなければならない」[★52]。

ここでは将来のタイムテーブルについては言及されてはいないものの、これは明らかに中国における「ブルジョア民主主義」が、短期間で実現されるであろうという見通しにおいて導き出されたものである。ウィットフォーゲルによれば、中国共産党がこの「七月宣言」を書いた時、コミンテルンの代表はまだ中国に到着していなかった。国際共産主義青年同盟の代表ダーリンは、中国共産党の第二回大会が開かれていた期間中に中国に到着したが、コミンテルンの代表マーリンがやってきたのは、この会議が閉会して間もなくのことである。したがって、この「七月宣言」は、中共の指導者たちが中国革命に関するコミンテルンの意向と考えたところに基づいたものであった、という推測が成り立つ。[53] なぜなら、既述のように、少なくともレーニンをはじめとするコミンテルンのコミュニストたちは、中国のコミュニストたちよりも、前近代的遺制の克服がそれほど容易なものでないことをきちんと理解しており、このような楽観的な判断は下さなかったと見られるからである。

この頃、国際共産主義青年同盟の代表ダーリンは、国民党に対して革命勢力の統一戦線政策を提言した。ウィットフォーゲルの見るところ、彼は同じような気持でこれを中国のコミュニスト側にも伝えたであろうし、マーリンもまた、同様のことをしていたにちがいない。というのも、中国共産党中央委員会は一九二二年六月十五日付の宣言文で、「二重のくびき、すなわち外国人のくびきとわが国の強力な軍閥のくびき」から中国を解放する統一戦線を結成するために、「国民党や革命的社会主義者たちが参加する革命分子の会議を開くイニシアティブをとる」と主張していたからである。[54] この宣言文は、将来の統一戦線に参加するであろうと思われるものの中に「商人」を挙げ、また「中国に現存するあらゆる政党の中で、国民党のみが革命党としての特色をもちうる」と述べて、その優位的

地位を、表向きには共産党にではなく、国民党に与えていたのである。★55

だが、仮に表面的なリーダーシップが国民党に与えられていたとしても、中国共産党の指導者たちは、この「六月宣言」では恐らくコミンテルンのコントロールの下、「ソヴェト」のことにも、プロレタリアートと貧農の「独裁制」のことにも言及しなかった。とはいえ、その提案している同盟そのものが、中国のプロレタリアがその手に政権を握るまでの「一時的性質」を有するものであることについて、ここでも触れていた。たとえば、国共間の同盟とは、中国のプロレタリアートがその手に政権を握るまでの「一時的性格」を持つものであり、「中国共産党はブルジョア民主主義でなく、プロレタリア革命のために闘っている」と明記している。★56 ウィットフォーゲルによれば、この宣言文は、数的にはきわめてとるに足らない小党によって準備されたものである。中国共産党第二回大会では、一二人の代表員がわずか百数十人の党員を代表していたに過ぎないが、秩序が乱れる度に少数の反乱集団によって強力な政権が樹立されてきたという歴史をもつ中国においては、大胆な綱領と外国からの援助を得る機会にめぐまれた中国共産党のような党は、これを一笑に付して片づけるわけにはいかなかった。孫文も、すでにコミュニストの「六月宣言」に含まれているある種の危険性に気づいていた。それゆえに、ダーリンとの会談で、孫はコミュニストが個人的に自分の党に入るのは喜んで受け入れるが、中国共産党と統一戦線を結成することは望まないとの意向を表明していたのである。★57

このように、両党協力の意思は当初、あらゆる種類の留保条件によって抑えられていた。だが、双方にあった統一戦線に対する躊躇は、完全に克服されはしなかったにしても、マーリンの上海到着と、広東地方における孫文の支配権の崩壊、さらにワシントン会議によって少なからず「弱められていた」

とウィットフォーゲルは見る。マーリンは同年八月、杭州での中央執行委員会特別会議（西湖会議）で中国共産党中央委員会の人々と会って、国民党がいくつかの階級からなっており、コミュニストが中に入って工作するのには、きわめて適した環境を備えていると考えていた。[★58]しかし、ここでマーリンが共産党を国民党に従属させる「党内合作」をモスクワに提起したのは、中国における旧式の労働者組織、すなわちギルド、あるいは上海の青幇・紅幇などの秘密結社が、健全な労働運動を促すよりも、むしろその障害になると考えていたからであったとされる。[★59]つまりマーリンは、中国のコミュニストたちよりも「アジア的」なものの克服の困難さをはるかに現実的に認識していたことになる。またマーリンは、「プロレタリア党は、この党を改善して、革命を推進するためにこれに参加すべきである」と指示していたばかりでなく、五人の中央委員会全員が一致してこの提案に反対した際、「いったい中国共産党は、コミンテルンの決定に従う気があるのか」と強く詰問すらしていた。[★60]ウィットフォーゲルが西側の研究者としていち早く指摘していたように、この「最後通牒」に等しい発言によって、中央委員会はしぶしぶ屈服せざるを得なかったのであり、逆にいえば共産党指導者たちは、いわば国際規律を尊重するために国民党に「折れた」というのが実際のところなのである。こうして陳独秀は、その翌月には、党の機関紙『嚮導周報』に論文を発表して、国民党との統一戦線を盛んに訴えるように、その政治的姿勢を変化させていった。[★61]

一方、孫文は同年六月、陳炯明による反乱の結果、広東における地位を維持することができなくなり、八月十九日まで砲艦住まいをした後、上海に引き揚げた。マーリンが八月、再び孫に会った時、彼は孫の意見がかなり歓迎すべきものに変化していることを知る。ウィットフォーゲルによれば、孫文が中国共産党の代表であった李大釗の国民党への入党を認めたことも、このようなムードの下においては、いかにもあり得ることであった。李大釗は、「共産党の党籍を捨てるとはいわなかったが、孫の命令には忠実に従うことを約束した★62」。こうしたことから、ウィットフォーゲルは当時の状況を次のように分析している。

「すべての中国の民主主義者と同様に、中国を犠牲にしつつ、日本に好意を示したワシントン会議に、孫文は大きく失望していた。だが、彼はそれでもなお、中国のコミュニストたちが、ソヴェト政府を作ろうとするのを恐れていた。一九二二年一月の極東諸民族大会が中国にソヴェトを作ることを要請したという事実に鑑みても、孫文の立場は十分に理解することができる★63」。

このように、社会主義に対して、またソ連の新経済政策（NEP）に対してきわめて大きな関心を寄せていた孫文とはいえ、その当初からのコミュニズムの中心的政策の一つである「土地革命」、さらにその結果として招来される「ソヴェト化」に対して大きな不安を抱いていたのである。だが、そうした孫文の危惧を押し切るかのように、コミンテルン第四回大会（一九二二年十一月）は、上記の構想をさらに練り上げていた。この会議は、一方では中国に反帝国主義的共同戦線を作ることの必要性を強調したが★64、「東方問題に関する諸テーゼ」では、「アジア」の遅れた農業国にコミュニストの指導するソヴェトを作ることが望ましいことと、その可能性がすでに「立証」されていることについてのレーニンやサファロフの主張が繰り返された。それによれば、本来のマルクスの考えとはまったく対照的に、従来、伝統的ロシア帝国に属していた「解放された地域」におけるソヴェト制度発達の経験とが、本来「アジア的」であるはずの後進諸国にとって、「ソヴェト制度が原始的生存状態からコミュニズムの最高の文化に移行する上で、最も苦痛の少ない方式であることを示している」とされた。つまり、マルクスの理解では「半アジア的」とされるロシア社会においてであるにもかかわらず、この本来のマルクスの思想とはあべこべに——それゆえに「ブルジョア民主主義」とも相容れない誤った理論的前提に基づき——、「ソヴェトの行政形態のみが、一貫した農業革命の遂行を保証することができる」と一方的に結論づけられてしまったのである。★65 だが、ウィットフォーゲルにとってそれは、前近代的遺制を取り残したまま「アジア的（＝前近代的）」社会主義という社会構成体へ無理やりに移行することを意味していた。

さらに、第四回大会（一九二二年）の東方問題決議では、陳独秀と同じくこの会議への代表であった劉仁静も、「個人として国民党に参加することによって、共産党はこの民族主義革命組織に属する多くの組織労働者を獲得しようとしている。われわれは、大衆の組織と、宣伝による大衆の獲得とで、国民党と競争するつもりである」とした統一戦線に関する中国共産党の見解を表明し、参加者らはみないっさい反論することなく耳を傾けていた。★66 だが、これをうけたコミンテルン執行委員会による「中国共産党と国民党との関係に関する決議」（一九二三年一月十二日）は、「国民革命が中国の中心的課題」であることを確認しつつ、国内的、かつ主体的契機に重点を置く共産党と、国際的な反帝国主義戦線に焦点を当てたコミンテルンとの間で、微妙な対抗と協調関係の中で新たな状況を生むこととなった。★67

ウィットフォーゲルは、こうした新たな状況について、中国のコミュニストたちが「大衆を自分たちの周囲に結集させることと国民党を分裂させるという二つの目的に統一戦線が役立つことを期待していた」としている。[★68] つまり、「近代化」というもう一つの角度から見れば、国民党が「民族主義革命」で「近代化」を推進する一方、他方共産党は、この国民党を内部から分裂させつつ、まったく逆の「前近代」へと引き戻す方向へと「民族主義革命」をもたらす危険性に直面していたということである。[★69]

4 「ブルジョア的」なものをめぐる国共間の非対称性

ソ連の使節A・パイクスが一九二二年、中国政府の了解をとりつけようとして失敗した後、モスクワは外モンゴルに対する中ソ両国の関係や、東清鉄道のような困難な問題を解決するために、すぐれた外交家ヨッフェを中国に派遣することとなった。だが、ウィットフォーゲルの見るところ、孫文とアドルフ・ヨッフェとの交渉の結果は、中国共産党が国民党に危害を加えることと、ソヴェトを設立しようとすることについて、一九二三年一月までの孫文が非常に警戒していたことを示している。[★70]

ここで重要なのは、一九二八年まで中華民国の正式の政府が北京にあったということである。ヨッフェは北京政府と交渉したが、ヨッフェも彼の前任者と同様、両国間の紛争問題をめぐる北京の反対を克服できなかった。だが、その代りにもっと重大な結果を生むこととなる、孫文との政治関係を築くに至った。まだその時、北京にいたヨッフェは、国民党を「中国における最もすぐれた革命党だ」として、孫におべっかまで使った。その後彼は、上海で孫と会って会談したが、その関係はついに一九二三年一月二十六日、重大な共同宣言を出すまでに発展していく。この共同宣言は、主として中ソ両国の関係を取扱っているが、その書き出しは、「孫文博士は、中国にはコミュニズムもソヴェト制度も成功させる条件が存在しないから、共産制度はもちろん、ソヴェト制度も現実には導入できないと主張し」、さらに「この見解にはヨッフェも全面的に同意した」としていた。[★71] つまり、この「宣言」によってはじめて、共同綱領となるべき「ブルジョア民主主義」の建設を、コミュニズムとはいっさい切り離して着手するための前提が作られたことになる。

こうしたヨッフェの保証は、さしあたり孫を宣言に署名させるには十分であったが、その不安を完全に取除くまでには至らなかった。ヨッフェが日本に行く計画であることを知って、孫は親しい友人であり、かつ仲間でもある廖仲愷（国民党左派）に頼んで、自分に同行させることにした。廖はその言に従い、二人は日本の熱海で、ロシアの意向をめぐりきわめて詳細に討議したとされる。[★72] 湯良礼によれば、ここでヨッフェは、ロシアで行なわれているのがけっしてコミュニズムではないことを率直に認めたという。この二人の会話は、コミンテルンと国民党との基本的な考え方の違いを象徴しており、大変興味深い。廖はヨッフェに対して、十年以内にコミュニズムがロシアで実現できるかと尋ねたところ、ヨッフェはすかさず「ノー」と答えた。そして会話は、以下のように続く。[★73]

「二十年以内には？」

「ノー」

「百年以内には？」

「多分できるだろう」

のちに廖は、友人の陳公博に次のように述べたという。

「われわれがみんな死んだ後で実現されるかされないようなユートピアを夢みて、いったい何の役に立つのか。われわれはみな今日の革命家になって、三民主義の原則に基づいた国民革命を達成するために働こう。これならわれわれの生きている間に実現できる。だがわれわれは、われわれの究極の目的が何であろうと、可能な限りすべての革命勢力を結集し、当面の共同の目的で合意しなければならない」★74。

廖は三月、孫が支配権を回復していた広東に行き、孫にヨッフェの考え方について報告した。ここにおいて、「孫文はロシアと手を組んで、帝国主義に対する共同の戦いに邁進する必要を確信するに至った」という★75。

だが、ウィットフォーゲルの見るところ、この廖とヨッフェの会話のエピソードは、廖の判断にも、また孫の判断にも、奇妙な限度のあることをはからずも明らかにしている。なぜなら、たとえばヨッフェが一九二三年のソ連ではコミュニズムが行なわれていないといった時、もし廖がこのヨッフェの言葉に驚いたとすれば、近代市民社会の基礎の上ではじめて社会主義が開花すると考えたマルクスの最も基本的な理論すら彼は知らなかったことになるからである。十月革命後の二、三年間、レーニンは自らの政権を、「初期社会主義政権以外の何ものでもない」と考えていたが、それはまさに当時のロシアが前近代的、つまり「アジア的」残滓を克服しないまま社会主義に突入したことを率直に認める発言であった。[★76]こうした「アジア的」なものをめぐる理論的状況を、共産党と国民党とを問わず、当時の中国の革命家らはまったく理解していなかったのである。

また一九二一年に新経済政策（ＮＥＰ）を導入した際、ソ連の指導者たちは、高度の発展段階である本来のコミュニズムを実現していないのはもちろん、コミュニズムの「低い段階」である社会主義の達成からも程遠いところにあることすら隠そうとはしなかった。当時、コミュニズムのパンフレットの作成者やジャーナリストたちは、こうした見解を繰り返し、かつさかんに公にしていた。それゆえにウィットフォーゲルは、「コミュニズムの成熟は遅々としたものだが、コミュニストたちはそれを推進するためには革命的手段をとること、とくにコミュニズムの目的がさまざまな種類のソヴェトによって推進されねばならぬ東洋の農業国においては、彼らがこうした手段をとると見られていたことを、廖はいとも簡単に知り得たはずである」と揶揄している。[★77]

ヨッフェは一九二三年一月二十六日の共同宣言で、中国におけるソヴェトの実現の可能性を否認することによって、レーニンとコミンテルンの重要な戦略構想を否定した。だが、ウィットフォーゲルによれば、彼はたしかにこれらのことを否定してはいるが、それは「知らぬが故にそうしたのではなくて、このような態度をとるように命令されていたので、そうしたまでのこと」に過ぎない。[★78]もしそうであるとするならば、コミンテルンは国民党に対して政治的に大きな譲歩をしたか、あるいは中国のケースに対しては、他の諸国とは別の戦略を適用したことになる。

だが、ここで興味深いのは、廖仲愷がなぜこのような明らかに不誠実な説明に満足したのか、ということである。なぜなら廖は、一九二五年八月に暗殺されるまでの晩年、強い親共的立場をとり、その強烈さについては、インドのコミュニストM・N・ロイが、彼のことを「中国の民主主義革命におけるとび抜けたジャコバン派」と呼んだほどだからである。★79

一方、コミンテルンは一九二三年五月、コミンテルン第四回大会（一九二二年十一月）の「東方問題に関するテーゼ」における「民族、及び植民地問題に関するテーゼ」に基づきつつ、「コミンテルン執行委員会中国共産党第三回大会に対する指令」として農業革命をいち早く提起していた。ここでは中国における国民革命と反帝国主義戦線にとって、「封建制度の遺物」に対する農民の農業革命は不可避であるとされた。そこでは地主の土地の没収、寺院・教会の土地の没収、没収地の無償譲渡、飢餓的小作料の廃止などが提起されているが、★80 問題は、それが明らかに「ブルジョア的」なものを育成しつつ、「前近代的」遺制を克服するのではなく、むしろそれとはまったく逆に、「ブルジョア的」なものを否定しつつ、「アジア的復古」へと向かう危険性を孕んでいたという事実であろう。

中国共産党は一九二三年六月、第三回全国大会を開いたが、この大会で発表された宣言は、「中国のコミュニストが熱心にモスクワの指示に従おうとしている」ことを示していた。これより先に開かれていた既述のコミンテルン執行委員会（一九二三年一月十二日）は、「国民党と中国共産党の活動を調整することが必要である」とする決議を採択していた。★81 モスクワの外交使節ヨッフェが孫文に対して、ソヴェト制度は中国に適さないとの保証を与えていたので、この中国共産党第三回全国大会宣言の起案者が「必要な調整を行なったのだろう」とウィットフォーゲルは見ている。この宣言には、世界革命や抑圧された人民や階級の解放に関する一般的言及もあったが、中国については、民族革命を除いて特別の目標は示されていなかった。またこの「民族革命」も単に、「労働者、農民、実業家、商人、すべての階級にとって必要である」として論じられていたに過ぎない。[★82]いいかえれば、「共産党の指導者たちは、今やその手をさまざまな民族資本家である『ブルジョアジー』にまで拡げたということである」[★83]。また彼らは一九二三年の党大会で、ヨッフェよりもあからさまに、国民革命における国民党の指導権を強調し、「国民党が中心勢力となって指導的立場をとるべきである」と述べていた[★84]。だが、もとよりそれはマルクスの理論に反対するものなどでは毛頭なく、むしろ「ブルジョア民主主義」を克服してはじめて社会主義に到達できるとする「二段階革命」論の立場からいっても、本来的にマルクスの理論にかなったことである。この宣言によれば、ある意味で共産党以上に、国民党はその目的を当然、拡大しなければならなかった。ウィットフォーゲルが指摘するように、「軍事活動だけでは民衆の同感を得ることができないがゆえに、国民党は国民の福祉を図る真の中心的勢力となり、国民革命を遂行するための指導権を確立できたのである」[★85]。

この「宣言」は、孫文の疑いを完全にはらしたわけではなかったが、たしかにコミュニストたちとの協力を一定範囲で促進させるのには役立った。こうした中で、孫は一九二三年七月、ソ連の軍事と政治の情勢を研究するために、その傑出した軍事補佐役を果たしていた蒋介石をモスクワに派遣し、また同年の秋には、ロシア人の政治顧問M・M・ボロディンを、政府と党に配属させることとなる。[★86]ボロディンはコミュニストの主導する革命がドイツでいまにも勃発しようとしていた一九二三年十月、ソ連政府の代表として広東にやってきたのである。

だが、ウィットフォーゲルの見るところ、ソ連の指導者たちは、先進国ドイツにおける革命が当分起らず、他にも外部の情勢として失望すべきことがあったこともあり、その一般的戦略の再評価を余儀なくされた。その結果、「近い将来西側に新しい革命が起らないと見てとった彼らは、世界のより『遅れた』国での活動を強化していった。なかでも中国は、その目的に願ってもない機会を提供した。ボロディンは、国民党の党と政府の顧問として、この機会を有効に利用したのである」。[★87]この時期は、まさに世界革命の直接的展望が退き、「資本の攻勢」のもとでの「大衆の中へ、多数者獲得」という戦略へとコミンテルンが変質し、「一国社会主義」が展望されつつある局面に直面していた。[★88]

一方、中国共産党は、既述の中国共産党第三回全国大会宣言（一九二三年六月）において、国民党が国民革命において指導権をとるためには、徹底的にその方針を改めねばならないと主張していた。ウィットフォーゲルの見方では、多かれ少なかれ、ボロディンもこれに同意していた。彼が広東に到着して間もなく、孫はその側近たちとともに、国民党の新しい規約を作っていた。だが、ボロディンがこの作業を助けていたので、国民党の一部の党員たちは、陳独秀を長とする中国のコミュニストもこの中にふくまれているのではないかと心配していたのである。[★89]

この新しい国民党の規約は、孫文の要請によってボロディンが作成し、孫文自身が点検した。その原本は英文であって、廖仲愷が中国語に訳したものである。ロシアのコミュニストであるボロディンとは協力したが、中国共産党の代表との関係はまったくなかった。ここでも危惧されたのは陳独秀の関与であるが、「陳独秀は全くこれに参加していないから、懸念する必要はない」と述べ[★90]、孫文はこの規約にはきわめて楽観的であったという。ボルシェヴィキを国民党と比較して、孫文は卒直に、レーニンの党はすでに成功したが、自分の党はまだ成功していないと認めている。孫の見るところ、たしかに両党ともそれぞれの力と限界をもっているし、また多くの共通点をもっている。だが、「民生主義」の理念に見られるように、「本来、国民党の民生の原則とコミュニズムの間には、本当の相違はない」というのである[★91]。孫によれば、「ロシアの革命家たちは、最初は民権と民生の原則に主力を注いだ。そして最近になってようやく、彼らは第一の原則、民族主義を発見した」のであり、つまり国民党にとっても、共産党が「短期的に」達成すべき政治目標でもあった「ブルジョア民主主義」と「民族主義」という二つの点で、両者の利害が少なくとも表面的には完全に一致していたのである[★92]。

とはいうものの、中国共産党の演じた政治的役割に移ると、孫文の批判はにわかに辛辣となる。「若い中国の学生たち」(中国のコミュニスト)は、「頑迷で、むやみにロシア革命をほめちぎり、ロシアの友情と援助を独占しようとして、国民党を非難攻撃した[★93]」。だが、孫によれば、「ロシアの革命党は学識、経験のある人々だから、このような若者たちにだまされないで、彼らの策動を見抜いた。その結果、ロシアの革命家たちは彼らに同意せず、われわれの利益に沿って彼らを矯正し、われわれと同じ行動をとらせるために、国民党に合同することを、彼らに命じたのである[★94]」。このように、孫のコミンテルンに対する協力的な姿勢とは、あくまでも中国のコミュニストらとは距離を置いている点で信頼に値する「ロシアの革命家」の存在を前提にしていたことであり、いわば政治的策動で国民党を批判することに熱心な中国のコミュニストに同意して選んだものではけっしてなかった。

こうした情勢は、孫文に国民党がその主導権を握るとの確信を抱かせたが、その際にネックとなっていたのも、ここでもまた陳独秀である。孫文にとって、「もしロシアが中国との協力を欲するなら、それはわが党の協力であって、陳独秀との協力ではない」のであり、[★95]共産党の指導者は、国民党に従がわねばならないのである。それは孫文にとって、「もし陳がわが党のいうことをきかなければ、私は彼を追い出してやる」といわしめるほど極端なものであった。[★96]そのことはまた、以下のような孫文の言葉にも象徴的に表れている。

「資本主義諸国は、けっしてわが党に同情しないであろう。同情はただ、ロシア、抑圧された諸国、抑圧された諸国民からのみ期待できる。われわれに味方するのは、陳独秀の考え方ではなくて、ロシアの考え方であった。もしわれわれが、陳独秀を疑うという理由によってロシアを疑ったら、われわれは陳の罠に陥って、彼の計画の実現を助けることになろう[★97]」。

ここでもウィットフォーゲルがいち早く指摘していたように、こうした孫文の見解は、なぜ、そしていかにしてコミュニストと協力しようと決意したかについて明らかにするものである。[★98]つまり、コミンテルンに対する孫文の信頼が、国民党を支援してくれるであろう「ロシア」を経由するものであって、けっして「中国共産党」とその政治理念への賛同を通してのものではなかったということである。このように孫文は、ボロディンが彼の側近の顧問になり、コミュニストが国民党の党員になることが認められた後でさえ、中国共産党の指導者たちを根本的には信頼していなかったことが理解できる。

だが、当の陳独秀自身は、二三年四月には、「ブルジョア革命と革命的ブルジョアジー」と題する一文を書き（『嚮導』第二十二期）、「革命的」ブルジョアジーとなおも稚拙な「革命的」労働者階級との連携を積極的に評価し、国民党こそが「ブルジョア民主主義革命」の使命を担っていると主張するまで、その基本的なスタンスを変化させていた。★99 つまり、資本主義の発展段階が社会主義へ直接移行可能であるとする「一回革命論」から、ブルジョア革命によって「アジア的」遺制の克服を企図する本来のマルクスの思想に近い「二回革命論」、すなわち「二段階革命論」に少なくともその論理的構成としては転じていたのである。★100 この時点で陳独秀は、すでに孫文が繰り返し疑念を抱いていた生硬なコミュニストではなく、国民革命を柔軟に支持できる指導者へと変化しつつあった。こうした中で、一九二三年十一月以降、「容共的改組」を通じた国民党の大衆化が進み、政客・軍人を中心にしていた国民党に、新たに学生、労働者、農民が加入し始めていた。この新たな社会的状況の変化が、陳独秀の柔軟な変化を支えていたといえるし、逆にそうした変化を前提に陳独秀自身が変化していたのだともいえる。★101

ウィットフォーゲルはこうした状況を踏まえつつ、「孫の十二月の解説を読むと陳独秀がこの時期のことを書いた回想記が信頼性が高い」と指摘している。すなわち孫文は、コミンテルンの代表者に対して、「中国共産党は国民党に合流したのだから、国民党の規律に従うべきであって、公然と国民党の批判をすべきではない。もしコミュニストたちが国民党に服従しないなら、私は彼らを党から追放する。もしソヴェト・ロシアが中国共産党の味方をするなら、私は直ちにソヴェト・ロシアに反対する」と断固たる決意を述べていたのである。[★102]

これまでに見たように、たしかに孫文がコミュニストでなかったことは明白であるが、ここでより重要なのは、ロシアのコミュニストたちが孫と同様に「社会主義者」であり、かつ「反帝国主義者」でもあったという理由で、孫文がソ連に対して深い親近感を持つに至った、とウィットフォーゲルが見ていることであろう。しかも孫文は、自らの民生主義を一種の「大同主義」として理解し、実質的には、「社会主義」や「共産主義」と同じものとみなしたのである。[★103]一九二五年三月十二日のその死に先だって、「ソ連は中国の唯一の信頼できる反帝国主義的同盟国である」とする政治的遺嘱を孫文と側近が準備していたのも、既述のような「ロシアの革命家」に対する親近感によるものであった。そして、[★104]こうした孫文と同様に、汪精衛も蔣介石も同じ「反帝国主義」という理由で連ソ政策を支持していた。ところが、ウィットフォーゲルが指摘するように、「(国民党は──筆者)中国共産党との統一戦線を結んだにもかかわらず、コミュニストは一時的に国民党を利用したのち、ほとんど統一戦線を破壊した」のである。[★105]しかも、こうしたコミュニストに対する疑念は、単に中国共産党に対してだけでなく、国民党右派の場合には、ソ連やコミンテルンのコミュニストに対しても向けられていた。たとえば蔣介石は、「ソヴェト・ロシアが将来また旧いロシアの政策を復活し、赤色帝国主義者となってしまうなら……われわれは、やはり世界の被圧迫階級と被圧迫民族と連合してそれを打倒しなければならない」としており、[★106]表面的には連ソ政策を支持しつつも、ウィットフォーゲルと同様に、ロシアの旧体制復活に対する深い不信感を抱いていたことが分かる。

5 第一次統一戦線（国共合作）とコミンテルン

改組後の国民党第一回全国大会（一九二四年一月）は、正式に中国共産党との合作を決めた。この決定は、国民党のソ連との同盟、共産党員の国民党への入党許可、及び農民と労働者の運動支持という三点に基礎を置くという、より大きな計画の一部をなすものであった。共産党はこれを国民党の大衆化として歓迎したが、共産党メンバーの調整の必要から設けた「党フラクション」（党団）活動が、国民党側からはセクショナリズムとして批判されることとなる。こうした中で陳独秀は、国民党全面支持を改め、「是々非々でいくべきだ」とヴォイチンスキーに告げる一方、七月二十一日の『中央通告』（第一五号）では、「各地の党組織に国民党の右傾化には批判を差し控えるべきではない」と指示していた。[★107] 同大会はまた、中央委員を選出したが、そのほとんど三分の一は共産党員であったし、その中の一部は国民党組織部と農民問題部の部長にすらなり、さらに第二回大会は一四人の中央執行委員と候補委員（全体の約四分の一）をコミュニストから選出さえしていた。かくして、国民党の党中央本部では、共産党員が秘書処・組織部・宣伝部・工人部・農民部・商民部・青年部・婦女部・海外部、及び財政委員会など各種委員会で重要な地位を占めていった。[★108]

国民党は一九二四年から一九二五年にかけて、大衆組織、とくに労働組合と農民組合を組織する運動を活発に行なっていた。また広東政府は、ソ連の援助によって、その軍隊を改組拡充し、一九二四年六月には黄埔軍官学校を設立し、蔣介石が校長を務めた。この資金は、主として広東政府の財政委員会から出たとされているが、一九二七年に北京で押収されたソ連大使館の秘密文書によれば、ソ連からのものとされている。これについて、ウィットフォーゲルは、「このくいちがいは、本当だというよりもむしろうわべだけのもので、恐らく広東の財務委員会を通じて、ソ連が軍官学校のために寄付したというのが真相に近いであろう」と見ている。[★109]

一方、一九二五年六月から翌年にわたる上海、広州、香港の労働者によるストライキは、コミンテルンがさらに中国革命への援助と指導を強化する画期的なきっかけとなったことはいうまでもない。コミンテルン第六回執行委員会拡大総会（一九二六年三月）は、「中国問題に関する決議」を採択し、中国革命の指導力を国民党ではなく、「中国共産党に指導された労働者階級」にあるとみなし、国民党に集まった「大ブルジョアジー」の個々の層からの分離と、その結果としての国民党右派の結成に注目しつつあった。ここでコミンテルンは、中国共産党の役割について、コミュニストの政治的自決は、有害な二つの傾向、すなわち「中国プロレタリアートの独自の階級的任務を無視し、民主主義的民族的一般運動との無定形な合流をきたす右翼解党派と、中国民族解放の根本的な決定的要因たる農民を閑却し、運動の民主主義革命段階を飛び越え、直接プロレタリア独裁、及びソヴェト政権の任務へ進もうとする極左的傾向との闘争に発展するであろう」（決議第六項）とし、労働者とならんで、農民の役割をここではじめて強調したのである。[★110]

ソ連が軍官学校やこれと密接な関係にある国民革命第一軍に対して資金や顧問を提供した事情を、

北京のソ連大使館の記録が詳細に示しているが、ウィットフォーゲルの見るところ、この記録はその事務的処理を取扱っている点でまったく正しい。ここでとくに重要なのは、ボロディンが一九二五年一月、「クリスチャン将軍」として知られる馮玉祥と会見した後、国民党やコミュニストと馮玉祥との接触が緊密になり、馮の国民軍第一軍も、またモスクワから多大の軍装備品を受けていたという事実である。★111

かくして、ソ連の援助によって、広東政府の軍隊は著しく強化されることとなった。国民党軍は、一九二四年十月以降、政府の支配に抵抗する商人や地主の民兵組織（商団・郷団）を制圧していき、一九二五年には敵対する地方の諸軍隊を打ち破り、さらに一九二六年七月には、いわゆる北伐に着手した。蒋介石を指揮官とするこの北伐によって、国民党の革命政権は、たちまち揚子江岸の中心部を支配するに至る。これにともない、国民党の首都は一九二六年から二七年にかけて、武漢の地に移された。蒋介石は翌年春には、上海、南京を占領し、後述のように、四月十二日には、これらの領土的戦果に加えて、上海にいるコミュニストやその同調者たちに仮借なき弾圧を加えて（上海クーデター）、附近一帯をその支配下に収めたのである。★112 ウィットフォーゲルによれば、こうした一九二五―二七年にかけて見られた蒋介石の政治的態度の大きな変化は、一九二三年から国民革命の陣営内に起っていた「ある種の異変」を反映するものであった。なぜなら、モスクワから帰った直後の蒋介石は、ロシアのコミュニストたちに対して少なからず好意を抱いていたし、また中国のコミュニストに対しても、当初は本気で有効な合意に達するつもりでいたからである。★113

一九二四年一月十六日、蒋介石が広東に帰った当時、ボロディンはすでに中国に到着していて、国民党の改組は進行中であった。だが、その当時、蒋介石が強い親ソ感情をもっていたことは、彼の多くの公式発表や、日記によっても証明できる。湯良礼は、蒋が黄埔軍官学校の『学報』に書いた一九二五年十二月五日の文章を引用して、この軍官学校の学生が「コミュニストと非コミュニストから構成されている」ことを明らかにするとともに、蒋が非コミュニストに対して「コミュニストを差別待遇しないように（原文は「不分畛域」）」戒めた事実を指摘している。また蒋は、「直接には孫博士の三民主義の原則を、間接には国際共産主義を実現するために、協和と愛と誠実と正義の精神をもって、国民革命を遂行し、倒れた同志たちの霊に応えよう」と述べている。★114

だが、ウィットフォーゲルによれば、このような発言は政治的前後関係から評価されなければ真の意味で正しい評価とはならない。すなわち、孫文がコミュニズムに似た考え方を持っていたことは、すでにこれまで見てきたところからも明らかとはいえ、孫はこの考え方を一九二三年の『解説』の中でも述べており、またこの思想に基づいて、一九二四年の「三民主義」の説明が行われたのであった。★115 蒋介石が、黄埔軍官学校のために一文を草した当時、国民党の有力者筋の大部分がコミュニストとの協力を強調しており、その中には左派の汪精衛も、右派の胡漢民もいたのである。当時は広東の商会でさえ、「世界革命万歳」のスローガンを掲げたほどであり、それゆえに蒋介石の軍隊が国民党政権に敵対する地方軍を粉砕できるようなコミュニストとの協力に賛成するのも、当時の思想状況では半ば当然のことであった。★116

ウィットフォーゲルの見るところ、一九二七年の悲劇を前にした共産党と国民党との合作における危機は、主として国民党と政府の内部にコミュニズムの勢力を大きく持ち込むことを許した統一戦線の条件の結果から生じたものである。たしかに、共産党も当初かなりの譲歩をし、それが陳独秀や他の共産党指導者たちの悩みの種であった。だが、「共産党による独立の維持に対する決意と、その隊列内に非コミュニズム的名残のある個人や団体を受け入れないという決意の故に、国民党は共産党の陣営に浸透できなかった。これに反して、国民党側はきわめて大幅な譲歩をしたうえに、モスクワの援助によってその組織を大きく改編したので、公然と、かつ奥深く、コミュニストに浸透されたのである」[117]。つまり、ここには国共間の政治力学上の本来的に非対称的関係がはじめから存在していたことになる。

こうした国共間の非対称性の問題は、大衆組織における党のメンバーシップを通した党勢の拡大だけでなく、コミュニストの軍隊への浸透としての意味合いもまた大きかった。ウィットフォーゲルによれば、一九二七年に北京のソ連大使館から押収された文書には、黄埔軍官学校や国民革命第一軍に対するソ連軍事顧問の配属のほか、中国共産党の影響力が次第に大きくなりつつあることが記載されていた[118]。たとえば、同第一軍に配属されたソ連の主席顧問キサンカの報告には、次のように記されている。

「国民革命軍の諸部隊、とくに他の部隊よりもコミュニストが多い第一軍にあっては、コミュニストたちは重要な役割を演じている。同部隊におけるほとんどすべての政治活動は、彼らによってなされている。各軍団や師団のほとんどの政治部長は、コミュニストが担っている。各部隊の党代表の中にも、コミュニストが多数いる。若干のコミュニストは司令官の地位にさえある。上層部の部隊長たちは、彼ら自身としては、共産党に好感を持つどころではないが、コミュニストは他の者よりもより活動的で、より組織的で、したがって、部隊における彼らの行動は大いに必要かつ有益であると考えている」[★119]。

このように、軍隊内におけるコミュニストの活動は、表面的には目立たない方法で行なわれてはいたが、大衆組織の面では、彼らは自分たちのとっている路線は大衆にとってとくに有益であると主張しつつ、公然とその活動を行なっていた。さらに廖仲愷がやがて国民党中央党部の労農部長に任命されたことによって、コミュニストの浸透は現実的にその道が大きく開かれていったのである[★120]。

コミュニストの勢力は、一九二五年五月三十日以後、目立って増大していった。その日、上海の共同租界の英国警察官が、中国人の反帝国主義のデモ隊に発砲して、そのうち一三人を死に至らしめた。このいわゆる五・三〇事件によって、一連のデモとボイコットが起り、国民党の政治的威信は高まったが、同時に大衆団体におけるコミュニストの政治力と組織力が大いに増大された。ウィットフォーゲルによれば、「一九二五年夏、中国の国民は外国の帝国主義に反対して、最初の真剣な運動を起こしたが、この年はそれゆえに、民族的、及び社会的関係からすれば、東洋史上の一大転期を意味するものであった」。ウィットフォーゲルによる中国についての最初の著書のタイトルのように、中国が、そして東洋が「目を覚ました」といわれるのは、まさにこの年以来のことである[★121]。事実、五月三十日以後の騒擾事件は、コミュニストたちが主張するような、中産階級の分子だけでなく、もともと民族運動の支持者である一部の者にも大きな恐怖心を与えていた[★122]。

こうした中、廖仲愷が同年八月二十日に暗殺される。この事件をとりまく政治情勢についてウィットフォーゲルは次のように分析している。

「このような流血行為を引き起こした国民党内の右派を孤立させたので、コミュニストの利益になるように作用した。汪精衛は、今や押しも押されぬ国民党の政治指導者になった。そして、彼の共産党との協力的態度は、一九二六年三月、彼が第一のライバルである蔣介石によってその地位を追われるまで強化されつつあった[★123]」。

汪精衛・蔣介石協力体制の成立と崩壊の過程は、孫文亡きあとの集団指導体制の成立（一九二五年三月—八月）、集団指導体制の崩壊と汪・蔣協力体制の成立（一九二五年八月—十二月）、及び汪・蔣協力体制の崩壊（一九二六年一月—三月）の三つに分けられるが[★124]、この時点での政治状況は、まさに共産党勢力の党内拡大によって推移した第二期から第三期へ移行しつつあったといえる。

註

（1）たとえば、中国共産党は、その「支配の正当性」（legitimacy）調達の必要性ゆえに、中国共産党を辛亥革命期のブルジョア革命家の「正統な」継承者であると主張している。これについては、高橋伸夫『党と農民——中国農民革命の再検討』（研文出版、二〇〇六年）、補論二「四つの可能な中国共産党史——党史研究上の諸戦略」を参照。

（2）中西功『中国共産党史』（北斗書院、一九四六年）、一四八―一四九頁参照。なお、「封建的」と「アジア的」という言葉の意味をめぐる倒錯した関係については、拙著『K・A・ウィットフォーゲルの東洋的社会論』（社会評論社、二〇〇八年）第四章を参照。

（3）**K. A. Wittfogel, *Sun Yat Sen — Aufzeichnungen eines chinesischen Revolutionärs*, S.51-52, Agis -Verlag, Wien-Berlin, 1927.** K・A・ウィットフォーゲル（筒井英一訳）『孫逸仙と支那革命』（永田書店、一九三六年）、七一頁。ここで興味深いのは、本稿の多くの部分が依拠している『中国コミュニズム小史』（一九五六年）において、ウィットフォーゲルは、一九二〇年代の自らの著作である『目覚めつつある中国』（一九二六年）、及び『孫文』（一九二七年）にはまったく言及していない、という事実である。ここでの引用文に見られるように、ウィットフォーゲルは一九二〇年代には、まだマルクス・レーニン主義、とりわけそこでの農民の役割に対してどちらかといえば肯定的なイメージを持っていた。ブルジョア革命の主要な担い手としてプロレタリアート、都市の手工業者ばかりか、農民までもがその対象にされていたという認識は、当時、広く共有されていたレーニンの「労農同盟」論に少なからず影響されていたものと思われる。その後、ウィットフォーゲルは自分自身が認めるように、一九三九年の独ソ不可侵条約の締結と四八年の「アジア的復古」の発見を境にして、その理論的立場を少なからず修正しているが、逆にいえば、こうした現実政治を契機に「反共」に転じた以外には、思想的変節をまったく経ていない。つまり、レーニンバージョンの「労農同盟」論とマルクスの本来の「労農同盟」論には、自ずと明白なる差異があり、「反共」に転じる前のウィットフォーゲルは前者に傾いていたものの、「反共」に転じてからは、マルクスのそれに戻ったことになる。だが、ここでより重要なのは、ウィットフォーゲルにとって、「ブルジョア的」なものとは、当初より近代市民社会的な価値を象徴しており、この認識は終始一貫していたということであろう。なお、ウィットフォーゲルの思想的変遷とその背景については、前掲『K・A・

ウィットフォーゲルの東洋的社会論』序章、及び第一章を参照。

（4）Karl August Wittfogel, *Das erwachende China — Ein Abriß der Geschichte und der gegenwärtigen Probleme Chinas, Agis-Verlag*, Wien: 1926, S.126. K・A・ウィットフォーゲル（一木猛訳）『支那は目覚め行く』（白揚社、一九二八年）、二四四頁。

（5）*Ebenda*, S. 126. 同。

（6）姫田光義『中国革命私論——「大同の世」を求めて』（桜井書店、二〇〇三年）、第一章、三〇頁以下参照。

（7）ローゼンベルクによれば、「ブルジョア民主主義」とは大衆の自治を志向するが、私有財産制度の原則に維持されるものであり、歴史的には、(1)社会民主主義、(2)帝国主義民主主義、(3)自由民主主義、(4)植民地民主主義という四つの異なった形態で現れている（ローゼンベルク〈田口富久治訳〉『民主主義と社会主義』、青木書店、一九六八年、二五一頁）。だが問題は、こうした「ブルジョア民主主義」についての一般的理念が、当時の中国においてはほとんど問われていないことであろう。たとえば、中国共産党第一回大会に出席しつつも、やがて国民党宣伝部秘書となった周仏海によれば、「ブルジョア民主主義」とは、欧米社会のように有産階級と無産階級を作り出す「虚偽の民主主義」であり、そこではたとえ普通選挙が実施されても、無産大衆の民権は剥奪される。それに対して、孫文の三民主義における「民権主義」とは、経済的平等と民族的平等を全民衆、全世界に求めるものであるとされるものの、西欧近代が生んだ社会民主主義、自由民主主義といった政治的価値があっさり「虚偽」として否定されている（周仏海『三民主義解説』上、岩波書店、一九三九年）。なお、こうした一九二〇年代の中国において国共間で共有されていた共通理念としての民主主義の問題性については、江田憲治「一九二〇年代の民主主義——国民党と共産党を中心に」、狭間直樹編『一九二〇年代の中国』（汲古書院、一九九五年）所収を参照。

ただし、残念ながら、ここでは本来的な「ブルジョア民主主義」の意味そのものについては問われていない。

(8) ウィットフォーゲルの市民社会論については、K・A・ウィットフォーゲル(新島繁訳)『市民社会史』(叢文閣、一九三六年)、及び前掲『K・A・ウィットフォーゲルの東洋的社会論』第四章を参照。なお、マルクスの市民社会論と社会主義との関係については、平田清明『市民社会と社会主義』(岩波書店、一九六九年)、さらに今井弘道「『市民社会と社会主義』から『市民社会主義』へ——平田清明『市民社会と社会主義』の現代的意義」、『情況』、一九九五年五月を参照。

(9) 前掲『K・A・ウィットフォーゲルの東洋的社会論』第五章を参照。

(10) これについては、たとえば、何清漣(坂井臣之助・中川友訳)『中国現代化の落とし穴』(草思社、二〇〇二年)、及び同(中川友訳)『中国の嘘——恐るべきメディア・コントロールの実態』(扶桑社、二〇〇五年)を参照。

(11) Karl August Wittfogel, "A Short History of Chinese Communism," in *General Handbook on China*, 2 vols., edited by Hellmut Wilhelm, (New Heaven: Human Relations Area Files, Inc., 1956), p. 1125.

(12) *Ibid.*

(13) たとえば、戦後の進歩的知識人らに共有された「贖罪の意識」が「対象の拝跪と正当化主義」へ転じていることを批判した中嶋嶺雄でさえ、毛沢東は、「(一九三五年に——筆者)毛沢東路線が確立するまで、労働運動中心主義ないしは都市中心主義の路線をとっていた党主流の反逆——それは同時に党主流の背景をなしたコミンテルンの反逆でもある——を示し、農村根拠地を通じて自己の方針を党中央に対置していったのである」とし、その革命路線の党とコミンテルンからの自立性、独立性を主張している(『現代中国論』青木書店、一九七一年、初版一九六四年、三〇頁参照)。ちなみに、ルシアン・ビアンコも、シュウォルツの「毛沢東戦略」、及び「行動する異端」の立場に同意している〈ルシアン・ビアンコ〈坂野正高・坪井善明訳〉『中国革命の起源―― 1915-49』東京大学出版会、一九八九年、九五―九六頁〉。実際、この理解が、基本的には国内外の学界の主流を占めてきたものと思われる。他方、高橋伸夫は、中国共産党がコミンテルンにおける国際関係における紆余曲折を忠実に追いかけているとする立場を「一般的」理解としつつも、これには重大な留保が必要であるとしている。高橋はここで、独ソ不可侵条約締結（一九三九年）後、毛沢東が戦争の性格を自主的に「二大帝国主義集団の争覇」と想定したところ、コミンテルンがこの毛沢東の基本姿勢に従うという「逆転現象」が生じたことをその例証として挙げている。逆にいえば、この「逆転現象」を除けばウィットフォーゲルの分析はなおも有効であるということになる。これについては、高橋伸夫『中国革命と国際環境』（慶應義塾大学出版会、一九九六年）、第二章を参照。

(14) 日本の戦後における一九八〇年前後までの中国現代政治史研究をめぐる概観については、山田辰雄『中国国民党左派の研究』（慶應義塾大学出版会、一九八〇年）、補章を参照。

(15) 山本秀夫・竹内孫一郎『コミンテルン対支政策の史的考察』（東亜研究所、一九四一年）、五頁。

(16) この時期の中国革命史は、国共統一戦線に重点を置いた「国民革命史」（二四―二七年）と五・三〇運動以降の共産党と労働者を中心とする階級闘争の高揚に焦点を当てる「大革命史」（二五―二七年）とに分けられることが一般的だが（栃木利夫・坂野良吉『中国国民革命――戦間期東アジアの地殻変動』法政大学出版局、一九九七年、四六頁参照）、『中国コミュニズム小史』におけるウィットフォーゲルのこの時期をめぐる中国革命論は、第一次国共合作を中心にしつつも、けっしてこの枠組みに拘束されるものではない。だが、『目覚めつつある中国』（一九二六年）以降、とくにこの『中国コミュニズム小史』（一九五六年）では、五・三〇事件以降の共産党と中華全国総工会とを中心的アクターとする「労働の組織化」のプロセスについての記述が少なく、明らかに戦後のウィットフォーゲルの中国革命論においては「大革命史」としてのトーンが弱くなっている。とりわけ、五・三〇事件運動が、当初は「民族主義」運動として着手されていながらも、のちに反帝国主義運動に転換していったことへの問題意識が大きく後退しているといえる。
(17) Karl August Wittfogel, *op cit.*, p.1126.
(18) *Ibid.*
(19) T'ang Leang-li, *The Inner History of the Chinese Revolution* (New York and London: George Routledge & Sons, Ltd., 1930), p.47 cited in Karl August Wittfogel, *op cit.*, p.1126.
(20) T'ang Leang-li, *op cit.*, p.49. cited in *Ibid.*
(21) 湯良礼(中山菟美三訳)『支那社会の組織と展望』(育成社、一九四〇年)、一七九頁。
(22) 周仏海(犬養健訳)『三民主義解説』下(岩波書店、一九三九年)、七四頁、及び九五頁参照。ちなみに、ここで周仏海は、中国では小地主の方が大地主よりも多く、土地耕作関係では自作農が小作農よりも多いがゆえに、当面なすべきことは、土地所有権の「社会化」ではなく、土地私有権の「民衆化」であると主張している。
(23) 山田辰雄『国民党左派の研究』(慶応通信、一九八〇年)、三四頁。
(24) Karl August Wittfogel, *op cit.*, p.1127.
(25) これについては、前掲『中国国民党左派の研究』、四六頁、及び六三頁を参照。
(26) Karl August Wittfogel, *op cit.*, p.1128.
(27) *Ibid.*
(28) 前掲『中国国民革命——戦間期東アジアの地殻変動』、三三六頁。

(29) Karl August Wittfogel, *op cit.*, p.1128. レーニン(新田礼二訳)『民主主義革命における社会民主党の二つの戦術』(国民文庫、一九七四年)参照。

(30) これについては、E・H・カー(宇高基輔訳)「マルクス、エンゲルスと農民」、『ボリシェヴィキ革命』第二巻(みすず書房、一九六七年)、二八六頁を参照。また、ミトラニイによれば、『共産党宣言』の中でのマルクスは、小商業者等と共に農民を「不安定かつ反動的階級」として「ブルジョア階級」の中にまとめて包括し、革命の進行過程におけるその独自なる位置を農民に与えようとは考えなかった。「もし人が資本論のみでなく、すべての学問的政治的活動について考えるとき、マルクスがいずれかただ一国の農民についてでも、その実際の地位について熱心に考えた兆候はどこにも見出せないであろう」。なぜならば、マルクスの関心は「一般的理論を確立する」ことにあって、しかも農民は単にその理論の中にとりいれられただけで、改革のための何らかの特別な計画に適当な主体としては考えられず、それは「あらかじめ何等試みられたことのない宣言」として理解されたにすぎないからである。それゆえにマルクスにとって、「彼の全生涯は経済学者としてのみならず、市民としてもまた革命家としても、農民に対してはあらわな軽視に満たされていた。ブリュメール十八日の中では農民を経済的組織における限り一階級を形成し、かつその生活においてはブルジョア及びプロレタリア階級の両者と異なり、さらにこれら両者に対して対抗的であると説明した」(的場徳造[他]訳『マルクスと農民』、法政大学出版局、一九五六年、三一頁)。また、これと同じ視角から中国における農民の問題を扱ったものとしては、湯浅赳男『革命の社会学——非ヨーロッパ世界とマルクス主義』(田畑書店、一九七五年)、とりわけ第二章「中国農民と毛沢東主義」を参照。

(31) このアジア的復古については、K.A.Wittfogel, *Oriental Despotism: A Comparative Study of Total Power* (New Haven: Yale University Press, 1957), p.391. 湯浅赳男訳『オリエンタル・デスポティズム』(新評論、

一九九一年)、第九章、四八九頁以下、前掲『K・A・ウィットフォーゲルの東洋的社会論』序章、及び戸部鉄彦教授還暦記念論文集『ブルジョア革命の研究』(日本評論社、一九五四年)、三三三頁を参照。

(32) V. J. Lenin, *Selected Works*, vol.10, New York, 1943, p. 236, p. 241 cited in Karl August Wittfogel, "A Short History of Chinese Communism," p.1129.

(33) *Ibid.* ジェーン・デグラス編著(荒畑寒村・対馬忠行・救仁郷繁・石井桂訳)『コミンテルン・ドキュメントI』(現代思潮社、一九七七年)、一二三―一二七頁参照。

(34) *Ibid.* 同参照。

(35) いいだももによると、コミンテルン第二回大会のレーニンのテーゼ原案における「後進国のブルジョア民主主義運動」というカテゴリーは、すでに「後進国の民族解放運動」という言葉に置き換えられていた。さらに、「ブルジョア民主主義」という字句が「国民革命的」という言葉に変更されたという事実は、「ロイのテーゼ」の立脚する植民地革命についての理論的・政治的立場からのレーニンへの影響からくるものである(『コミンテルン再考』、谷沢書房、一九八五年、五一頁)。実際、同大会におけるロイとの論争後のレーニンは、「後進国の住民の重要な部分は、ブルジョア的＝資本主義的関係の代表である農民から成り立っているから、どんな民族運動もブルジョア民主主義運動にしかなりえないということは、いささかも疑う余地がない」としており、明らかにブルジョア民主主義を民族解放運動の一部として理解しており、しかもその中心アクターを農民としてとらえている(「民族・植民地問題小委員会の報告」、いいだもも編訳『民族植民地問題と共産主義』、社会評論社、一九八〇年、三八―三九頁)。B・ラジッチによれば、レーニンに対するこのロイのテーゼの中心にあるのは、「ブルジョア民主主義」と「革命的社会主義」という二つの異なった運動が存在し、前者の後者への支配に反対するという考え方であり、しかもコミュニストと民族主義者との共同行動には事実上、いかなるものにも反対である、ということであった。ロイの考えでは、コミンテルンは、植民地の革命運動に対するいかなる援助も「ブルジョア民族主義分子」の中に探し求めるべきではなく、そこでの大衆運動は、「民族主義運動から独立して」成長しつつあるとしたのである(B・ラジッチ、M・M・ドラチコヴィッチ〈菊地昌典監訳〉『コミンテルンの歴史』、三一書房、一九七七年、二九七頁)。なお、ロイとレーニンとの論争については、前掲『コミンテルン再考』、四四頁以下を参照。さらに、ロイの脱植民地化論と非資本主義の発展については、中嶌太一「M・N・ロイの植民地脱化論について」、『彦根論叢』、第一三四・一三五号、一九六九年一月を参照。ただし、そもそも「農民」、そしてプロレタリアートとの「労農同盟」が、マルクスその人によっていかに理解されていたかというさらに根源的な問題そのものが、いまだに解決されない歴史的論争の対象として残っている。これについては、淡路憲治『西欧革命とマルクス、エンゲルス』(未来社、一九八一年)、五一頁以下(労農同盟論)を参照。

(36) V.I.Lenin, *Selected Works*, vol.10, New York, 1943, p. 236, p. 241.

(37) Jane Degras, *The Communist International 1919-1943 Documents*, Vol. I. 1919-1922. London: Oxford University Press, 1956, p.105 cited in Karl August Wittfogel, *op cit.*, p.1129. 前掲『コミンテルン・ドキュメントI』、九七―九八頁。

(38) *Ibid.*, p. 1130.

(39) *Ibid.*

(40) *Ibid.*

(41) 前掲『コミンテルン対支政策の史的考察』、三一頁。

(42) *Ibid.*, p. 1130-31.

(43) 横山宏章『陳独秀』(朝日新聞社、一九八三年)、一四四頁。

(44) Karl August Wittfogel, *op cit.*, p. 1131.
(45) *Ibid.*
(46) *Ibid.*
(47) *Ibid.*, p. 1132.
(48) 江田憲治「陳独秀と『二回革命論の形成』」、『東方学報』、一九九〇年三月、五四四—五四五頁。
(49) Karl August Wittfogel, *op cit.*, p. 1132.
(50) *Ibid.*, p.1133.
(51) *Ibid.*
(52) *Chung-kuo kung-chang-tang wu nien lai chi chuchang*（*hereafter CKKCTWNLCCC*）（*The Political Program of the Chinese Communist Party During the Last Five Years*）, Canton, 1926, pp. 20-22 cited in *ibid.* 中国共産党中央委員会編（三上諦聴［他］訳）『中国共産党五年来の政治主張——中国共産党史研究の一資料』（関西大学東西学術研究所、一九六三年）、一八頁。
(53) Karl August Wittfogel, *op cit.*, p. 1133.
(54) *CKKCTWNLCCC*, p.37. cited in *ibid.* 前掲『中国共産党五年来の政治主張——中国共産党史研究の一資料』、三六—三七頁。
(55) Karl August Wittfogel, *op cit.*, p. 1133. ただし、中国語の原文である「中国共産党対於時局的主張」には、「中国に現存する各政党では、国民党だけがどちらかといえば革命的民主派であり、どちらかといえば真の民主派である（中国現存的各政党、只有国民党比較是革命的民主派、比較是真的民主派）」（中央档案館編『中共中央文件選集1』、中共中央党校、一九八九年、三七頁）とあり、「国民党のみが革命党としての特色をもちうる」（only the KMT can be characterized as a revolutionary party）という部分は、ウィットフォーゲルの誤訳、あるいは意訳と考えられる。

（56）*CKKCTWNLCCC*, p.37 cited in *ibid.* 前掲『中国共産党五年来の政治主張――中国共産党史研究の一資料』、三五―三六頁。

（57）Karl August Wittfogel, *op cit.*, p. 1134.

（58）*Ibid.*

（59）緒形康『危機のディスクール――中国革命1926-29』（新評論、一九九五年）、一七四頁。

（60）Karl August Wittfogel, *op cit.*, p. 1134.

（61）Ch'en Tu-hsiu, "How Stalin-Bucharin Destroyed the Chinese Revolution, A Letter by Ch'en Tu Hsiu," *Militant I*, no. 33（Nov. 15, 1930）cited in Karl August Wittfogel, *ibid.*, p. 1134.

（62）T'ang Leang-li, *op cit.*, p.156 cited in *ibid.*, p.1135.

（63）*Ibid.*, p.1135.

（64）*Protokoll des Vierten Kongresses der Kommunistischen Internationale*. Petrograd-Moskau vom 5. November bis 5. Dezember 1922, Hamburg, p.615, p.622 cited in *ibid.*

（65）*International Press Correspondence*（*hereafter Inprecor*）, English ed., Vienna and London, 1923, p.1005 cited in *ibid.*

（66）*Ibid.*

（67）前掲『コミンテルン・ドキュメントII』（現代思潮社、一九七七年）、一八―二〇頁。前掲『中国国民革命――戦間期東アジアの地殻変動』、三七頁参照。

（68）Karl August Wittfogel, *op cit.*, p. 1135.

（69）ちなみに、栃木利夫・坂野良吉は、こうした国民革命のプロセスに、「西欧近代」を母胎とした本来のマルクスの思想とは異なった「中国マルクス主義の顕著な変容」を見出している。すなわち、栃木らは、「西欧では資本主義の内在批判が課題になっていたまさにその時に、中国では反資本主義ないし非西欧近代型とも言うべき近代化のプリンシプルとして社会主義が受容され、それがレーニン主義的新興ソ連を憧憬しつつ、階級闘争説とプロレタリア独裁理論で裏打ちされ、特異なマルクス主義として形成を遂げていった」(前掲『中国国民革命――戦間期東アジアの地殻変動』、九三頁)としている。だが問題は、果たしてその「社会主義」そのものが、一九四九年以降の中国共産党史において、実際に「非西欧」型の「近代化」をもたらしたのか否か、という点にある。さらに栃木と坂野は同書で、「マルクス主義ないし社会主義を近代化の『非資本主義』型としてプラグマティックに受け入れ、さらにナショナリズムの色彩を帯びたことは、そのいずれもが中国社会の切実な要請に合致したとはいえ、マルクス主義をそのような偏向において実践する慣行が成立したと言えよう」(同九八頁)と指摘しており、ここでは仮にそれが「偏向」していたとしても、マルクス主義そのものが「非資本主義型の近代化」の論理として、ここに成立したと理解されている。だが、恐らくウィットフォーゲルは、この「偏向」そのものを「近代化」とはまったく逆の、前近代への「後退」と見るであろう。これは当時のマルクス主義にとって「近代(化)」とはそもそも何を意味したのかを問う、現在の「市場経済社会主義」の評価にも密接に関わる歴史的かつ現実的なテーマであるといえる。この問題については、さしあたり西川正雄(伊集院立・小沢弘明・日暮美奈子編)『歴史学の醍醐味』(日本経済評論社、二〇一〇年)、「第2部―ヨーロッパ近代をどうとらえるか」を参照。

(70) Karl August Wittfogel, *op cit.*, p. 1135.

(71) T'ang Leang-li, *op cit.*, p.150, p.156 cited in *ibid.*, p.1136.

(72) Karl August Wittfogel, *Ibid.*, p.1136.

（73）*Ibid.*

（74）T'ang Leang-li, *op cit.*, p.158 cited in *ibid.*

（75）*Ibid.*

（76）Karl August Wittfogel, *op cit.*, p. 1136.

（77）*Ibid.*, p. 1137.

（78）*Ibid.*

（79）*Ibid.*

（80）前掲『コミンテルン・ドキュメントⅡ』（現代思潮社、一九七七年）、三六―三七頁、野沢豊・田中正俊編『講座中国近現代史』第5巻「中国革命の展開」（東京大学出版会、一九七八年）、一五一頁参照。

（81）P. Miff., *Heroic China*, New York,1937, p.22. cited in *op cit.*, p. 1137. 前掲『コミンテルン・ドキュメントⅡ』（現代思潮社、一九七七年）、一八―二〇頁。

（82）*Ibid.* 日本国際問題研究所中国部会編『中国共産党史資料集』第三巻（勁草書房、一九七一年）、二五五―二五七頁。

（83）*Ibid.*, p. 1138.

（84）CKKCTWNLCCC, p. 45 cited in *ibid.* 前掲『中国共産党五年来の政治主張――中国共産党史研究の一資料』、四二頁。

（85）Karl August Wittfogel, *op cit.*, p. 1138.

（86）*Ibid.*

（87）*T'an-ke kung-chung-tang liang ta-yao-an*（*hereafter TKKCT*）（*Two important documents accusing the conspiracy of the Chinese Communist Party during the period of 1923-1924*）, printed by the Central Inspection Committee of the Kuomintang, First ed. , September 1927, p.2 cited in *ibid.*, p.1139.

(88) これについては、加藤哲郎『コミンテルンの世界像——世界政党の政治学的研究』(青木書店、一九九一年)、五九—六〇頁参照。

(89) Karl August Wittfogel, *op cit.*, p. 1139.

(90) *TKKCT*, p.2. cited in Karl August Wittfogel, *ibid.*

(91) *TKKCT*, p.3. cited in *ibid.*

(92) *Ibid.*

(93) *Ibid.*

(94) *TKKCT.*, p.5 cited in *ibid.*, p.1140.

(95) *TKKCT.*, p.6 cited in *ibid.*

(96) *Ibid.* 前掲『中国国民党左派の研究』、一一七頁。

(97) *TKKCT*, p.2. cited in Karl August Wittfogel, *op cit.*, p. 1140.

(98) *Ibid.*

(99) 前掲『中国国民革命——戦間期東アジアの地殻変動』、一一七頁。

(100) ただし、ここで陳独秀が念頭においている「二段階(二回)革命」とは、ブルジョアジーとプロレタリアートという二大階級の分化の「量的深化」、あるいは生産手段の「社会的・階級的再分配」という社会革命を含まない政治的革命から社会主義革命への段階的発展として認識されているのであって、マルクスの「アジア的」、すなわち前近代的(封建)遺制をいかに克服すべきかという認識ではけっしてなかった。たとえば、陳独秀は一九二六年七月、拡大執行委員会での「中央政治報告」において次のように述べている。「われわれの現在のブルジョアジーにたいする態度は、一方で小ブルを引きよせ労農大衆に接近させることに努め、ブルジョアジーの政治思想がこれを完全に支配することをゆるさず、そうすることでブルジョアジーとこの革命運動の指導的地位を争い、その将来の妥協を防ぐ。一方では各階級の連合戦線を全力で強化し、ブルジョアジーの革命化を推進する。それが将来の敵であり、あるいは一年か三年後の敵であることはわかっているが、現在は友軍、しかも有力な友軍とみなさないわけにはいかない」（江田憲治「瞿秋白と国民革命」、狭間直樹編『中国国民革命の研究』、京都大学人文科学研究所、一九九二年、一四九頁）。この発言から判断する限りでは、資本主義の発展から直接プロレタリア革命へ至るという「一回革命」論としての陳独秀の基本的発想そのものには、ほとんど変化はなかったといえる。なお、こうした陳独秀の「二回革命論」については、今井駿「陳独秀と国民革命」、野沢豊編『中国国民革命史の研究』（青木書店、一九七四年）、江田憲治「陳独秀と『二回革命論』の形成」、『東方学報』、一九九〇年三月、及び前掲『陳独秀』などを参照。ところで、中国共産党の正統史観では、陳独秀の立場は長く「右傾日和見主義」、「投降主義」などというレッテルが貼られ続けており、八〇年代以降、コミンテルン研究の進展とともに前向きな議論が展開されてきてはいるものの、いまだに確たる評価は定まっていない。これについては、韓鋼（辻康吾編訳）『中国共産党の論争点』（岩波書店、二〇〇八年）を参照。

(101) 前掲『中国国民革命——戦間期東アジアの地殻変動』、一三五頁。

(102) Ch'en Tu-hsiu, *op cit.*, Vol.I, cited in p. 1140.

(103) 前掲『三民主義解説』下、三五頁。

(104) 前掲『中国国民党左派の研究』一五五頁、一六三頁参照。ただし、ここでウィットフォーゲルが述べている「ソ連は中国の唯一の信頼できる反帝国主義的同盟国である」とする記述は、中国語の原典では確認できない。なお、孫文の「政治遺嘱」については、陳錫祺主編『孫中山年譜長編』下冊（中華書局、一九九一年)、二一三一頁参照。

(105) Karl August Wittfogel, *op cit.*, p. 1140.

(106) 前掲『中国国民党左派の研究』、一六五頁参照。

(107) 前掲『中国国民革命——戦間期東アジアの地殻変動』、一六六頁。

(108) Karl August Wittfogel, *op cit.*, p. 1140.

(109) *Ibid.*, p. 1141.

(110) 前掲『コミンテルン・ドキュメントⅡ』、二五六—五九頁、前掲『コミンテルン対支政策の史的考察』、四一頁、及びアルド・アゴスティ(石堂清倫訳)『コミンテルン史』(現代史研究所、一九八七年)、三七九頁を参照。

(111) Karl August Wittfogel, *op cit.*, p. 1141.

(112) *Ibid.*

(113) *Ibid.*, p. 1142. たとえば、蒋介石は一九二七年二月、武漢政府の樹立が国民党「第二の政府」を企てるものであるとして、コミンテルンに対して深い不快感を表明しているものの、それは責任者であるボロディン個人に対するもので、コミンテルン全般に対してのものでないことを強調している。当時、個人的にも知り合いであったヴォイチンスキーに対して蒋介石は、以下のように問いただしている。「貴殿にお尋ねしたいのだが、コミンテルンは国民革命運動を分裂させたいとでもいうのだろうか。もしそうでないというのなら、ボロディンはいったいなぜ、コミンテルンの代表として、このような政策を推進しようとするのか。彼はこの問題では客観的な態度をとっておらず、この件に対する処理の仕方は、あまりにも主観的であると小生は考える。このことは、中国人民、及び東方の抑圧された弱小民族がコミンテルンに対して抱く威信を傷つけることになるであろう。もし小生が今、ボロディンに反対しているというのなら、そのことはけっしてコミンテルンに反対であることを意味していない。貴殿は小生を信じてくれていることと思う」。それゆえに、蔣介石は躊躇なく宣言する。「われわれ政治委員会と中央委員会は、目下の形勢が厳しいものであると考えるがゆえに、分裂の準備ができている。現在、貴殿は重大なる責任を担っており、小生は貴殿の建議、つまり武漢で貴殿がどのようになさり、政府を武漢に移転するのかどうかなど、消息を待っているところである」。しかも、ここで興味深いのは、上海クーデター後に一般化した蔣介石に対する歴史上の否定的評価とは、じつはその発生以前に、すでに共産党によって前もって流されていたと主張していることである。すなわち、「共産党の人々が小生を攻撃して、デマを流していることを貴殿はご存知だろうか。いわく、小生は軍閥分子に成り下がり、ソ連と反目し、日本と某協議に署名しようとしているなど、と……」(李玉貞『国民党与共産国際――1919～1927』、人民出版社、二〇一二年、五三〇頁参照)。ちなみに、この原史料は、*ВКП (б) Коминтерн и Китай* 第二巻、下巻、六三〇―六三一頁)。

(114) T'ang Leang-li, *op cit.*, p.232 cited in ibid.

(115) こうした孫文のソ連に対する肯定的評価は、新経済政策(NEP)といういわば「ブルジョア民主主義」的諸政策が、じつは彼の「民生主義」の一環としての事業計画とほとんど同じであることをマーリンによって知らされたことが起点になっている。孫文はそのソ連の民生主義を「一種の国家資本主義制度」ととらえ、「三民主義の第三項は民生主義であり、世界でこの主義を実行した最新の国家はソ連だけであり、イギリス、アメリカ、日本のような国は、国家は富強ではあるが、いまだに民生主義を実行していない」と主張している。これについては、前掲『中国国民党左派の研究』、四六頁、及び六三頁を参照。

(116) Karl August Wittfogel, *op cit.*, p 1142.

(117) *Ibid.*
(118) *Ibid.*
(119) N. Mitarevsky, *World Wide Soviet Plots*, Tientsin, No. and date unknown, p.36. cited in *ibid.*
(120) Karl August Wittfogel, *op cit.*, p 1142.
(121) Karl August Wittfogel, *Das erwachende China -Ein Abriß der Geschichte und der gegenwärtigen Probleme Chinas*, Agiß Verlag, Wien: 1926, S.5-6. 前掲『支那は目覚め行く』、一一頁。
(122) Karl August Wittfogel, *op cit.*, p 1143.
(123) *Ibid.*, p. 1144.
(124) 前掲『中国国民党左派の研究』、一三四頁参照。

第二章　農民問題と「アジア的復古」

K・A・ウィットフォーゲルの中国革命論(2)

1　中国共産党内における「アジア的復古」の兆候

中国共産党は一九二五年のはじめには、なお活動的な一派に過ぎなかった。同年一月十一日と十二日上海で開かれた第四回党大会は、九九〇人余りの党員を代表して、二〇人の代議員が集まった単なる一つの「集会」であった。[★1]だが、広州で第二回全国労働大会（五月一日）が開かれ、中華全国総工会が成立すると、それまで非合法を余儀なくされていた労働運動は急速に復活し、五・三〇事件以後には、きわめて大きなうねりを巻き起こすこととなった。比較的小さな共産党が大きな政治的動員によって「大衆の党」になることは、表面上は「指導的地位」を与えた国民党に対して以上に、じつはコミンテルン自身が久しく待ち望んでいたことであった。わずか数カ月間に党の機関紙『嚮導周報』の頒布数は、五〇〇〇部から二万部に増え、開封や漢口のような都市でも増刷されたという。一九二五年十月に開かれたコミンテルン執行委員会総会は、労働運動で党が政治的に重要な役割を果していることについて、「過去四カ月間の闘争は、共産党が労働運動の真の指導者であって、大小に拘らず、これと競争すべき重要な相手がないことを示した」としている。[★2]

この頃、中国共産党はまた、従来あまり注意が払われてこなかった農民問題にも取組みはじめていた。だが、それはウィットフォーゲルにとっては、「アジア的」復古、つまり前近代的遺制の復活を思わせる最初の兆候であった。既述のようにコミンテルンは、その創設以来から繰り返し「土地革命」の実施を望んできたものの、一九二三年、またはその直後において、これを中国に対して強要することを差し控えていた。しかしながら、五・三〇事件によって「勢いづいた」コミュニストは、まだそれほど確定的ではなかったとはいえ、重大な土地政策をこの時点で明らかにしたのである。中国共産党と共産主義青年団が一九二五年七月十日に出した五・三〇事件に関する「宣言」は、「土地所有の最大額を限定し、その面積を越えた大地主の土地は、貧農、及び土地をもたない農民に分配する」ことを要求した。[★3] 中国共産党中央拡大会議（同年十月）は、「一般の労働者・農民大衆に、国民革命政府を樹立する時になれば、土地没収の問題が革命における重要問題であることを理解させなければならない」と決議し、[★4] また引き続いて開かれた中央拡大会議が発表した「農民に告ぐるの書」（一九二五年十月十日）の中では、ついに孫文のスローガン、「土地を耕す者の手に」（但し、この場合の原語は「耕地農有」）が持ち出された。[★5] つまり、かつてマルクスの「アジア的」なものの概念を放棄しつつあったレーニンが、「土地分配の綱領」を社会革命党から横取りするかたちで農民から支配の正当性を調達しつつ「労農同盟」を完成させたように、アジア的生産様式にもともと無関心であった中国共産党の指導者たちは、元来、その政治信念の根底にあった要求を孫文の言葉を借りて主張したに過ぎないのである。

だが、ここでのより根源的な問題とは、それが中国共産党の独自の決定であったというより、むしろコミンテルンのそれであったと見られることである。ウィットフォーゲルによれば、コミンテルンの中央機関がこの「農民に告ぐるの書」を公表したことは、この問題に対するモスクワの基本的態度を示すものであった。この文書によれば、土地の分配は「革命的労働者、農民、及び一般の人民が、軍閥政府の打倒に成功した時にはじめて」行なわれるものであると述べた際[★6]、本来、「ブルジョア民主主義」の段階においては、逆にまだ行うべきではないことを意味していたはずである。実際、そうした漠然たるかたちにおいて、「土地革命」は一九二五年十月以降ですら、中国共産党の諸宣言の中で強調されてはいなかった。共産党は、事実上、国民党内における、また国民党を通じての、勢力の拡張に「当分のあいだ」専念すべきであったし、実際にそうしていたのである[★7]。このことは、中国共産党内における「アジア的」、すなわち「前近代的」なものの復活への動きは、当時はまだ、近代ブルジョア政党である国民党によってしっかりと牽制されていたことを示唆している。コミンテルンの算定によれば、一九二六年の一月一日から十九日にかけて行なわれた国民党の第二回全国大会では、コミュニストが事実上「指導」する左派が完全にその支配権を握っていた。この会議の構成は、共産党と親共産党の代議員が一六八名、中間派が六五名、右派が四五名であったといわれ、この最初のグループには、中国共産党員が一〇〇名以上含まれていた[★8]。

もちろん、共産党との連立政権を築いていたとはいえ、国民党左派は共産党と同質のものばかりではない。ボロディンが汪精衛に対し、土地没収政策を国民党の第二回全国大会に提出するよう勧めた時、汪はこれをきっぱり拒否していた。[★9] ウィットフォーゲルの分析では、汪が土地の没収を渋ったことは、武漢政府内で一九二七年春、この問題に対して国民党左派の指導者たちがとった態度を考えれば、納得がいくものである。湯良礼は、この党大会が「すべて左派の影響下にあった」ことを疑っていないが、[★10] 事実、総書記は共産党員の呉玉章であった。

2　軍事力を媒介とした国民革命統一戦線の変貌

蔣介石を反共に踏み切らせるために右派によって仕組まれたとされる中山艦事件（一九二六年三月二十日）については、これまでも多くの研究者によってさまざまな解釈がなされている。これに先だって起った数々の事件のいきさつから、一部の研究者は、汪精衛に対する蔣介石の闘争がコミュニストに対する彼の闘争よりも重要であると考えた。だが、ウィットフォーゲルによれば、「軍隊内における狂信的コミュニストの犯した誤ちについてのボロディンによる秘密の論評や、一九二六年の春、彼らに対してとられた措置は、蔣の決意が汪精衛を最高指導者の地位から追うばかりでなく、軍と国民党内におけるコミュニズム勢力の抑制にあったことを示している」[★11]。

それゆえにこそ、ソ連からの軍事援助の恩恵を十分知りつつも、蔣介石は軍におけるコミュニストの役割をますます心配するようになっていた。ウィットフォーゲルは、「蔣介石が中山艦事件に先だって、コミュニストの支配していた黄埔軍官学校内の青年軍人連合会を弾圧し、また三月二十日には、国民党容共派の将軍鄧演達、コミュニストとされる将軍（李済琛）の配下にあった五〇人以上の政治工作員、及び広東にいるソ連顧問の全員を拘留したのも、けっして偶然の出来事ではなかった」としている。★[12]

実際、中山艦事件という危機ののち、関係者はほどなく釈放され、蒋介石は自分の念願としているのがソ連、及び中国コミュニストとの協力であると再び表明した。彼は、北伐の準備のために、ソ連の援助をひどく必要としていたが、それまでにたいした関心もなく受けていたものを、改めてコントロールしようと試みた。国民党第二期第二回中央委員会総会は一九二六年五月十五日、蒋介石を正式に党の指導者の地位に推す一方で、コミュニストに対しては、彼らの党員リストを国民党に提出することを要求した。この総会は、中央党部、省党部、及び特別市党部における国民党の各執行委員会中に占めるコミュニストの数を三分の一に制限し、また党中央機関の部長級ポストからコミュニストを除外した。また同総会は、コミュニストが「孫博士や三民主義に対して疑問を抱いたり、批判したりしてはならぬ」と強固な箍を締めていた。★[13]

中国のコミュニストたちは、表面上は早速これに従ったが、彼らはその本当の思いをコミンテルンに打ち明けて、国民党から手を引きたいと申し入れた。だが、モスクワは、「中国共産党はそんなことを考えるよりは、北伐の準備に協力すべきである」との結論に達しており、★[14]ここでもコミンテルンは共産党よりも国民党の方へより深くコミットしていたことがわかる。こうした背景には、そもそも国共合作は誤りであり、早急に解消すべきであると主張するトロツキーとの路線闘争上、過度に国民党に依存せざるを得なかったというスターリンの矛盾した政策があった。★[15]

ボロディンは中山艦事件の直後、一度はコミュニストの国民党からの引き上げに賛成であるかのように見えたが、仮に彼がそのような気持になったとしても、すぐさま蒋介石の軍事遠征を全面的に支持するというモスクワの路線に立ち返った。実際、中国共産党中央委員会（一九二六年六月二十六日）では、国共合作の打ち切りが提案され、ロシアから蒋介石に送られてくる武器の一部を農民に引き渡すように勧告した際、ボロディンは、「そうした措置をとれば蒋介石の疑心暗鬼を復活せしめるばかりだ」と強く反対した。★16

また、中国共産党は二五年十月、第三回中央拡大執行委員会会議を開き、あらゆる帝国主義に徹底的に反対し、革命のために工農運動を援助し、民主政治のために軍閥に反対し、ソ連と共産党に連絡する、などとする決定を下していた。だが、陳独秀がまとめたと考えられるこの決議こそは、じつはのちに毛沢東が『矛盾論』の中で、孫文によって提唱されたと記していた「連ソ、連共、扶助工農」という「三大政策」として打ち出したものであった。★17 それは改めて、コミンテルンの指導による「労農同盟」の下で、国民革命へと深くコミットしていくことを確認するものであった。

このように、ますます複雑になっていく国共間の政治状況の中で、厖大なソ連の軍需物資によって装備され、多くのソ連人の顧問団を幕僚にしつつ、蒋介石を総司令官とした北伐軍が一九二六年七月、いよいよ宿命的な北伐を開始した。★18 ウィットフォーゲルが指摘するように、この北伐は国民革命政府の支配する領域を大いに拡大すると同時に、コミュニストにとっても大衆組織、とくに労働者や農民のそれを通して、彼らに浸透する新たな機会を提供した。国民党左派の党員とともに、コミュニストらは村民に対し、従来の権力者から離れて「農民協会」の指導者となり、それによって古い農村指導者たちの立場を打破するよう激励した。だが彼らは、けっして「土地の再分配」は要求しなかった。「その政策は、経済面においては、国民党左派の指導者たちを満足させるに足る程度に控え目であったが、政治面と社会面においては、蔣介石や他の中間派の人たちを遠ざけさせるに足る程度に積極的であった」[★19]。かくして、コミュニストの勢力が武漢において急速に増大しつつある一方で、蔣介石はその軍事行動のために国民革命政府の新首都から離れていく。北伐の進展に伴って一九二七年一月一日、いち早く武漢に国民党左派、及び共産党主導の政権が打ち立てられる一方で、国民革命軍総司令蔣介石は、北伐推進中の三月二十三日に南京を占領するや、南京を首都と定めて翌月には国民政府を成立させ、左右両派が決定的に分裂することとなった。

しかしながら、ウィットフォーゲルは、この「合作」でコミュニストが勝ち得たものを仔細に点検しつつ、共産党と国民党との同盟中に起ったいくつかの危機に際して軍の指導者であった蔣介石が、「国民党の左派や中間派の他の指導者たちよりも、コミュニズムの脅威についてより敏感であった」と指摘している[★20]。やがて蔣介石と対立することとなる武漢統一戦線政府では、主権回復や対外条約上の対等化、軍閥専横の克服、労働法規の制定や農地・農政改革などの面で進展が見られた。ここでは「欧米的近代への可能性を含んだ新民主主義的萌芽」（坂野良吉）と評価される諸政策が実施され、ある意味では、独自の社会主義像を求めていた孫文革命の理念が実現に近づきつつあるようにも見えた[★21]。だが、仮にそのことが事実であったとしても、それは二七年の悲劇的結末を前にした、きわめて短い春にすぎなかった。

3　中国共産党内における「アジア的復古」と農民の役割

中国共産党は一九二六年十一月、「農民政綱草案」を起草したが、それは「当分の間、上海が落ちるまで、農民運動を激化してはならぬ」とする電報をコミンテルンより受け取ったことを前提にしての対応である。スターリンは、のちにこの電報が本物だったことを認めたが、彼はまたこの電報が、ほどなくして「訂正された」とも話した。[★22] また十一月三十日に、コミンテルンの中国委員会において行なわれた演説で、スターリンは「農村革命と土地の再分配」が必要であることを強調した。それはレーニンの時代から農民の組織化のためにたびたび使われてきた戦略的政策であるとはいえ、ウィットフォーゲルにいわせるならば、「ブルジョア民主主義」の対極にある「アジア的復古」への第一歩である。だが、スターリンは、「このような政策は、長期にわたって推進しなければならぬ」として一度は緩和した。[★23] 中国共産党の指導者たちは、十月の綱領を表向きにせず、一九二七年一月になって、ようやくこれを地方の組織にまわすにとどめていた。

一方、コミンテルン執行委員会第七回拡大総会（一九二六年十一―十二月）の「中国情勢の問題についての決議」では、「帝国主義と中国革命」、「民族革命と農民」、「共産党と国民党」、「中国革命の任務と革命政府の性格」、「共産党とプロレタリアート」、「中国共産党の組織的任務」など七項目が採択され、とりわけその第一項目では、「中国革命が従前のブルジョア民主革命と異なる特徴は、この革命が世界革命の時代に起こり、資本主義制度の廃止をめざす世界的運動の不可分な一部をなしている」ことであるとされた[24]。シュウォルツが指摘しているように、この「十二月決議」の関連で特筆すべきなのは、「農民革命がブルジョア民主主義革命の中心的内容を構成する」という趣旨の記述が盛り込まれたことであろう。すでにプロレタリアートが都市で確固とした基盤をもっていたので、ここでは農村で共産党が国民党の組織の枠内で活動してもとくに問題はないとの判断が働いたのだとされる[25]。つまり、ここではプロレタリアートが、ブルジョアジーのかなりの層と同盟するか、あるいは農民との同盟を一層強化するかの二者択一の岐路に立たされ[26]、結局は後者を選択することを意味したのである。だが、実際には、それは本来プロレタリアートが中心的役割を担うべきだとされた「労農同盟」からも離れて、いまや農民こそがブルジョア民主主義革命の主体であるかのような、大きな政策的飛躍が進行しつつあったことを物語っている[27]。

とりわけこの時期の農民運動は、毛沢東のいう「組織活動」から「農村革命」へと移行する時期にさしかかっており、たとえば、湖南省の「農民協会」の会員数は、北伐前の非合法活動時期の四万人から、九月には三二―四一万人、十一月には一〇〇万人に、翌二七年六月には四五〇万人に急増していた[28]。だが、ここでむしろ注意すべきなのは、毛沢東がその政治思想形成の初期の段階から、農民を中国革命の主要なアクターとしてとらえていたわけではないということである。むしろ彼は、民族資産階級が中国における「ブルジョア民主主義革命」の指導階級になり得ないと断定し、工業プロレタリアートにその役割を求めて、「産業プロレタリアートは、人数は多くないが、中国の新しい生産力の代表者であり、近代中国の最も進歩的な階級であり、革命運動の指導力となっている」とすらしていた[29]。いずれにせよ、中国革命における農民の役割が、それまで以上に大きくクローズアップされつつあったことだけは確かである。つまり、いまや農民運動は、「農村革命」へ、そして「農民革命」へと転じつつあったのである。★30

さらに興味深いのは、のちの毛沢東は、「家父長的封建的な土豪劣紳や不法地主階級は、幾千年来の専制政治の基礎であり、帝国主義、軍閥、腐敗汚吏どもの足場であった」としながら、こうした前近代的遺制を克服すべき主体を農民に求めて、「これは広大な農民大衆がたち上って、かれらの歴史的使命を完成したのであり、つまり農村の民主勢力がたち上がって農村の封建勢力を転覆したのである」と大きく変化していることである。★31 のちにウィットフォーゲルと論争することとなるシュウォルツは、こうした中国共産党の毛沢東的発展を、ウィットフォーゲルと同様に、自ら主体的に選択した結果ではなく、モスクワによって計画されたものと分析している。だが、シュウォルツが指摘したように、そもそも「農民問題はブルジョア民主主義革命の基礎である」と主張したのは、一九〇五年革命時のレーニンその人である。★32 ただし、その際ですらレーニンは、農民革命の実現を展望することができるのは、農民がプロレタリアートと同盟することによってのみであると強調していた。したがってシュウォルツは、仮にコミンテルンが農民を革命の中心階級と決めたかのような解釈をしたとすれば、それは一定の革命段階における「内容」もしくは「中心問題」と「革命の階級勢力」とを完全に混同することから生じている誤りであると批判しているが、★33 この立場もウィットフォーゲルとほぼ一致しており、たいへん興味深い。つまり、ここでもコミンテルンと中国共産党は再び、前近代的遺制の克服のために同じ前近代的な原理を対置させたことを意味しているのである。これはまさに、認識の対象そのものをそれとして認識できない「闇夜の黒牛」（ヘーゲル）、つまり同一性の中の同一性である。

4　中国におけるコミンテルンの知識人とその役割

第一次国共合作をめぐる状況を見るとき、われわれは非公式な路線に配属される外国人工作員の数がますます増大していったという事実を発見する。一九二七年の最初の数カ月の状況をちょっと見ただけでも、この事実ははっきりしている。ウィットフォーゲルの調べでは、その当時、コミンテルン執行委員会の代表は武漢に移動していたが、そのスタッフの一部（コミンテルン極東部）は、上海にとどまっていた。武漢には、国民党の党と政府の顧問であるボロディン、国際赤色労働組合の議長ロゾフスキーがおり、三月の末から四月のはじめにかけて、コミンテルンの一代表団が派遣されていたが、その中にはインドのロイ、アメリカのアール・ブラウダー（**Earl Browder**）、フランスのジャック・ドリオ（**Jacques Doriot**）、及びイギリスのトム・マン（**Tom Mann**）等が含まれていた。さらに、国民党の週刊機関誌『中国通信』を編集していたドイツのコミュニスト「アジアチカス」（**Heinz Möller**）、及びコミンテルンの極東部の部員で、一九二六年に中国に党学校を作り、一九二六年十一月、コミンテルン中国委員会がモスクワで開いた会議に参加した後、一九二七年の春中国に帰って来たP・ミフ（**P. Mif**）がいた。★34

また、多くの軍事顧問が国民革命軍に配属されていた。その主席であるガレンは、蔣介石の上海進駐を「望みのない軍事計画」であるとして、これに同行せず、武漢に向かった。だが、蒋介石は一九二七年四月十二日以後、再びガレンのポストを確保しようとした[★35]。ウィットフォーゲルの見るところ、当時、この他にも海外からのコミュニストたちが中国にいたことは疑いないが、彼らの旅程や、仕事の場所を確認することは容易でない。モスクワが派遣した民間人の中では、ボロディンの命を受けつつ、広東で農民の総合的研究をしたM・ヴォーリン（M. Volin）とE・ヨルク（E. Yolk）、及び一九二八年に、中国農業経済の全般的な分析によってモスクワを感銘させたルドウィグ・マジャール（Ludwig Madjar）が重要である[★36]。また当時、「スターリンの私設補佐」であるといわれた、「フランク」と称する不思議な人物がいた。彼の携えた信任状は驚くほど立派なものであったらしく、「フランク」は中国共産党中央委員会の会議にも参加していた[★37]。当時、中国の他の地域において活躍していたロシア人やロシア人以外のコミュニスト、すなわち、これらの中には北京のソ連大使館や馮玉祥の国民軍、恐らく天津と思われる北部にその本部を置いていた情報機関の人たちは含まれていない。それゆえに、ウィットフォーゲルがここに挙げたリストは、少なくともこの重要な期間中に、モスクワの意思に従って中国の国内問題に影響を与え得る中国人以外のさらに多くのコミュニストがいたことを示している。

ウィットフォーゲルによれば、これら諸個人の活動はさまざまな方法で行なわれていた。これらの人々の間には、なにがしかの相関関係があり、また彼らの従属関係は最終的にはソ連共産党の政治局との間であるとはいえ、彼らはそれぞれ活動の縄張りをもった、きわめて少数の重要機関に配属されていた。情報活動の出先機関は外交官の援助も受けたが、モスクワにおける彼らの上司は、多くの場合、軍人であるか、外交官以外の職にあるものであった。中国にいた軍事顧問は事実上、軍人であった。外交官としてその命じられた任務を遂行しているものは、外務人民委員会に対して責任を負っていた。ボロディンは、本来は外務人民委員会の北京支部に属する人物であったが、彼は単なる外交官ではなく、国民党の党と政府を援助するという明確な目的を与えて、ソ連政府が中国に派遣した特別使節である。コミンテルンの代表者は、その命令を同組織の執行委員会から受けていたが、その執行委員会は、多くのソ連以外の共産党員によって構成されていても、これを牛耳っていたのはロシアの代議員であった。[★38] 中国共産党の指導者たちは、軍部を含むさまざまなソ連の経路と接触を保っていた。中国のコミュニストたちは、通常、モスクワの命令に従って彼らを指導していたボロディンなどのコミンテルンの代表と接触しており、意見の対立があった際は、この代表の意見によって決定された。[★39]

すでに述べたように、コミンテルンの使節ヴォイチンスキーは、一九二〇年に中国にやってきて、中国共産党の創立を助け、またコミンテルン代表マーリンは、一九二一年から少なくとも一九二三年の秋まで中国にいたとされる。一九二二年夏に開かれた中国共産党第二回党大会後、コミンテルンの代表と、共産党の代表者たちは、国民党の改組運動を実行するために、ほとんど一年を費やした。[★40] ウィットフォーゲルの調べでは、一九二七年三月十七日から二、三週間経った後、M・N・ロイはコミンテルンの使節団の長として武漢に到着した。ロイ自身の話によると、彼は同地で、コミンテルンの代表として行動していた。[★41] ロイはスターリンの信任が厚かったがゆえに、ヴォイチンスキーの後任に選ばれたと見られている。[★42]

ロイは一九二六年十一月、コミンテルン執行委員会を代表して「中国問題に関するテーゼ」の草案を書いた。この討議にはスターリンも積極的に加わったとされる。だが、ウィットフォーゲルの見るところ、ロイの名声の理由がなんであれ、一九二七年四月からはじまった最も重大な時期に、コミンテルンの最高責任者として彼が中国にいたことだけはたしかである。ロイは、武漢に到達したスターリンからロイ宛の密電を六月一日、汪精衛に見せた。それは国民党の指導層を徹底的に入れかえて、土地没収を通じての土地革命に積極的に着手すべきことを勧めたものであった。[★43]事実上、コミンテルンを掌握しているスターリンは、国民党を改組して共産党が指導権を握り、中共党員、労農の積極分子を武装し、軍の実権を握り、反革命派を制圧し、「土地革命」を貫徹するよう求めたのである。[★44]そして国民党左派は、この電報をコミュニストと手を切る（「分共」）理由にした。[★45]だが、このような汪精衛ら武漢中央の反共化に不満を持つ鄧演達、宋慶齢らは、とりわけ武漢政府の「農民運動に対する裏切り」に抗議して、国民党から離れていった。[★46]この「分共」は、いわば「革命」から「統治」への課題転換に十分に対応しきれなかった武漢政府の未熟さによるものであった。[★47]

5　上海クーデターとコミンテルンにおける「アジア的」なものへの後退

ヨーロッパに一時退避させられていた汪精衛の中国への帰国を前に、蔣介石は一九二七年三月七日、党員たちに対し引き続き国民党の中央委員会に忠実であるように説いた。だが、ウィットフォーゲルによれば、その三日後に開かれた国民党第二期三中全会は、「蔣介石ほど疑い深くない人たちさえも少なからず困惑させるほどの譲歩を、コミュニストに対してしてしまった」[48]。すなわち、同会議は、一九二六年十一月、スターリン自身が支持してきた国民革命において国民党が指導権を握るという考え方を放棄して、すべての実行目的に関して中国共産党を国民党と対等の地位に置いたのである。さらに同会議は、一九二六年五月十五日の決議を覆して、蘇兆徴が労働相に、譚平山が農業相にというように、数箇の閣僚のポストをコミュニストに与えた。とりわけ、譚のポストは内相、つまり警察の管轄にもまたがっていた。こうした事態の推移によって、コミュニストの勢力は、第一次統一戦線の期間中、絶えず拡大していったのである[49]。帰国後の汪精衛は、一九二七年四月、武漢政府に加わった。国民党左派とは、その「左派」[50]という言葉とは裏腹に、じつは蔣介石と共産党との中間に位置する政治勢力のことを意味しており、政治的かつ理論的立場の両面において孫文に最も近いという意味では、むしろ「中央」にいる人々であった[51]。

一方、中国共産党は、小さな一派から大きな党へと変貌しつつあり、国民党政府の支配領域内における社会生活のあらゆる面に勢力を浸透させることに成功していく[52]。こうした中、武漢で開かれた既述の国民党第二期三中全会において、共産党は国民党左派とともに国民革命軍総司令の職を廃止して、蔣介石の軍事委員会の一ヒラ委員としての地位への降格を決定するという大胆な挑戦に打って出た。当時、国民革命軍は急速に増大して三〇万を数えるに至ったが、その大部分が蔣介石の指揮下にあった。一方で、武漢政府は唐生智軍を中心とするわずか五万あまりの軍事力を持つにとどまっていた[53]。

陳独秀は一九二六年三月二十日の中山艦事件後、広東に武装農民隊を創設するために、コミンテルンに対し五〇〇〇挺のライフルを提供するように依頼したが、聞き入れられなかった。陳は一九二六年十二月、中国共産党の中央委員会総会で、「小ブルジョアたちを驚かせて離反させる恐れがあるから、農民軍のスローガンを掲げるな」という中央委の警告に気を使って、湖南の農民を武装することに反対した。[★54]

当時、上海の革命的労働者たちは、北伐を継続している蔣介石が到着する前に同市を占領していた軍に対して決起することを計画していた。陳独秀はこの行動に賛成の立場であったが、コミンテルンの上海極東部は、「われわれの同志をしてブルジョアジーに反対せしめるにはあまりにも時期尚早である」という理由で、陳の考えを斥けた。[★55] だが、同様の問題は、蔣介石が上海を占領してからも起った。陳や中央委員会の他の一部のメンバーは、蔣介石が革命勢力を攻撃する以前に、こちらから彼らを攻撃すべきだと考えた。ウィットフォーゲルによれば、この提案も中央委の大多数から反対されたが、より重要なのは、このことすら「モスクワから指令を受けていたコミンテルンの代表によって反対されていた」ということである。[★56]

モスクワは早速、しかるべき措置をとった。コミンテルンは一九二七年三月三十一日、公然たる闘争をはじめてはならぬとしつつ、武器はやむを得ない場合以外は、すべて隠すようにと共産党に指令してきた。コミンテルンは、「上海の占領と軍の行動を邪魔しないために、労働者と蔣介石の軍事衝突を避けよ。労働者の武器は全部隠すか埋めるかせよ」と電報で命令してきたのである。[★57] その結果、上海のコミュニストを中心とした急進主義的労働団体は一九二七年四月、大した抵抗もせずに、致命的な大弾圧を被った(四・一二政変=上海クーデター)。国民党内の左右対立の帰結であったことはいうまでもないにせよ、それは事実上、国民党を代表した武漢政府を掌握していた国民党左派、上海市政府、そしてその実権を握っていた上海総工会とその武装糾察隊、それらの司令部であった共産党の組織などに矛先を向けたものであった。[★58]

同年四月末、武漢で招集された第五回中国共産党大会には、五万七九〇〇人の党員を代表して、八〇人の代議員が出席した。[★59]ロイが出席するこの第五回党大会で中国共産党は、「コミンテルンの路線にきわめて合致した」政策全般に関する決議案を発表した。「土地問題に関する決議案」は、「小地主」の所有地を除く、すべての土地を没収するというものであった。あとになってロイは、この第二の決議案が、「全面的土地没収にはならない」と批判したが、まさに事態はその通りになった。[★60]当時国民党は、五〇〇畝を境に一線を画して大小の土地を区別することを望んでいたが、コミュニストたちは一〇〇畝を境にした。だがロイは、両方の制限を共に拒否したものの一人ではなかった。第五回大会の当時、彼自身一つの綱領を起案したが、それは「国民党の決議案と共産党の第五回会議の決議案に規定されたのと同じような土地の没収」を勧告したものである。かくしてロイの綱領は中国共産党の指導者たちによって、拒否された。[★61]

この第五回党大会の舞台裏では、ボロディンとロイとが土地革命をめぐって激しく対立していた。ロイは土地革命を強く主張したが、ボロディンは反共の雰囲気の強まっている武漢の状況では、土地革命の強行が国共合作に終止符を打つだけだと反論し、ボロディンの主張が最終的に通ったのだという。[★62]だが、ウィットフォーゲルによれば、「制限付き土地没収政策」を最終的に承認したのは、他ならぬロイ自身であった。[★63]

ところが、すでに前もって予期されていたとはいえ、陳独秀の「上司」であるロシアのコミュニストたちは、農民運動を手控えるよう要求した。瞿秋白は一九二八年、その回想記において、中国共産党第五回大会で、ボロディンが列席した中国共産党と国民党の指導者たちに対して、「土地革命を後退緩和」させて、地主と郷紳（gentry）に対して譲歩するよう勧告したことについて記している。この大会に出席した非コミュニストの中に汪精衛がいたが、彼は自分と自分の同僚たちは「喜んでコミンテルンの見解を受諾する」と述べたとされる。これをうけてボロディンは、スターリンが五月のコミンテルン会議の最終日に要求し、またコミンテルンが六月の電報で要求した「党本部の力によって、農民の過熱した行動を阻止せよ」という意見を述べている。これが武漢の将軍唐生智をして農民や労働者の革命組織を弾圧せしめ、湖南省の首都長沙の中国共産党と国民党の事務所を閉鎖した五月二十一日以後においても、なおもモスクワが固執していた根本的な考えであった。★64 だが、ここでの問題は、それがトロツキー派に反対するなどの状況的戦略の選択によるものだったのか、それとも彼らの政治的・思想的信念に基づくものだったのか、ということであろう。

コミンテルン執行委員会第八回総会第十回会議（一九二七年五月二十四日）でスターリンは、「中国革命とコミンテルンの任務」と題する報告を行い、「ブルジョア民主主義革命としての農民的土地革命」の重要性を強調した。コミンテルンは、土地革命を鼓舞している中国における抑圧の支配的な原因を「封建制度の残存物」であるとする一方で、トロツキーは中国における封建的残存物の存在をまったく認めないか、あるいは決定的な意義を与えていないとしたうえで、「ブルジョアジーを見て、プロレタリアートを見はするが、農民に注意せず、ブルジョア民主主義に関する反対派の根本的な誤

りとなっている」と主張した。★65

このコミンテルンの会議ではまた、蒋介石のクーデターと国民党右派による南京政府の樹立について、国民革命統一戦線からのブルジョアジーの離脱は不可能であると説明されたものの、「革命はより高い段階に移行した」と強調された。コミンテルンはここで、「中国共産党が武漢政権内でより急進的な農業綱領の遂行を通じて農民の間に地歩を確立して、国民党左派のヘゲモニーを確保できるであろう」との見通しを示したのである。★66

ウィットフォーゲルは言及していないものの、これらとの関連でいえば、このコミンテルンの会議の直後に開かれた中国問題委員会会議におけるスターリンの発言は、きわめて興味深い。すなわち彼は、中国におけるブルジョア民主主義の矛先は「封建制の残存物」に向けられているばかりでなく、「帝国主義」にも向けられていると主張した。なぜならば、「中国においてその軍事的財政的権力を持つ帝国主義は、その全上層建築なる官僚軍閥を有する『封建制の残存物』を鼓舞し、培養し、かつ保存する力であり、帝国主義に対する断固たる闘争なくしては封建制の残存物を取り除くことができない」からだというのである。★67 つまりここでは、一方で「封建制の残存物」という「アジア的」なものの問題性が認識されてはいるものの、他方、後進国革命は先進国の高度に発達した生産力と連動することによってはじめて可能になるとしたマルクスのアジア的生産様式論とは、まったく逆の戦略が導き出されたことになる。

実際、中国共産党の最高幹部たちもまた農民運動の抑制につとめていたのであって、六月十五日モスクワに打った電報で、陳独秀は「譲歩の政策が必要」なことを説明し、「行き過ぎを矯めて、土地を没収する運動を穏健なものにすることが必要である」と述べている。[★68]だが、ウィットフォーゲルの見るところ、のちに批判されることとなる陳の「日和見主義的」農民政策は、実質においては、「モスクワ最上層部のコミュニズム戦略家たちの意向に従っていたことは疑う余地がない」。[★69]

蔣介石の支配する領域内のコミュニストたちは、上海クーデターという大規模な弾圧に直面しただけでなく、その三カ月後の七月十三日には、武漢政府そのものから追放された。ウィットフォーゲルによれば、「彼らの没落はその台頭と同様に劇的であり、かつどちらの場合にも、それは党とモスクワとの関係によって決定的に左右された」のである。[★70]

ここで問われるのは、本来は別の独立した政治組織であるはずのソ連政府とコミンテルンとの関係である。ウィットフォーゲルの見るところ、二七年の悲劇を通じて明らかにその関係も大きく変化していた。他の多くの国がそうであるように、ソ連はその国外における利益を、外交や貿易などの公式路線と、非公式路線によって推進していた。相手国の立場からすれば、この前者の路線は、しばしば正当な見返りの保証されない不当な目的に用いられがちだが、モスクワが他の諸国の事態に最も強い影響力を及ぼしていたのは、後者を通じての方法であった。「これはモスクワが、その型においても組織においても、独特の機関を駆使していたので、ある意味で当然のことであった。ソ連の情報機関は、外国のコミュニストやその同調者たちによって支援されていたし、モスクワの最高権力を認めている国際共産主義運動は、一九四三年、表面上解散されるまで、ソ連が支配するコミンテルンによって公然と命令されていたのである」。[★71]

たとえば、ウィットフォーゲルによれば、二七年四月のクーデターに先立って、蔣介石が上海を制圧した頃から、陳独秀をはじめとする共産党中央委員会の一部のメンバーたちは、蔣介石に攻撃される前に先制攻撃すべきだと主張していた。それにもかかわらず、最終的に蔣介石側と戦わないという決定を下したのは、のちに「日和見主義者」として批判されることとなる陳独秀ではなく、ここでもまたモスクワであった。[★72] ところが、コミンテルンは「中国革命の現段階に関するコミンテルン執行委員会決議」（七月十四日）において、中国共産党に対して武漢政府からの「示威的」退出命令を発表した。この決議は、国内のすべての諸派にとって農業革命に対する態度の問題がもっとも切実になっているとし、中国革命を敗北に導いた原因として、中国共産党の指導部による「政治的誤謬」を取り上げた。中国共産党指導部は、「コミンテルンの諸命令に従って、農業革命を開始し、また宣言して、武漢、及び国民党執行部の急進的指導者たちの不熱心で小心な立場を公然批判すべきであった」、などとしたのである。[★73] だが、その一方でコミンテルンは、武漢政府からの脱退を求めつつも、国民党からは脱退せずに、党内で国民党中央委員会の行動に対して断固として抗議するよう求めていた。[★74]

一九二七年七月の破局の後、武漢政府内の国民党顧問ボロディンが解雇され、コミンテルンは、陳独秀が「中国共産党の独立を怠り、土地革命を制止し、労働者農民の武装行動に反対した」と非難した。だが、コミンテルンは宋慶齢が武漢政府から離脱した七月十四日、共産党員に武漢政府から「退出」させる命令を発してはいたが、国民党からの「離脱」はしばらく猶予すべしとの指令を出しており、ことここに至っても、共産党よりも国民党指導による中国革命の将来を展望していたことが理解できる。[★75]

ここで検討に値するのが、中国共産党中央臨時政治局（一九二七年）の「十一月決議」であろう。同決議は、ブルジョア民主主義革命が最終的に決着していないことを認めつつも、すでにその責任を果たし、直接社会主義革命に入るべきものであるとし、その期間はけっして数週間や数カ月に尽きるものでなく、「中国革命は長期的性質を帯びているが、それは間断のない性質のものである」とした。[★76] それまでのトロツキー批判の立場とは打って変わって、それはそれまでの基本的姿勢とはきわめて矛盾した決議であった。

6 第一次国共統一戦線が中国社会に与えた意味

国民党にとっても、共産党にとっても、第一次国共合作によって学んだものは多かった。まず、国共合作によりコミュニストは国民党内においてのみならず、大衆組織の中にまで「自由に」その勢力を伸ばす機会が与えられ、一九二七年の夏には、武漢政府をほとんど政治的に支配するレベルにまで至った。ウィットフォーゲルの見るところ、二七年の上海クーデター直前の中国における政治状況こそ、本来、「指導的役割」を共産党によって与えられていたはずの国民党が、ほとんど忍耐の限界に達していたという決定的瞬間であった。「それゆえに、国民党の支配する国民政府は、同様の事態を再び起させまいと決意した。第二次世界大戦後には、アメリカよりの強大な圧力があったにもかかわらず、蔣介石はコミュニストと連立政権を作ることを拒否したのである」。[★77]

ロシアと中国のコミュニストたちは一九二〇年代のはじめ、孫文とその党に対して、コミュニストの目的が、中国の全民族主義者が共通に持っている目的に従うものであることをはっきりと約束していた。既述のように、孫文ら国民党の指導者たちは、自国のコミュニストは疑っていたが、ロシアのコミュニストに対しては純真な気持ちで信用していた。それゆえ、ウィットフォーゲルによれば、「一九二三年のヨッフェの保証や、その他この種の公式または半公式の声明をモスクワの目的や秘密の指令と比較すると、ロシアや中国のコミュニストたちが、口先ではいかに平和的、建設的な協力を誓っていても、それが守られるのは、その同盟が彼らに利益がある場合にのみ限られるという、彼らの策略的な性格を示しているのである[★78]」。

だが、国民党の民族主義の指導者たちは、これを完全には学びとらなかった。彼らは一九三六年以後、彼らの経験が保証する以上に、再び中国やロシアのコミュニストの約束をより真剣に受取った。そして彼らは、その弱さのためにひどい代償を払わされた。彼らはまた、中国のコミュニストが農村において、その政治的、軍事的勢力を増大するのを阻止しなかったために、ひどい目にあうこととなった。ウィットフォーゲルの見るところ、「ツァーの大臣ストルイピンが一九〇八年、土地改革を行なったとき、彼は自分のグループや政府とは異なる考えを実行に移した。一九二七年以後になっても、国民党の指導者たちは彼ら自身の綱領中の重要な教義であり、また中国に共産主義運動が現われる以前に、孫文や彼の信奉者たちが打ち出した教義を等閑に付して、進んで土地改革をやろうとはしなかったのである[★79]」。そのことによって、結局、問題の本質は土地改革へと収斂されていく。

土地改革案は一九二六年に、左派の国民党員のみならず、中間派によっても議論された。蔣介石の日記をもとにした年譜によれば、一九二六年七月八日、蔣とボロディンが「外交問題と土地問題」について相談しており、七月二十三日には、ボロディンが蔣に対して、土地問題の解決を遅らせてはならぬと説いたとされている。また七月三十一日の欄には、蔣が「解決策を発見しようと思って、土地問題を研究した」ことが記されている。当時、国民党軍の政治部副主任であった郭沫若との会談(十一月十九日)でも、蔣介石は、経済建設が取り組まなければならない諸問題の中で、土地問題を筆頭にあげている。また一九二六年十二月七日の日記には、その日盧山で開かれた国民党の指導者たちによる会議の結果、「労働運動は緩和を主とし、農民運動は活発に推進しなければならぬ」と決議している。蔣介石はこの討論中、「もしわれわれが農民問題を解決すれば、労働問題は同時に解決することができる」と述べたが、他の参加者たちもこれに同意したという。★80

7 土地所有をめぐる「封建」概念と過渡期における「アジア的」中国社会

ウィットフォーゲルによれば、一九二七年四月のはじめ、蔣介石による共産党と国民党左派との同盟が継続すると期待した時も、それに続く五―六月、国民党左派がまだ共産党と同盟を続けられると思ったときも、スターリンは中国社会の「封建」というものについての、自分の考え方にとりつかれていた。「実際、もし中国の『封建』地主が農村を支配しているならば、農民がこれらの地主を攻撃しても、国民党の『ブルジョア』や『小ブルジョア』の党員たちを驚かすことはない。なぜなら、封建制度における、土地保有についての彼らの経済上の利害関係は、たしかに取るに足らぬはずだというのがスターリンの考えであったからである」[★81]。

スターリンやその同僚たちは、以前よりこのような農民に対する甘い判断の下で、中国の政治的舞台に臨んでいた。そして、一九二三年以降、国民党の「ブルジョアジー」が土地革命に対して逃げ腰になっていたという事実があるにもかかわらず、ソ連の戦略家たちが、自分たちの基本的仮説が間違っていたことを悟るまでには、さらに数年という時間を要した[★82]。彼らは、中国共産党の中途半端な土地革命の進め方が、一九二七年に真剣な対抗運動を呼び起して阻止されるまで、不安定な操縦を行なったが、そこにはトロツキーとの政争上、全ブルジョアジーを敵とする土地革命にはどうしても踏み切れないという政治的背景があった[★83]。

一九二七年の敗北は、中国の土地所有と階級関係に対するモスクワの誤った考え方から生じたものとしてウィットフォーゲルの眼には映ったが、この誤った認識そのものは、「すべての進歩した農村文明は、封建制度の段階を通らねばならぬという社会発展の神話に由来するものであった」[★84]。もちろんアジア的生産様式の下にある中国には、「封建領主」も「農奴」も存在しないのであり、したがって中国社会の「封建的解釈」にもとづくコミュニストの戦略が自ら敗北を招いたのも、いわば当然のことであった[★85]。では、なぜスターリンはそのような誤った考えにとりつかれたのであろうか。ウィットフォーゲルはいう。

「モスクワは教義上の理由によって、この解釈を主張したのであった。一九二六年から二七年にかけて、スターリンは、レーニンが一九一六年以降、奴隷制度から封建制度、ついで資本主義制度へという社会の発展段階説を主張した理由をよく理解していて、このレーニンのテーゼを擁護する手段は発見していなかったものの、これを主張する決意ではあった。スターリンのこの決意に対して、多くの古くからの同志たちは、特殊な『アジア的生産様式』についてのマルクスの考え方に言及しつつ、封建的解釈をアジアの偉大な文明に適用することに反対したため、ことは複雑になったのである★86」。

このようにスターリンは、ロシアの伝統的農業国家をなぜヨーロッパと同じ「封建的」という言葉で理解すべきではないのかについて、マルクスと同じレベルで理論的に理解することはできなかった。だが、レーニンがプレハーノフとの論争を経てたどり着いた結論だけは少なくとも形式的に、だが断固として守ろうという決心だけはしていたのである。しかも、困ったことに、他の理論家たちも、最終的には、みなことごとくスターリンに同調してしまった。こうした状況を生んだ政治的背景には、一九二六年以来、コミンテルンのトロツキー、及びジノビエフ、カーメネフなどの中央からの除名により、第二回大会のレーニンの理論に基づくスターリン一派の方針がすでに決定的に勝利を得ていたことがある★87。

では、ここでコミンテルンの理論家たちは、この「封建制」の理論と中国の現実をいったい、どのようにして調和させたのであろうか。ウィットフォーゲルによれば、多くの同様のケースがそうであったように、この個別の問題でも、彼らは筋の通ったまじめな研究によってではなく、「コミュニストたちの権力闘争が必要である」とするために、特別に考案された論法によって解決されたのである。[88]一九二七年八月九日のコミンテルンの決議には、この問題を調整する努力をしていることが伺えるが、それによれば、中国の民族ブルジョアジーは、「国内の革命問題を解決する能力をもっていない……。彼らは農民を支持しないだけでなく、さかんに彼らと闘っている……」。[89]同決議はさらに、「中国においては、ほんのちょっとした土地改革を行なおうとしても、郷紳（gentry）や小地主の土地を収用することになり、この収用でブルジョアジーは全く無力になるので、ブルジョアジーを農民と妥協させることは、ほとんど不可能である」と続けている。[90]つまり、中国における「ブルジョアジー」と「農民」との間の階級意識のきわめて大きなギャップは、本来、近代市民社会を前提としてはじめて可能となる「労農同盟」を実現するようなレベルとは、程遠いところにあったということである。たとえば、スターリンにごく近いロミナーゼを中心とする共産党による広州蜂起の失敗以降、革命路線の修正は、すでに二七年十二月のソ連共産党第十五回大会中に明確に表れていた。すなわち、ここでロミナーゼは、この広東反乱を「中国革命の新しい高揚の始まり」とみなし、「アジア的生産様式」をあいまいに適用しつつ、独立の政治勢力としての「ブルジョアジー」の退場を宣言し、事実にまったく反してまでもブルジョア民主主義を「超えて」社会主義段階に入っていると主張したのである。[91]実際のところ、ブルジョアジーとの間の階級意識に絶望的なまでのギャップがあるこうした中国農民の抱える厳しい現実は、既述のように、『目覚めつつある中国』（一九二六年）、『孫逸仙』（一九二七年）といった著作を公にしていた頃のウィットフォーゲルでさえ、正確には認識できなかったのである。

このあと発表されたコミンテルンの諸声明は、こうした状況を「封建」という言葉で説明しなかったものの、それでもこの概念が東洋の諸国にあてはまると主張した。ウィットフォーゲルによると、第六回コミンテルン世界大会（一九二八年）で採択された「植民地、及び半植民地における革命運動に関するテーゼ」は、「中国、インド、及びエジプトにおけるブルジョアジーは、その直接の利益で、地主制、高利貸資本、及び農民大衆一般からの搾取ときわめて直接的に緊密に結びついているがゆえに、土地革命のみならず、影響の大きいあらゆる農業改革にも反対する立場をとっている」と主張していた。★92 それゆえに、ウィットフォーゲルは次のように続ける。

「それでもこの声明は、まだ東洋の『郷紳』（gentry）の官僚的性格と、東洋の地主制度の官僚ブルジョア的性格について明確に述べていなかった。だが、教義の面では、この決議の起草者は、中国、及び他の東洋の文化が過渡期の封建的過程にあるという考え方を抱きながらも、それへの論評を手加減しており、その後の一九三六年から三七年にかけて、コミュニストたちが中国ブルジョアジーとの第二回目の同盟を望んだ際にも、全面的な土地革命を提案することをさし控えた。それればかりか彼らは、自分たちがいままで自分の国内において実行してきた、地主の土地の没収を中国では取り止めるつもりであることをも、おごそかに宣言したのであった★93」。

つまりここでコミンテルンは、「封建的」なものと「アジア的」なものとの概念的対立には一切立ち入らないまま、土地制度をめぐる最も本質的な問題をそのまま棚上げにして、三〇年代後半の第二次国共合作へとすべて持ち越したということである。ソヴェト一般の、とくに「農村」による「ソヴェト」に対するコミュニストの態度も、一九二七年の敗北ののちには、その結果として修正されることとなった。当時、スターリンは、中国社会についての自分の解釈に基づいて、中国共産党と国民党との「合作」が継続している限り、「ソヴェト設立」の推進に反対するという態度を一貫してとっていた。ただし、ちょうどこの頃、「永続革命」の観点から「合作」に反対していたトロツキストと対立しており、このスターリンの解釈が本来的に自分自身の理論的信念に基づくものであったのか否かについては、はなはだ疑わしい。ウィットフォーゲルによれば、「もし土地革命を含むブルジョア民主主義革命が、国共合作によって推進されるとすれば、政権獲得のための公然たる闘いをともなうソヴェトの設立は、ブルジョア民主主義革命の可能性を検討するまでもなくそれを破壊させてしまうというのが、スターリンの考え方だったのである★94」。

だが、トロツキストにとっても、ここで修正されたのは「封建的」なものをめぐる理論的問題だけでなく、土地革命を含む現実政治の問題についてもまったく同じであった。すなわち、トロツキーも、一九二七年の前半の頃、さかんにソヴェトの問題を論じてはいたが、中国のブルジョアジーは、国内の大部分ですでに農村を支配しており、速かにソヴェトを設立すべきであるというのが彼の意見であった。「封建的官僚的地主制度を過小評価していたトロツキーは、中国においては、土地革命の必然的な敵であるブルジョアジーが指導する政府に対して、ソヴェトは断固戦うべきだという意見を、いとも簡単に勧告できたのである★95」。それゆえに、ウィットフォーゲルのトロツキーに対する評価は、ある意味でスターリンに対するそれよりも厳しくならざるを得ない。「トロツキーは、『アジア的専制主義の特殊性』について、スターリンよりもはっきりした考えを持っていたし、また彼の行動は、スターリンのそれ以上に、マルクスの法則をずるがしこい手段で利用しようとした点で科学にたいする冒涜ですらあった」。★96

ウィットフォーゲルの見るところ、一九二六年から二七年にかけての「悲劇」の裏にある教義上の真の争点とは、「中国社会の第一義的な官僚的背景を強調せずに、第二義的なブルジョア的背景を強調した」トロツキー一派によっても、「一九二八年に密かにトロツキーの『ブルジョア』理論の有用な部分だけを取り上げた」スターリン一派によってもまったく論じられることはなかった。だが両派は、一九二七年の夏まで、時期が熟したら労働者と農民、それに恐らく兵士によるソヴェトが設立されるという点で見解が一致していた。この考え方は、農村はもとより工業の中心地帯にまで、全国的な革命が展開されるという見通しにつながるものであった。★97

実際、こうしたポスト上海クーデターの中国社会は、この「封建」という言葉をめぐって左右まったく両極にある政治的傾向を排除しようとする、きわめて屈折した政治状況を喚起することとなる。すなわち、王明（陳紹禹）の『二つの路線』（一九三一年）によれば、陳独秀をはじめとする「トロツキスト反対派」は、中国経済がすでに資本主義化され、「封建的」な残余はなきに等しいか、あるいは「残余の残余」に過ぎないとしつつ、「中国革命の性質がすでに社会主義革命であるという『左』の仮面を隠れみのにして、反帝国主義と土地革命を中心内容とする現段階の中国革命を取り消し、同時にあらゆる革命を取り消している」と厳しく批判したのである。他方、この対極には、中国経済の「半植民地」的な性格を重視するあまり、「資本主義は奇形的な発展を遂げうるという事実を見落とした」李立三がおり、中国革命の現段階での目標が資本主義であることを過度に強調し、それがプロレタリアートに指導される必要性を見失い、「右傾化」してしまったのだと主張した。[★98] このように、当時の左右に揺れる政治状況の軸となっていたものこそ、事実上はマルクスの「アジア的」なものとほぼ同義で使われていた、この「封建的」という概念であった。

8 「労農同盟」から「農民革命」へ――「アジア的」なものへの後退

すでにスターリンのコントロール下にあったコミンテルンは一九二七年六月、中国共産党が国民党左派と結んでいる間にソヴェトを作るという考え方を否定していた。だが、コミンテルン執行委員会第八回拡大総会が採択した「中国問題に関する決議」(一九二七年五月)は、「革命が今後発展し、民主主義革命から社会主義革命への転化の過程の開始を示すようになった場合には、労働者・農民・兵士代表によるソヴェトの創設が必要となり、ソヴェト樹立のスローガンが党のスローガンとなるであろう」と指摘した。[★99] ウィットフォーゲルによれば、これは明らかに農村と都市に全国的な革命が起る見通しを言外に述べるものである。中国のコミュニストが武漢から追放された二週間後に、スターリンが出した声明もまた同様に、新しい革命の波が「必らずしも二カ月後とはいわないが、六カ月後、あるいは数年後の近い将来に起きて、労働者や農民の代表のソヴェトを作る問題が、そのときのスローガンとして活発な論議の的となろう」と予測していたのである。[★100]

だが、その数日後、共産党の将校に率いられた反国民党部隊が、中国の農村に権力の根拠地を作りはじめた。これは急速に得た都市の足がかりよりも、じっくり腰を落ちつけるのに好都合となった。同年四月一日には、さきの武漢軍の将校であった葉挺と賀龍の二人が、江西省の首都南昌を占領した。彼らは間もなくこの都市の放棄を余議なくされたが、中国の農村を南下して行く途中、さまざまな社会的不満を抱く農民を説得しながら自分たちの陣営に参加させていった。★101

革命がまだ都市で一つの足がかりも得ていないにもかかわらず、ソヴェトを創立して農村での基礎を固めるべきか否か、モスクワの指導者たちは数週間の間、決定を下すのをためらったが、それはそうした考えが、国民党左派と両立しなかったことを、十分理解していたからである。そうこうしているうちに、一九二七年七月十五日の国民党中央執行委員会会議では、ついに共産党の排斥が討議され、八月十四日には武漢政府の南京政府への統合が決議されている。だが、八月九日のコミンテルンによる「中国共産党の政治任務と戦術についての決議」は、革命はなお国民党の下層部と協力することによって推進されるであろうとの楽観的希望を表明していた。ウィットフォーゲルによれば、この決議はある種の「代案」をも示しており、「もし国民党を変えることができず、またもし革命を別に進展させねばならないことになったら、これまでのソヴェトに関する宣伝スローガンを変更して、速やかに戦いを開始して、直ちに労働者、農民、及び職人（artisans）のソヴェトの組織に邁進せよというスローガンに切り替える」ことを示すものであった。★102

ところが、事態は思わぬ方向に進んだ。ウィットフォーゲルの見るところ、葉挺と賀龍の軍事行動（南昌暴動）は、「地方だけでもソヴェトがそれなりに作れるという示唆をスターリンに与えてしまった」のである。スターリンは九月二十七日、葉挺と賀龍が「中国共産党の提唱にもとづいて農民革命運動に加わった」としつつ、「新しい革命の波の昂揚につれて、この運動はコミュニストの指導するソヴェトを先頭に立て、その周囲に労働者と農民を結集させる主要な勢力となることができるし、また現実にそうなるであろう」と述べた★103。かくしてスターリンは、「ただ工業の中心地がソヴェトを作り得る段階に達したあとでのみ」農村ソヴェトを作り得るという主張をしなくなった。そして彼は、中国の労働者と農民の次の結集地点が、コミュニストによって指導された革命兵士と、革命的農民の結合によって作られた農村ソヴェトになるであろうと主張していった★104。

このような考えを、スターリンが最高幹部級の党員の会合で述べた三日後、『プラウダ』の社説は、スターリンが承認しただけでなく、その指示によってまとめたと思われるような書きぶりで、次のように記した★105。

「革命が工業中心部に波及すると、そこに新革命政府の基盤となる労働者、兵士、及び職人の代表よりなるソヴェトを作ることが可能になる。もしこれらのソヴェトが、最初、中国南部の各地に離ればなれにできたときには、それらに依存する数個の革命政府ができることになる。ソヴェトのスローガンは、宣伝のスローガンから行動のスローガンに発展しなければならない。中国の農村についていえば、いわゆる農民協会は、革命組織としての価値を発揮しているので、その地域におけるすべての権力は、もちろん革命委員会の支配のもとに、これらの農会に集中されねばならない。これらの農民協会や委員会は、農民代表のソヴェトに改組されるが、その任務は、出来るだけ広く中国の農民層を革命に立ち上らせることでなければならない[106]」。

ウィットフォーゲルによれば、ここで問題にされているロシアの都市における「工業」中心のソヴェトと、中国の農村における「農業」中心のソヴェトとを同一視するという論旨には、いうまでもなく「甚だしいこじつけ」があるものの、その要点だけははっきりしている。すなわち、労働者、兵士、及び職人によるソヴェトは、「将来」都市に革命が波及するのを待って結成されるが、農村では「今すぐにでも」ソヴェトに改編できる権力の中心地があるというのである。これは「形式的には」あきらかに、レーニンが一九二〇年、遅れた「植民地、及び半植民地諸国」のために提案し、またレーニンの晩年にベラ・クンやジノヴィエフ、及びサファロフなどが、東洋諸国及び中国に適用すべきものとした「農民ソヴェトの構想」に復帰したものである。しかし本来的に、この「民族・植民地問題についてのテーゼ」(一九二〇年)では、「ブルジョア民主主義革命」といういいまわしが「国民革命」という名の「市民＝ブルジョア革命」とは別の概念として理解されていたことに、そもそも問題の根本原因があった。一九二七年九月二十七日のスターリンの発言や、同月三十日の『プラウダ』の社説は、たしかにレーニンのテーゼに準拠したもので、このテーゼはそれ以降も、特定の地域情勢の発展に適用されてきた。ここではさらに、「中国南部に作られつつある新政府は、一切の学術的理論や、『律法的』(Talmudism)[107]理論を拒否して、革命を勝利に導くことに努力するという原則を指針とせねばならぬ」とされている。それまでトロツキー派の行なっていた反対を一蹴して、この論説は、「今日必要なのは、コミュニストによって指導された地方農村ソヴェトが革命に役立つかどうかを試すことである」と明確に述べていた。これについてウィットフォーゲルは、「実際、その後の中国共産党史は、レーニンやサファロフによって中央アジアにおいて成果を挙げた農村ソヴェトが、中国においてもかなりの期間にわたって存続し、都市や工業中心地を征服する拠点として役立ったことを示している」と分析している。★108

やがて国共の対立がさらに激化するという状況の中で、コミンテルンに一貫して「忠実」であったはずの陳独秀が厳しく批判されていくこととなる。その最も典型的なものはミフが書いたパンフレットに示されているが、それは陳独秀が、(1)中国共産党の独立を怠り、(2)土地革命を制止し、(3)労働者と農民の武装行動に反対した、とするものであった。だが、ウィットフォーゲルによれば、それは「陳がコミンテルンによる完全なる命令という鎖のまっただなかの紐帯であって、コミンテルンの代表を通じて、モスクワのコミンテルンの本部に十分通じていたという事実を不明瞭にするものであった」。★109すでに見てきたように、コミンテルンは当初から、国民党こそが「指導的民族革命の党」であるとし、中国共産党に対して国民党へ加入すべきと主張してきたのである。それゆえに、ウィットフォーゲルは、上記三つの非難の中で、「第一点については議論の必要はない」とする。さらに、第二点については、「土地革命に対するモスクワの態度が変っているので複雑である。だが、ことの詳細がどうであっても、中国共産党が農業問題について慎重であったのは、モスクワのはっきりしない態度を反映したものであったことは疑う余地がない。このはっきりしない態度は、とくに国共合作最後の段階の時期に顕著であった」としている。★110こうした中、中国共産党を中心とする中国革命が一九二八年の井崗山の農民闘争から始まるが、これもまた二七年の軍事力を背景とした危機的政治状況をきっかけにして転換している。一方、二八年六月、東北地方を除き、全国を統一した蔣介石は、すでに事実上の「訓政体制」に入ったと自負していた。

おわりに

これまで見てきたように、一九一九年の五四運動から一九二五年の五・三〇運動へと至る過程で政治闘争の舞台に現れた労働者階級は、さらに二五年から二七年の「大革命」と呼ばれる国民革命期の反帝国主義民族解放闘争においてもっとも目覚しい発展をとげていった。そして、この中国革命の発展と規模は、民族＝植民地革命におけるコミンテルンの戦略・戦術の作成と実現に密接に結合したものであった。とりわけ五・三〇事件以降の国民革命の政治過程は、北伐を軸にして展開され、その北伐の過程で軍事的指導権を握った蔣介石が軍事力を背景に革命の指導権奪取を窺うこととなる。一九二七年三月の国民革命軍の上海占領は、労働者の武装蜂起・市民政府の樹立を生み出す一方、蔣介石を代表とする国民党右派の「全民族的連合戦線」（スターリン）からの離脱をもたらしたのである。[★111] だが、まさにこの北伐をきっかけにしてコミンテルンと共産党は、農村を中心とする武力闘争へと基本的な戦略を大きく転換せざるを得なくなった。このことはこれ以後、一九四九年の中華人民共和国の成立に至る中国革命をめぐる政治過程が、武力による「短期的決戦」としてしか語られなくなり、つまり「革命の道徳的権威」（丸山眞男）が戦争なみに引き下げられることを意味していた。[★112]

ウィットフォーゲルの問題関心でいえば、それは市民的な価値を体現する労働者階級中心の労農同盟から、農村革命、さらに農民革命へとその基本路線を転じさせ、中国革命そのものを「アジア的」なものへと大きく後退させていったのである。

そもそも、スターリンによれば、「帝国主義」は中国における「封建的」(=「アジア的」)な諸勢力を支持する力であり、こうした「封建的」(=「アジア的」)残存物は帝国主義との闘争を推進することなしには「破壊」、かつ「廃止」することができないという論理で「前近代的なもの」との全般的闘争が正当化されていた。[★113] 一九二五―二七年という中国革命の決定的な転換期に、スターリンはまさにこのことを前提として、ソヴェト建設反対の論理を打ち出していった。それは表向きには、いかにももっともらしい「ブルジョア民主主義」肯定の論理として提出されてはいたが、二七年の中国革命の失敗を契機として、この「ブルジョア民主主義」はいとも簡単に放棄され、手のひらを返したように、「プロレタリア革命」へと「短期的」目標を移していったのである。このことからも、それが「封建的」(=「アジア的」)なものとの格闘のための論理としてではなく、反トロツキーの論理として使われていたに過ぎないという印象がどうしても拭い切れない。スターリンはこのとき、すでに十分な資本主義化が済んでいる中国において、ソヴェト建設への直接移行を主張するトロツキーの立場が国民党政権に反対するものであり、国民党政権に反対することは「指導的地位」にある国民党に反対することであり、国民党政権に反対することは反革命そのものであるという、きわめて単純化された論理でトロツキーを追放していったのである。[★114]

たしかに、このプロセスにおいて、国民革命、あるいはブルジョア民主主義革命の指導権を握っていたのは、国民党を自己の政治的代弁者とする民族ブルジョアジーであった。だが、このこと自体は共産党によって承認された正当な行為であったという点が重要である。なぜならば、中国共産党は国民党との統一戦線を結成するにあたって、国民党の「指導的地位」を当初から公式に認めていたからである。[★115] コミンテルンと共産党側から見た歴史評価によれば、たとえば、グルーニンは、「労働者＝農民運動が、ブルジョアジーの決めた枠をはみだして、革命の指導権がプロレタリアートの手に移る現実の脅威が現れると、ブルジョアジーは、彼らと組んだ地主分子とともに、反帝国民革命の大業を裏切り、革命を、多くの共産主義者や何十万という非党員労働者・農民の血のなかに葬り去った」と主張している。[★116] だが、仮に歴史的事実そのものがその通りであったとしても、それに対する歴史的価値判断は果たして正しいのであろうか。ヘイスコックが指摘したように、本来のマルクスの目的とは、「ブルジョア民主主義」と資本主義制度の成熟化を阻むすべての障害物を排除することにあった。この段階こそ、マルクスが「アジア」におけるコミュニズムの到来の前提とみなしたものであった[★117]が、この実現目的を堅持したのはけっして共産党ではなく、たとえその立場がすでに「反共」に転じていたとしても、むしろ国民党側であったとはいえないであろうか。[★118]

たとえば陳独秀は、たしかに二回（二段階）革命論を唱えてはいたが、そもそもどれだけ「ブルジョア民主主義」の意味を理解していたのか、はなはだ疑問であるといわざるを得ない。陳独秀は二六年七月の拡大執行委員会の「中央政治報告」において、民族ブルジョアジーの国民革命への参加を認めざるを得なかったが、それはウィットフォーゲルが指摘したように、彼の本心からではなく、むしろコミンテルンの圧力に屈したものであるに過ぎなかった。要するに、共産党にとって国民党との統一戦線とは、あくまでも社会主義革命のための「手段」であって、国民革命としての「目的」ではなかったのである。こうした判断の有効性は、たとえば、共産党にとっての国民党が「乗取り」の対象ではなく、むしろある期間を経たのちに必然的に対立するという前提の下での「忌憚なき利用の対象」であったとする鈴江言一の言葉からも裏付けられる。[119]

そもそもブルジョア民主主義とは、本来、その政治理念を内包した社会民主主義の政治的価値を実現したものであるにもかかわらず、これまで見てきたように、そうした「肯定的」、かつ「建設的」なとらえ方は、コミュニスト側においては、ほとんどなされていない。いったいそれはなぜなのか。統一戦線の中での社会民主主義の実現に対するコミンテルンの度重なる「迷い」とは、じつは社会ファシズム論、すなわち、のちのスターリンによる「中間勢力主要打撃論」の原型として、すでに一九二〇年代の前半からコミンテルンの内部で存在していたのである。[120] それゆえに、既述のような反社会民主主義的な立場に終始したコミンテルンの政治的背景と、当時スターリンがブルジョア民主主義論の受け入れを拒否するトロツキーら左派に反対せざるを得なかったこととの間には、恐らく何らかの深い関連性があると見るべきであろう。つまり本来、西欧起源の政治的価値であった社会民主主義は、コミュニズムとの関係性では、その生誕地たるヨーロッパにおいてでさえ、すでにして正当に評価されていなかったということになる。

当時の中国における「ブルジョア民主主義」をめぐるもう一つの問題とは、「ブルジョアジー」とはそもそも何なのかについて、ここでもまた「ブルジョア革命」発祥の地である西欧近代との比較ではまったくといってよいほど検討されてこなかったことである。望月清司は、日本の講座派によって

「徹底的なブルジョア的変革」の一形態とされたイギリス革命において、地主階級と協力したもともとのブルジョアジーとは、「革命的産業ブルジョアジー」であるどころか、「ロンドンの大商業資本家」であったと喝破している。望月によれば、彼らは「まだ幼弱な産業資本家」から突き上げられて革命派に加わったわけではけっしてなく、「イギリス革命での土地改革の特質、つまり革命後の議会が国王に対する土地所有者の封建的義務はこれを解除したが、土台としての封建制＝農奴制はこれをむしろ法的にさえ温存した」という。またフランス革命においても、たしかに封建領主制的土地所有は廃棄されはしたが、「革命以前から引き続き存在する市民地主的土地所有にはモンタニャール政権さえ手を触れなかった」と望月は強調している。★121 だが、こうした西欧近代との比較においてブルジョア＝市民革命の意味を中国革命論として考察することは、オリエンタリズムや西欧中心主義に対する厳しいまなざしもあり、これまで日本の中国研究においてはほとんど行なわれてこなかった。

こうした歴史観の前提そのものを相対化するならば、世界の基本的政治システムにおける近現代史の歩みがリベラル・デモクラシーに向かう「進歩の歴史」であったとするF・フクヤマの総括は、今日ではもっとも現実的な有意性（relevancy）をもっており、それだけにこの大前提を疑うことは、もはやほとんど不可能になっている。二十世紀に入って国際共産主義運動が台頭し、それに対抗してファシズム勢力が伸長していく中で、たしかにリベラル・デモクラシーが、一時的に「帝国主義」的な性格を帯びたのは事実である。だが、それは第二次世界大戦と戦後の冷戦を通して、最終的には、軍事的・政治的に左右の「全体主義」を克服していったのではなかったか。こうした歴史的事実を前にしたとき、われわれは「帝国主義」に対抗する論理として、社会主義、さらにコミュニズムという

「反資本主義」＝「反近代主義」の原理を対置したことが、とりわけ「アジア」においては「前近代」的遺制を克服するのではなく、むしろまったく逆にそれをまるごと温存する結果をもたらしてしまったのだ、と結論せざるを得ない。本来、後進資本主義国の中国においてはなおさら長期的に建設されるべきであった「ブルジョア民主主義」がかくも短期間で、なおかつすこぶる安易に放棄され、「社会主義」革命へと向かっていったことの背景には、既述のような、マルクスの「封建的」なものと「アジア的」なものとをめぐる概念上のきわめて深刻な倒錯があった。

すでにみたように、二七年の悲劇後の中国社会は、「封建」という言葉をめぐって左右のまったく両極端にある政治的傾向を排除しようとする、きわめて屈折した新たな政治状況を喚起した。すなわち、中国経済がすでに資本主義化され、「封建的」な残余はなきに等しい、あるいは「残余の残余」に過ぎないとしつつ、中国革命の性質を「社会主義」革命であるとするか、あるいは中国経済の「半植民地」的な性格を重視し、中国革命の現段階が資本主義的な「ブルジョア民主主義」革命であることを過度に強調し、プロレタリアートに指導される必要性を見失ったと主張するかのいずれかに分かれていったのである。

だが、問題はむしろ、このときに決定的に作られた左右に揺れる政治力学の基軸が、「解放」後にもそのまま受け継がれたという事実であろう。毛沢東の草案に基づいてまとめられた『若干の歴史問題に関する決議』（一九四五年）によれば、李立三の基本戦略とは中国革命の勃発によって世界革命が引き起こされ、その中で中国革命ははじめて成功を収めることができ、中国の一省あるいは複数の省で革命に勝利することで社会主義へ移行するというものであり、「ブルジョア民主主義革命」の長期性に対する認識の不足するその立場はむしろ「左傾」としてとらえられている。これとは逆に、「紅軍運動」を「ゲリラ運動」であるとみなした「トロツキスト」陳独秀の基本戦略は、国民会議を中心スローガンとする合法化活動のみを正当化し、その結果、革命運動を取り消したのは「左傾」ではなく、「右傾」であるとされている。しかも、この基本的構図は、毛沢東時代の全体主義的体制から鄧小平時代の権威主義的体制へと転換していったのちですら、『建国以来の党の若干の問題に関する決議』（一九八一年）として、ほぼそのまま引き継がれているのである。[★122] しかしながら、一九二七年の悲劇の歴史的解釈をめぐって、すでに一九二八年の段階でロミナーゼは、前資本主義的ブルジョアジーの脆弱性をはらんだアジア的生産様式を視野に入れつつ、中国における社会的基礎の「アジア的」中世の残余を除去するための中国革命の基本的な再規定を行っている。ここでロミナーゼが、こうした「アジア的」なものをめぐる「戦略、戦術を再編しなければ、中国共産党は一九二七年四月から七月にかけての敗北を将来も繰り返すことになる」と警告していたことを、ここで再度想起すべきであろう。[★123]

しかも、ここできわめて重要なのは、この二七年の政治状況を引き起こすそもそものきっかけになっていたのが、農民に対する「土地革命」を媒介とした基本的革命路線の転換による「アジア的」なものへの後退であったという点である。すなわち、中国共産党が「中国農民に告ぐる書」（一九二五年十月十日）で、孫文のスローガンである「土地を耕す者の手に」（「耕者有其田」）という政策を提案したことは、かつてレーニンが「土地分配の綱領」を社会革命党から横取りするかたちで農民から支配の正当性を調達することで「労農同盟」を完成させたことと、ほぼパラレルをなしていたといえる[★124]。だが、それはまさにプレハーノフが警告した「アジア的復古」が、旧ソ連においてばかりか、中国においてもまったく同じようにもたらされつつあったことを意味している。しかも、それは中国共産党の独自の決定ではなく、コミンテルンのそれであり、この問題に対するモスクワの基本的態度を示すものですらあった。とりわけ、「農民に告ぐるの書」（一九二五年）が、「土地の分配は、革命的労働者、農民、及び一般の人民が軍閥政府の打倒に成功した時にはじめて行なわれるものである」と述べた際、それは逆に、「ブルジョア民主主義」の段階においては、まだ行うべきでないことを意味しており、中国共産党内における「アジア的」、すなわち「前近代的」なものの復活への動きは、当時はまだ、近代ブルジョア政党である国民党によってしっかりと牽制されていたといえる。

だが、スターリンはすでに一九二六年十一月には、「農村革命と土地の再分配」が必要であることを強調しつつ、農民の組織化のためにレーニンの時代からたびたび使われてきた戦略的政策によって、「ブルジョア民主主義」とはまったく対極にある「アジア的復古」への第一歩を踏み出していった。さらに、コミンテルン執行委員会第七回拡大総会（一九二六年十一―十二月）において採択された「十二月決議」では、ついに「農民革命がブルジョア民主主義革命の中心的内容を構成する」として、中国革命はいよいよ「アジア的」なものへと決定的に突き進んでいったのである。

本来、マルクスの「労農同盟」とは、社会発展の牽引役を果たすべきブルジョア（＝市民）としての都市労働者階級が中心となって、農民との連携の下で追求されるはずのものであった。それはあたかもマルクスその人が、先進資本主義との密なる連繋の下で確保できる高度な生産力とそれに伴う物質的・社会的基礎と連動してのみ、「アジア」を中心とした後進国革命を展望していたのとほぼ相即的である。つまり、前近代の原理が近代の原理によって牽引される過程においてこそ、社会主義に向けた可能なるコミュニズムの運動体が本来的には企図されていたのである。だが、統一戦線を基本原理としていた国民革命の政治過程において、現実的にはそれとは全く逆に、「労農同盟」は「アジア的」レアール・ポリティークに引きずられるかたちで、脆くも内側から、そしてその根底から突き崩されていったのである。

註

（1）P'ei T'ung, "A Brief Review of the First Five Congresses of the Chinese Communist Party（1921-1927）," quoted in *Current Background*（U.S.Consulate General, Hongkong）, No.215 from Hsueh-hsi of September 1, 1952 sited in Karl August Wittfogel, "A Short History of Chinese Communism," in *General Handbook on China*, 2 vols., edited by Hellmut Wilhelm（New Heaven: Human Relations Area Files, Inc., 1956）, p. 1144.

（2）*Communist Internationale Official Organ of the Executive Committee of the Communist International*（English ed.）, No. 17, pp.28-29 cited in *ibid.*

（3）*Chung-kuo kung~chang-tang wu nien lai chi chuchang*（*hereafter* CKKCTWNLCCC）（*The Political Program of the Chinese Communist Party During the Last Five Years*）, Canton, 1926, p. 99 cited in *ibid.* 中国共産党中央委員会編（三上諦聴［他］訳）『中国共産党五年来の政治主張――中国共産党史研究の一資料』（関西大学東西学術研究所、一九六三年）、九一頁、及び日本国際問題研究所中国部会編『中国共産党史資料集』第一巻（勁草書房、一九七一年）、五八一頁。

（4）*Communist Internationale Official Organ of the Executive Committee of the Communist International*（English ed.), No. 17, p.28 sited in *ibid.* 前掲『中国共産党史資料集』第二巻、二九頁。

(5) *CKKCTWNLCCC*, p. 131 cited in *ibid.* 同一一九頁。

(6) *Ibid.*, p. 1145. 同。

(7) Wan Yah-kang, *The Rise of Communism in China* (*1920-1950*), Hongkong: China Educational Supplies, 1952, p.7 cited in *ibid.*

(8) T'ang Leang-li, *The Inner History of the Chinese Revolution* (New York and London: George Routledge & Sons, Ltd., 1930), p.242 cited in *ibid.*

(9) T'ang Leang-li, *ibid.*, p.236 cited in *ibid.*

(10) *Ibid.*

(11) *Ibid.*

(12) *Ibid.*

(13) T. C. Woo, *The Kuomintang and the Future of the Chinese Revolution*, London, 1928, p. 176.

(14) Karl August Wittfogel, *op cit.*, p. 1146. ただし、ウィットフォーゲルの典拠先は不明。

(15) 福本勝清『中国革命の挽歌』(亜紀書房、一九九二年)、五五頁参照。

(16) ジェーン・デグラス編著(荒畑寒村・対馬忠行・救仁郷繁・石井桂訳)『コミンテルン・ドキュメントII』(現代思潮社、一九七七年)、一五七頁、及び土屋光芳『汪精衛と蒋汪合作政権』(人間の科学社、二〇〇四年)、九五頁参照。

(17) 緒形康『危機のディスクール――中国革命1926-29』(新評論、一九九五年)、六八頁。

(18) Karl August Wittfogel, *op cit.*, p. 1146.

(19) *Ibid.*, p.1147.

（20）*Ibid.*, p.1142.
（21）野沢豊編『中国国民革命史の研究』（青木書店、一九七四年）、七三頁。
（22）Joseph Stalin, *Works*, Vol. 10, New York, p.18.
（23）*Ibid.*, Vol. 8, p. 385, p. 391.
（24）前掲『コミンテルン・ドキュメントⅡ』、三〇九―三一九頁。
（25）B・I・シュウォルツ（石川忠雄、小田英郎訳）『中国共産党史』（慶応通信、一九六四年）、一四三頁。
（26）山本秀夫『中国の農村革命』（東洋経済、一九七五年）、九七頁。
（27）高橋幸八郎は、あたかも初期のウィットフォーゲルと同様に、農民という「プチ・ブルジョアジー層」をあえて「ブルジョアジー」の概念枠に収めつつ、「農業＝土地革命問題の解決こそがブルジョア民主主義の核心である」（『市民革命の構造』御茶の水書房、一九五〇年、三〇―三一頁）として、市民革命における農民革命の重要性を強調している。だが、これに対して大谷瑞郎は、それは「農民の小所有者意識の強化」によって、その後の「社会主義の成功を困難にするもの」であると厳しく批判している（『ブルジョア革命』御茶の水書房、一九六六年、一六頁、及び二三二頁）。つまり、ウィットフォーゲルは、反共主義への「転向」の結果、高橋の立場から大谷の立場へと移っていったということになる。なお、こうした中国革命における農民革命としての「歴史的」、かつ論理的「飛躍」の問題については、中嶋嶺雄『現代中国論』（青木書店、一九七一年、初版一九六四年）」、一三頁、中西功『中国革命と毛沢東思想』（青木書店、一九七一年）、一七一頁、及び湯浅赳男『革命の社会学――非ヨーロッパ世界とマルクス主義』（田畑書店、一九七五年）を参照。
（28）坂野良吉『中国国民革命政治過程の研究』（校倉書房、二〇〇四年）、二〇二頁、及び北村稔『第一次国共合作の研究』（岩波書店、一九九八年）、一八二頁。

(29)「中国社会各階級の分析」、『毛沢東選集』第一巻（三一書房、一九六三年）、一九頁参照。ただし、これは明らかに農民の役割を中国革命路線の中心においた、のちの毛沢東の立場とは大きくずれている（藤井高美『中国革命史』、世界思想社、一九六七年、九〇頁以下参照）。ちなみに、これと同じような歴史評価は、中西功によっても示されていた。すなわち中西は、コミンテルンの一九二六年十一月—十二月総会の「コミンテルン執行委員会第七回総会の決議」（前掲『コミンテルン・ドキュメントII』、三〇九—三一九頁）をいわゆる「大革命」期という大転換期の決定的時点での歴史的決定であったと見ている。中西によれば、「軍閥が革命運動を破壊するうえに、もはや有力な武器ではないとみてとった帝国主義者は、国民運動のなかに他の同志をもとめ妥協政策をとろうとしている。帝国主義は民族主義ブルジョアを誘って、革命運動から離脱しようと努めつつ、その反面では、国民運動の中にある帝国主義の手先の地位をつよめるために、一部の大ブルジョア及び国民革命運動に無関係であったばかりでなく、むしろそれに反対していた軍閥すら広東政府に協力させようとしている」（前掲『中国革命と毛沢東思想』、一四一頁）。そうした中で、同決議は、「国民政府を農民に近づけ、それによって農業革命を実行させせよ、共産党が国民党内にとどまることはなお必要である」と命じ、さらに「国民革命軍は、国民政府の支配地域を拡大した最大の要素である。それには政治工作が決定的に必要である。武力による闘争が、中国の農村において発展することは不可避なことであり、共産党は国民政府が農民を武装し軍事教育をあたえるため努力するようあらゆることをせねばならない」（同一四四頁）としている。だが、上海クーデター以後のコミンテルンは、一九二七年五月の会議で、「蔣介石の裏切り」とクーデター後の重大な情勢を分析しつつ、「ブルジョアジーは反革命派と帝国主義の側に寝返った。その結果、中国における階級間の相互関係は根本的に変化した」として、土地革命の即時開始、労働者・農民の武装、国民党左派の農民組合、労働組合、手工業組合などいっさいの民主団体や大衆組織を参加させ、それを大衆的な統一戦線組織にすること、さらに武漢政府を労働者・農民中心の連合民主独裁（新民主主義政権）の政府に転化し、下からの選挙によって大衆との結合を強化することなどを決定、指示した。中西によれば、「それは第一の統一戦線（労働者階級の指導する労農同盟）と第二の統一戦線（労農同盟を中心にブルジョアジーその他いっさいの可能なものをふくむ統一戦線）とを同時に強調したものであった。コミンテルンの役割にたいする無理解は主としてこのプロレタリアートのヘゲモニーと農民問題や労農同盟を中心とするひろい統一戦線の重視とを統一して理解できないためにおこっているのである」（同一四五頁）。このように、同決議は農村における武装闘争の先行的な発展にふれているが、中西の見るところ、それは農村における武装闘争や根拠地についての発見は毛沢東によるとするこれまでの伝説を覆すものである。それだけでなく、この決議に示された基本原則は、毛沢東の『新民主主義論』（一九四〇年）のそれと基本的に同じであり、つまり逆にいえば、「新民主主義論」とはこの決議を単にいいかえたものに過ぎないということになる。つまり、このコミンテルンの決議と、その後の中国革命を勝利させた中国共産党の基本政策とは、根底から深く結びついているということである。こうした中西の評価は、毛沢東思想の根源をコミンテルンに求めているウィットフォーゲルのそれとほぼ一致しており、大変興味深い。

(30) 前掲『中国の農村革命』、一〇〇頁。

(31) 「湖南農民運動の考察報告」、前掲『毛沢東選集』第一巻、及び石川忠雄『中国共産党史研究』（慶應通信、一九五九年）、九九―一〇〇頁参照。藤井高美によれば、二七年一月、党は農民運動のベテラン、毛沢東を湖南省の五県に派遣して視察させた。『嚮導』、『民国日報』に一部発表されたこの報告は、宗法的封建的土豪劣紳や不法地主が「幾千年来の専制政治の基礎」であり、この「封建勢力を転覆すること」が国民革命目標」であるとした。ところが毛沢東は、「孫文先生が四〇年間も国民革命に努力しながら、やろうとしてやれなかったことを農民は数ヶ月にやりとげてしまった。これこそ四〇年はおろか、幾千年もの間に、なしとげることのできなかった偉大な功績であり、これこそ大変結構なことでなければならない。何も『まずい』ことはないし、『ひどくまずいこと』などありえよう筈がない。（論功行賞をおこなうときに、もし民主革命の手柄を一〇点とするならば、市民と軍隊の手柄はわずか三点であって、農民の農村革命の手柄は七点でなければならない）」と記した。だが、これらの文章が、のちに『湖南農民運動考察報告』（一九五五年十一月）としてまとめられ、『毛沢東選集』の第一巻に収められた際には、この最後の「論功行賞」についてのフレーズは、すべて削除されている（前掲『中国革命史』、九〇―九一頁）。ただし、この「削除」の事実についてはすでに、ウィットフォーゲルも『中国コミュニズム小史』（一九五六年）において指摘済みである（Karl August Wittfogel, *op cit.*, p.1172）。しかしながら、労働者よりも農民の役割を重視したのちの毛沢東の政治姿勢を鑑みるとき、わずか三割とはいえ工業プロレタリアートに「指導力」を見出しているその姿勢よりも、むしろこの農民重視の立場の方が本来の毛沢東の本音に近いと思われる。

（32）前掲『中国共産党史』、一四三―一四四頁。

（33）同、一四四頁。

（34）Karl August Wittfogel, *op cit.*, p. 1148. これらのソ連から派遣されたコミンテルンの知識人については、ソ連科学アカデミー極東研究所編著（毛里和子・本庄比佐子共訳）『中国革命とソ連の顧問たち』（日本国際問題研究所、一九七七年）を参照。

（35）*Ibid.*, p.1148-49.

（36）*Ibid.*, p.1149.

（37）Ch'en Tu-hsiu, "How Stalin-Bucharin Destroyed the Chinese Revolution, A Letter by Ch'en Tu Hsiu," *Militant II*, 1931.

（38）Karl August Wittfogel, *op cit.*, p.1149.
（39）*Ibid.*
（40）*Ibid.*, p.1150.
（41）M. N. Roy, *Revolution and Counter-Revolution in China*, Calcutta,1946, p.539 cited in *op cit.*, pp.1150-1151.
（42）*Ibid.*, p.1151.
（43）*Ibid.*, J・P・ヘイスコック（中村平治・内藤雅雄訳）『インドの共産主義と民族主義』（岩波書店、一九八六年）、六六頁。
（44）栃木利夫・坂野良吉『中国国民革命――戦間期東アジアの地殻変動』（法政大学出版局、一九九七年）、三〇一頁。
（45）Karl August Wittfogel, *op cit.*, p.1151. 第五回党大会（一九二七年五月）の舞台裏では、既述のように、ボロディンとロイとが「土地革命」をめぐって激しく対立していた。ここではロイが土地革命を強く主張し、ボロディンは反共の雰囲気の強まっている当時の武漢の状況では、「土地革命」の強行が、国共合作に終止符を打つだけだと主張した。だが、最終的にはボロディンの主張が通っており、明らかにこの時点ではボロディンの方がより現実的な力を持っていたことが分かる。いいかえれば、ロイが秘密指令を汪精衛に見せたことの背景には、こうしたロイとボロディンとの確執とその力関係があったことが伺える（前掲『汪精衛と蒋汪合作政権』、一一二頁）。
（46）山田辰雄『中国国民党左派の研究』（慶應義塾大学出版会、一九八〇年）、一七七頁。
（47）前掲『中国国民革命政治過程の研究』、三四九頁。
（48）Karl August Wittfogel, *op cit.*, p.1147.
（49）*Ibid.*

(50) 前掲『中国国民党左派の研究』、一一二頁。
(51) Karl August Wittfogel, *op cit.*, p.1142.
(52) *Ibid.*, p.1147.
(53) 宇野重昭『中国共産党序説』上(NHK出版社、一九八〇年)、八六頁。
(54) Karl August Wittfogel, *op cit.*, p.1153.
(55) *Ibid.*
(56) *Ibid.*, p.1153-54.
(57) *Ibid.*, p.1154.
(58) 「聯共(布)中央政治局秘密会議第九十三号記録」、中共中央党史研究室第一研究部訳『聯共(布)、共産国際与中国国民革命運動』第四巻(北京図書館出版社、一九九八年)、一六七―六八頁。前掲『中国国民革命――戦間期東アジアの地殻変動』参照。
(59) *op cit.*, p.1147. 一九二七年七月のコミンテルンによる「秘密決議」において、中国革命がすでに「土地革命」の段階に達しており、「大地主、及び中地主の土地」を没収すべきであり、その目的達成のために「下級農民群集運動から着手(「做起」)すべきである」としたことについて、橘樸は次のように述べている。「第一に、その内容が孫文の主張及び国民党の主義に背反せること、第二にこの決議は土地委員会の草案の儘で正式に交付されなかったものであるから、コミンテルンの土地没収決議に左翼国民党が不快を感ずることは蓋し当然であろう。第二の疑問は『做起』の意味である。若し所謂下級農民が、単なる組織・分配・政治参与及び社会的地位の向上と言うが如き範囲に止るものとすれば、それは一九二四年以来絶えず行われ来ったもので、今更コミンテルンの決議を煩わすまでも無い筈である。それにも拘わらず、特に下級農民群集運動から着手せよと命令した意味は、果たして何処にあるか。第三者の公平な立場から見て、それは矢張り農民の下級機関に土地自由没収の権限を与えることを目的としたものだ、と理解されるのである」（橘樸『中国革命史論』、日本評論社、一九五〇年、二二五頁）。ウィットフォーゲルと同じように、橘樸はここで、コミンテルンと共産党が国民党に「指導的地位」を与えつつ進められてきたブルジョア民主主義がこの時点で完全に否定され、ほんの前年までは支持されていた「無産階級・農民、及び都市資産階級の結合」による「労農同盟」（第七回拡大執行委員会――一九二六年十二月）が、農民を主体とする「農民革命」へとその性格を大きく転じていったことを敏感に読み取りつつ、とりわけ湖南農民運動にみられる哥老会のような「無頼漢の」社会勢力を基礎にした農民への「扇動」による「農民政権への志向」を厳しく批判している。ちなみに、この橘と同じような見解は、矢野仁一によっても、以下のように示されている。すなわち、「かれ（毛沢東――筆者）は『農民運動の広大な発展によって、帝国主義、軍閥の足場である地主階級が顛覆された。これこそ孫文先生が四十年達せんとして達すること能わざりし事業を、農民が数月の間でやってしまった』といっている。孫文が地主階級出の愛国的、進歩的知識人を率いて、四十年間達しようとして達することができなかった事業は国民革命であって、国民革命を不可能ならしむる農民革命ではなかった。かれが一九二四年、連ソ、容共、労農援助の三大政策によって改組した国民党の一全大会において、農民に呼びかけた宣言に『組織せよ。国家思想と組織の力をもって国民革命を援助せよ。国民党は極力かれらの組織発展を援助する。国民革命の段階においてそれを不可能ならしむる農民革命運動に心を動かすな。国民党は国民革命達成後に必ず耕者にその田を有せしむる』といってあることを、毛沢東はどうして知らなかったのか。農民が数月にしてやってしまったという農民革命は、孫文が国民革命の段階では行なうべきでない。行なっては地主階級から恐ろしい反革命が起るといって堅く戒めた運動である。農民がわずか数月にしてやってしまったという農民革命は、はたして国民党軍の、毛沢東が農民革命によって顛覆されてしまったように考えた軍閥、帝国主義の軍事的、財政的援助による反撃にあって、あっけなく鎮圧されてしまった。この失敗は、国民党が国民革命の段階においてこれを不可能ならしむる農民革命を、孫文との約束に背いて行なったための刑罰で、それから十年・さらに抗日戦後の五年というもの、国民革命のために協力すべき国民党を敵とし、打倒すべき帝国主義、軍閥を国民党と妥協せしめ、無意味な国共戦に死力を尽くさなければならなかった。しかるに、毛沢東はそれが刑罰であると考えなかった」(矢野仁一『中国人民革命史論』、綜合調査統計研究所、一九六六年、九〇―九一頁)。ここできわめて興味深いのは、ウィットフォーゲルをはじめ、戦前の同時代の生きた証人として、中国革命初期のプロセスを観察していた中国研究者の見解には、このような国民革命運動における毛沢東の「農民革命」の「反動性」を指摘したものが少なくない、ということである。なお、この時期の農民問題と国民革命については、坂野良吉「転換期の農民運動と革命権力」、野沢豊・田中正俊編『講座中国近現代史』第5巻(東京大学出版会、一九七八年)を参照。

(60) Karl August Wittfogel, *op cit.*, p.1151.

(61) *Ibid.*, p.1152.

(62) 前掲『汪精衛と蔣汪合作政権』、一一二頁。

(63) Karl August Wittfogel, *op cit.*, p.1152. これについては、一九二七年五月、コミンテルン第八回執行委員会総会決議(前掲『コミンテルン・ドキュメントII』、三五一―三五九頁)を参照。ちなみに、ウィットフォーゲルのこの見方は、ヘイスコックのそれと一致している。ヘイスコックによれば、この決議は、「一方で武漢の軍事行動を支持し、国民党左派との同盟を守りきることを、他方では農民の要求を支持し、彼らを武装して大衆的基盤を作り出すことを求めた」(前掲『インドの共産主義と民族主義』、六三頁)という。

(64) Harold R. Isaacs, *The Tragedy of the Chinese Revolution*, Rev. ed. Stanford, 1951, pp. 217, 231, 244-45 cited in *op cit.*, p.1152-1153. ハロルド・R・アイザックス(鹿島宗二郎訳)『中国革命の悲劇』(至誠堂、一九六六年)上、下。

(65) いいだもも『コミンテルン再考』(谷沢書房、一九八五年)、二三〇頁、及び Karl August Wittfogel, *Oriental Despotism: A Comparative Study of Total Power* (hereafter *OD*), Yale University Press, New Haven, 1957, p.407. 湯浅赳男訳『オリエンタル・デスポティズム』(新評論、一九九一年)、五〇六頁。

(66) 前掲『インドの共産主義と民族主義』、六〇—六二頁。

(67)「同志スターリンの演説」、コンミンタン《ママ》編(高山洋吉訳)『武漢時代と支那共産党』(白揚社、一九二九年)、一一〇—一一二頁。

(68)「陳独秀根据政治局一件致共産国際電」、前掲『聯共(布)、共産国際与中国国民革命運動』第五巻、四六七—四六八頁。M.N. Roy, *Revolution and Counter-Revolution in China*, Calcutta, 1946, p. 482. cited in Karl August Wittfogel, "A Short History of Chinese Communism," p.1152-1153.

(69) *Ibid.*, p.1153.

(70) *Ibid.*, p.1147.

(71) *Ibid.*

(72) *Ibid.*, p.1153.

(73) 前掲『コミンテルン・ドキュメントⅡ』、三六三頁。山本秀夫・竹内孫一郎『コミンテルン対支政策の史的考察』(東亜研究所、一九四一年)、五〇—五一頁参照。

(74) 同、五二頁。ちなみにウィットフォーゲルは、当時の「封建的」なものをめぐる理論状況について、ボロディンと直接会って議論している。きわめて興味深いその会話の概要とは、以下の通りである。

「一九二八年十一月、私がモスクワでボロディンに会った時、中国における土地所有制度について彼が私に尋ねた最初の質問は、『君は中国のブルジョアジーが土地を所有していることをいつ知ったか』というものであった。『一九二六年の末だったね』と私は答えた。『それなら、僕が発見した時期と同じだ』といい、『だが時すでに遅かった』とつけたした。話をしているうちにボロディンは、一九二七年春の、国民党と共産党の指導者の合同会議のときのことを思い出していった。共産党が武漢政府にもっと積極的に土地問題と取組むべきことを提案した。このとき国民党側の指導者は次々に立ち上っていった。『私も土地を持っている。だが革命のためとあらば、喜んで放棄する』。彼らがみんな土地を持っていることを知った時、われわれは革命が失なわれたことを知った」(Karl August Wittfogel, *op cit.*, p. 1156)。

(75) 家近亮子『蒋介石と南京国民政府』(慶應義塾大学出版会、二〇〇二年)、一〇五頁。

(76) 前掲『中国共産党資料集』第三巻(勁草書房、一九七一年)、三七五頁、及び橘樸『中国革命史論』(日本評論社、一九五〇年)、三〇三頁参照。

(77) Karl August Wittfogel, *op cit.*, p. 1154.

(78) *Ibid.*, p.1154-1155.

(79) *Ibid.*, p.1155.

(80) Chiang Diary, Mao Ass-cheng, *Min-kuo shihwu-nien chien chih Chiang hsien-sheng* (Chiang before 1926), p. 10, 45, 66, Vol. 16, p. 59, Vol. 19, p. 18, Vol. 20, 1937 cited in *Ibid.*, p.1155. なお、ここでウィットフォーゲルが引用している箇所は、原典である毛思誠編『民国十五年以前之蒋介石先生』(龍門書店、一九三六年十月初版、一九六五年十一月影印初版)では、七月八日が六八六頁、七月二十三日が七〇三頁、十一月十九日が九一一頁、さらに十二月七日が九四九頁にあたる。

(81) *Ibid.*, p.1156.

（82）たいへん興味深いことに、のちに毛沢東主義をめぐってウィットフォーゲルと激しい論争をすることになるシュウォルツは、このマルクスの「アジア社会論」についての見解では、ウィットフォーゲルとほぼ一致している。すなわち、シュウォルツによれば、中国共産党六全大会の決議は、一方で資本主義的な諸関係が農村経済にまで拡大されているというトロツキーの見解を拒否しているが、他方、中国社会はマルクスがアジア的社会として言及したものの一例であるとするマジャール、ウィットフォーゲル、及びその他の人々のアジア的生産様式についての見解を全面的に拒否するものであった。この決議が「封建的・資本主義的混合搾取形態」に苦しんでいると主張したのは、二七年の悲劇を生んだのが、「封建的階級とブルジョアジーとがいまや相互に同盟を結んでいる」というコミンテルンの評価であったにもかかわらず、奇妙なことに、この「封建的」という言葉はどこにも定義されなかった。その結果、この「封建的」という言葉が、その後の数年間に、社会史論戦に代表される理論上の論争を引き起こすことになったのである（前掲『中国共産党史』、一四六―一四七頁）。

（83）前掲『中国共産党序説』上、九三頁。

（84）Karl August Wittfogel, *op cit.*, p. 1156.

（85）*Ibid.*

（86）*Ibid.*, pp.1156-57.

（87）前掲『コミンテルン対支政策の史的考察』、五四頁。

（88）Karl August Wittfogel, *op cit.*, p. 1157.

（89）*Inprecor*, English ed., Vienna and London, 1927, p. 1075 cited in *Ibid.* ちなみに、このコミンテルンの「決議」とは、ロミナーゼによって招集され、二二名の代表が出席したとされる八月七日の中国共産党中央委員会「緊急会議」（八七緊急会議）（前掲『コミンテルン・ドキュメントⅡ』、三六〇頁）のものと見られるが、他のコミンテルン関係資料でも確認できない。

(90) *Ibid.*

(91) 前掲『コミンテルン史』、四四八頁。

(92) *Inprecor*, English ed., Vienna and London, 1928, p. 1666 cited in *op cit.*, p. 1157.

(93) *Ibid.*, p.1157-58.

(94) *Ibid.*, p.1158.

(95) Leon Trotsky, *Problems of the Chinese Revolution*, translated by Max Shachtman, New York, 1932, p. 131 cited in *Ibid.*

(96) *Ibid.*

(97) *Ibid.*

(98) 前掲『危機のディスクール——中国革命 1926-29』、九—一〇頁。

(99) *Inprecor*, English ed., Vienna and London, 1927, p. 740 cited in *op cit.*, p. 1158. 前掲『中国共産党史資料集』第三巻、一三九—一四〇頁。

(100) Joseph Stalin, *Works*, Vol. 9, p. 366, New York, 1953 cited in *ibid.*, pp. 1158-1159.

(101) *Ibid.*, p.1159. その当時の江西ソヴェト地区における農村社会構造は、社会主義建設のための諸条件とは程遠いともいうべき、地主による専制主義政治、儒教思想文化、宗法家族制度といった「前近代的」社会構造から成り立っており、中共ソヴェト革命政府がそれらを攻撃し、いったんは破壊したものの、革命の失敗後、それらが本来的に持っている「再生機能」によって、旧社会状態へと復帰していったことが具体的な実証研究でも示されている。これについては、万振凡［等］『蘇区革命与農村社会変遷』（中国社会科学出版社、二〇一〇年）、一六五頁以下参照。

(102) *Inprecor*, English ed., Vienna and London, 1927, p. 1076 cited in *ibid.* 前掲『中国共産党史資料集』第三巻、二六五―二七五頁。
(103) Joseph Stalin, *Works*, Vol. 10, p. 162, New York, 1953 cited in *ibid.*, pp. 1159.
(104) *Ibid.*
(105) *Ibid.*
(106) *Inprecor*, English ed., Vienna and London, 1927, p. 1239 cited in *ibid.*
(107) *Ibid.*
(108) *Ibid.*, p.1160.
(109) *Ibid.*, p.1151.
(110) *Ibid.*, p.1160.
(111) 毛里和子「国民革命軍の『北伐』と中国共産党」、『お茶の水史学』、No.13, 一九七〇年、三九頁。
(112) 戦争と革命をめぐる道徳性の問題について、丸山眞男は次のように述べている。「戦争は一人、せいぜい少数の人間がボタン一つ押すことで一瞬にして起せる。平和は無数の人間の辛抱強い努力なしには建設できない。このことにこそ平和の道徳的優越性がある。革命もまた戦争よりは平和に近い。革命を短期決戦の相においてだけ見るものは、『戦争』の言葉で『革命』を語るものであり、それは革命の道徳的権威を戦争なみに引き下げることである」(丸山眞男『自己内対話』、みすず書房、一九九八年、九〇頁)。だが、革命と戦争をめぐるレアル・ポリティークに際して、さらに深刻なのは以下の点である。「しかも革命と戦争とは概念の論理では類比されますが、歴史の論理の上ではむしろ対抗関係として現われています。すなわち、ある状況においては、人類は戦争を防ぐ為に革命をも賭すか、それとも革命を避ける為に戦争に訴えるかという深刻な二者択一を迫られるのです」(『政治の世界』御茶の水書房、一九五二年、六九頁)。これらはまさに、中国における一九二六―二七年の政治過程にそのままあてはまるであろう。

(113) スターリン全集刊行会訳『スターリン全集』第八巻(大月書店、一九五二年)、三二五頁。

(114) これについては、斎藤哲郎『中国革命と知識人』(研文出版、一九九八年)、第三章「革命思想としての中国左翼反対派」を参照。

(115)「中国共産党と国民党に関するインターナショナル執行委員会の決議」(一九二三年一月十一日)、前掲『コミンテルン・ドキュメントⅡ』、一八頁。たとえば何雲庵は、この「指導的地位」を与えたことこそが「大革命の失敗をもたらした誤った妥協」であったととらえている(『蘇俄共産国際与中国革命』、社会科学文献出版社、二〇〇九年、二九一頁)。

(116) 国際労働運動研究所編(国際関係研究所訳)『コミテルンと東方』(協同産業出版部、一九七一年)、二五一頁。

(117) 前掲『インドの共産主義と民族主義』、一四頁。

(118) 中国共産党第一回大会の出席者でもありながら、終戦後、最期に漢奸として処刑された国民党左派の重鎮陳公博は、当時の「大革命」の失敗と国共分裂をもたらしたのが「共産党の裏切り」にあるとする見解について、次のように述べている。「共産党が国民革命の理論と過程に大変明るい見通しを述べながら、実践面ではいろいろこれと矛盾する行動をとった点が問題である。共産党がなぜ共産党員を国民党に入党させたかというと、第三インターナショナルの見解によれば、それは、中国で共産革命を実現するには、先ず国民革命を達成しなければならないと考えたからであった。もともと共産主義は階級闘争を真髄としているが、しかしながら当時の中国はなお未だ封建段階にとどまり、国民の階級分化がそれほど鮮明になっていなかった。今後中国が工業化を進めれば、そこに資産階級と産業労働者が生まれ、ブルジョアジーとプロレタリアートによる階級闘争が起こって、おのずと社会革命が促進される。

そのためには先ず国民革命をやり遂げなければならない。また、革命は広範な民衆の欲求によって起こされるべきもので、単なる理論のみで起こせるものではなく、そのためにもそれは中国では先ず国民革命を指導したのである」（陳公博〈松本重治監修、岡田酉次訳〉『中国国民党秘史』、講談社、一九八〇年、六八—六九頁）。この陳公博の見解は、ウィットフォーゲルのそれともほぼそのまま一致している点で、たいへん興味深い。社会主義への移行が、自由で民主主義的な諸制度を伴う市民社会を前提としてのみ可能であるとするならば、本来的には、それを築くための手段であったはずのブルジョア民主主義とは、当時の状況では「社会主義革命」としてではなく、「国民革命」としてのみ実現可能であったし、コミンテルンはそのことをまがりなりにも理解し、支持していたからこそ、国民党に「指導的地位」を与えることができたのである。今日の社会主義市場経済体制下において「工業化」が高度に推し進められ、「資産階級と産業労働者」が大規模に出現していったとき、「社会革命」としての「国民革命」の意義の再検討がようやく現実として可能になっているともいえる。

(119) 鈴江言一『中国解放闘争史』（石崎書店、一九五三年）、一一六頁。

(120) 富永幸生・鹿下達雄・下村由一・西川正雄『ファシズムとコミンテルン』（東京大学出版会、一九七八年）を参照。ここでの筆者らの考察は、ヨーロッパに限られているが、今後、同じことの考察をアジアとの関連で進めることが求められている。

(121) 望月清司「ブルジョア革命とブルジョア民主主義」、『現代の理論』、第二二号、一九六五年十一月。同じような観点から、ブルジョア革命とブルジョア民主主義革命の問題を扱ったものとしては、大谷瑞郎『戦後歴史学批判』（文献出版、一九九三年）を参照。

(122) 前掲『危機のディスクール』、九—一〇頁。

(123) 小竹一彰「ロミナーゼの中国革命論」、『近代中国研究彙報』、第八号、一九八六年。とはいえ、既述のように、ロミナーゼは「あいまいな」（ウィットフォーゲル）アジア的生産様式論に基づいて、スターリンを擁護していたという不可解さがここには残っている。

(124) とはいえ、そもそもの「土地革命」自体が、農民からの、すなわち「下から」の正当性を調達するのに必ずしも寄与するものではなかったことが、実証研究レベルでも確認されつつある。これについては、高橋伸夫『党と農民——中国農民革命の再検討』（研文出版、二〇〇六年）、第三章「党と農民」を参照。

第三章　毛沢東主義と「農民革命」

Ｋ・Ａ・ウィットフォーゲルの中国革命論(3)

はじめに

Ｋ・Ａ・ウィットフォーゲルにとっていわゆる中国共産党の「毛沢東戦略」とは、一九六〇年代まで通常理解されていたような、ソ連を中心とするマルクス・レーニン主義の正統史観からは外れた「異端」の独立路線のことではなく、むしろソ連共産党やコミンテルンの方針に「忠実に」従って定着していったものである。それゆえに、ウィットフォーゲルの中国革命論は、いかなる共産党の発展もそれらを国際共産主義運動のモスクワ・センターたるコミンテルンとソヴェト政府、そして究極的にはソ連共産党との関係において見た場合にのみ、完全に理解できるとの立場にある。ソ連共産党とコミンテルンとの関係では、たしかに両者は本来的に別個の組織であり、ソ連共産党は形式的にはコミンテルンの一部に過ぎないとはいえ、実質的にはソ連共産党がその支配者として、コミンテルンとソ連政府との関係を少なからず反映するものとなっている。このためウィットフォーゲルは、もっぱら中国の政治過程のみに依拠して中国革命を論じるのではなく、利用し得るあらゆる文献によって、コミンテルンとソ連政府との関係の第一次性を強調するというアプローチをとっている。しかも、ウィットフォーゲルの研究姿勢の独自性とは、ブルジョア（民主主義）革命という観点に立った際、これまでの中国共産党の正統史観とはまったく逆に、中国においては共産党ではなく、むしろ国民党こそがその最も重要な役割を果たしていた、という仮説を論証する点にある。中国共産党と国民党は統一戦線で二回合作したものの、二回とも分裂と内戦に終っているが、いったいなぜ失敗に終ったのか。

また、当時のソ連や中国という全体主義的体制の下においては、最高権力はややもすれば一つの「指導的中心」に集まる傾向があった。中国共産党を中心的アクターとする中国革命のプロセスで、一九三〇年代以降この地位を占めたのは、いうまでもなく毛沢東である。彼がこのような役割を果たすに至ったその個性と起源とは、いったいいかなるものだったのか。また、毛沢東はいかなる指導的資質を中国革命の最初の段階において発揮できたのか。

これらのことを明らかにすべく、中国共産党成立（一九二一年）後のウィットフォーゲルの主な関心は、一九二三年から二七年までと一九三七年から四五年までの間の、二つの統一戦線時期に向けられる。ここでは主に、前章までに引き続き、その数少ない中国革命論の一つである『中国コミュニズム小史』（*A Short History of Chinese Communism*, 1956）に内在しつつ、なおかつ他の周辺の文献によってさらに関連情報を補足しながら、毛沢東の台頭（一九二〇年代）と第二次国共合作（一九三七年から四五年）、及び中華人民共和国成立（一九四九年）に至る政治過程を、ウィットフォーゲルがいかに考察、分析したか、さらにその抑制された記述にいかなる問題意識が隠されていたかに焦点を当てる。

1　農村ソヴェトの成立と毛沢東の台頭

一九二七年四月の上海クーデタの直後、コミンテルン執行委員会第八回拡大総会が採択した「中国問題に関する決議」（一九二七年五月）は、「革命が今後発展し、民主主義革命から社会主義革命への転化という過程の開始を示すようになった場合には、労働者・農民・兵士代表ソヴェトの創設が必要となり、ソヴェト樹立のスローガンが党のスローガンとなるであろう」と指摘した。だが、すでに完全にスターリンのコントロール下にあったにもかかわらず、コミンテルンは一九二七年六月にはまだ、中国共産党が国民党左派と結んでいる間にソヴェトを作るという考え方を否定していた。これは明らかに農村と都市に全国的な革命が同時に起る見通しに基づくものである。コミュニストが武漢から追放された二週間後のスターリンによる声明もまた、新しい革命の波が近い将来到来して、労働者や農民の代表によるソヴェト建設が、新たなスローガンになるだろうと予測していた。

だが、その直後、共産党に率いられた国民党左派部隊が、国民党中央に反逆し、中国の農村に権力の根拠地を作りはじめた。これは急速に得た都市での足がかりよりも、じっくり農村で権力の腰を落ちつけるのに好都合となった。同年八月、さきの武漢軍の将校であった葉挺と賀龍の二人は間もなく南昌の放棄を余儀なくされたが、中国の農村を南下して行く途中で、さまざまな社会的不満を抱く農民を説得しながら自分たちの陣営に参加させていったのである。[★1]

革命がまだ都市でまったく定着していないにもかかわらず、ソヴェトを創立して農村での基礎を固めるべきか否か、モスクワの指導者たちは、決定をためらっていた。それはそうした考えが、国民党左派と基本的に両立しないことを十分、彼らが分かっていたからであるに他ならない。こうした中、国民党中央執行委員会会議（一九二七年七月十五日）では、ついに共産党の排斥が討議され（「分共」）、八月十四日には武漢政府の南京政府への統合が決議されるに至る。だが、八月九日のコミンテルンによる「中国共産党の政治任務と戦術についての決議」は、これまでのソヴェトに関する宣伝スローガンを変更して、速やかに戦いを開始して、直ちに労働者、農民、及び職人のソヴェトの組織に邁進せよというスローガンに切替えることを示すものであった。★2

ところが、意外なことに葉挺と賀龍の軍事行動（南昌暴動）は、地方だけでもソヴェトがそれなりに作れるという示唆をスターリンに与えてしまった。スターリンはこのとき、葉挺と賀龍による農民革命運動が、コミュニストの指導するソヴェトを先頭に立て、その周囲に労働者と農民を結集させる主要な勢力となるであろうと見ていた。★3かくしてスターリンは、工業の中心地がソヴェトを作り得る段階に達したあとでのみ農村ソヴェトを作り得るという主張をしなくなり、やがて、中国の労働者と農民の次の結集地点が、コミュニストによって指導された革命兵士と、革命的農民の結合によって作られた農村ソヴェトになるであろうと主張していったのである。★4

かくしてコミンテルンを中心とする共産党の最高戦略家たちは、中国の村落ソヴェトが生まれつつあることを歓迎しつつも、この新事態が都市に拡大されることを望んだ。葉挺と賀龍は南昌を放棄したあと、その兵力を結集して弱い攻撃をかけていた。彼らが汕頭に接近すると、コミンテルンは、同市やその他の都市、とくに広東を取るよう圧力をかけ、広東やその他の都市で反乱を起すことを勧め

た。挙句の果てに彼らは、「たとえ失敗することがきまっていても、反乱を起すことが必要だ」とすらいってきたのである。★5

葉挺は一九二七年九月二十四日、実際に汕頭を取ったものの、長く持ちこたえることはできなかったし、広東をソヴェト化する企てもうまくいかなかった。新しいコミンテルンの代表ハインズ・ニューマンによる指導の下、同地方のコミュニストが十二月十一日、広東省の首都にソヴェト政府を作った。だが、わずか三日後、その「広東コミューン」は、自らの流血の中で溺死した。ウィットフォーゲルによれば、これは明らかに、モスクワでの権力闘争を背景にして起きたできごとであり、「四月と七月の中国共産党の敗北後、トロツキー派からその『日和見主義的』中国政策を猛烈に攻撃されているスターリンにテコ入れしようとして、夥しい犠牲が払われた」結果である。「非共産党系の観測者は、十二月の流血の惨事がなぜ、この前年の春と夏に中国共産党が人命と威信を共に失墜したことのつぐないになるのかと、不思議に思うかもしれない。しかしこれは、明らかに中国のコミュニストは、妥協もするが攻撃もできるのだということを示すためにとった方針の表れであった。一九二七年―二八年の冬、コミンテルン内においてトロツキーの反対が沈黙したので、スターリンはこのことを一層容易に行ない得たのであった」。★6 いいかえれば、それまでのコミンテルン内部での独自の判断で決断されていたはずの諸政策・決定が、じつはトロツキーら反対派との政争を背景にしていたという事実を裏付けている。

中国共産党は一九三〇年、コミンテルンの指導者から、再び近くの都市を攻撃するよう促されたが、その企図が失敗すると、あたかも一九二七年の失敗のスケープゴートとして陳独秀が使われたように、早速その身代わりの犠牲者が選ばれた。当時、中国共産党の指導者であった李立三は、「陳独秀の左遷を特色づけたのと同じくらい激しいデマゴギー」によって、はっきりと追い落されたのである。それゆえに、ウィットフォーゲルは、「陳独秀と李立三には、小さな独自の行動については咎められるべき責任があったが、李立三が『李立三路線』の責任であるというのは、陳独秀が『陳独秀日和見主義』の責任者であるというのと同様に、いい過ぎである」と指摘している。[★7]

　ここで、この二人の元指導者間の政治的立場の相違については記しておく価値がある。ウィットフォーゲルの見るところ、「陳独秀と違って李立三は、公然と、またトロツキー派と結んで、スターリンやコミンテルンを批判しなかった。彼は何の抗議もせずに、当時明らかにソ連の計画に一致した、政策を行なったことに対する責任をとった。したがって、彼の『誤ち』がモスクワのコミンテルン極東委員会で再検討されたのち、彼は名誉あるコミュニストとしてモスクワに留まった。彼は十五年後、中国に帰り、控え目に再び中国共産党の活動に参加した[★8]」。

　ここで、ウィットフォーゲルにとって、李立三の個人的運命よりももっと重要なのは、この事件のもつもう一つの側面である。モスクワの指導者が一九三〇年、都市の奪取を主張したとき、彼らはけっして「農村ソヴェト」を無視しようとしたわけではなかった。たとえば、同年夏のソ連共産党第十六回大会でモロトフは、「革命は重大段階にある。プロレタリアートは農民を指導しようとしないで、農民が革命を都市にもってこようとしている」と批判的に言及している。[★9]二七年の危機を経たこの段階では、労働者を中心とする本来の労農同盟はすでに根源的に崩壊していたからこそ、こうした新たな事態の形成も容易に可能となったのである。さらに一九三〇年七月二十三日、コミンテルンの中央委員会政治局は、「戦う大衆はそのごく初期には工業中心部を占領することはできない。ただ革命闘争がさらに進んだ段階においてのみ、プロレタリアートに指導された、農民の戦争は新しい領域に拡大することができる。ゆくゆくは、政治的、軍事的情勢のいかんによって、一個ないし数個の政治的、工業的中心部を占領することができよう★[10]」とし、すでに革命の主体が労働者にではなく、農民にこそ求められはじめていた。

このように、すでにこの時点でコミンテルンは、労農同盟の本来のあり方を自ら否定したばかりでなく、いわば「前近代的」農民の論理で「近代的」労働者（bürger＝市民）の居住する都市を占領しようとしていたことが分かる★[11]。ウィットフォーゲルの見るところ、「そのころ農村ソヴェトに重点を置く政策がしりぞけられて、工業中心部や一般都市地域を占領する政策が強調されている点から見て、共産党の戦略家たちが、一九三〇年には、彼らが一九二七年の終りから一九二八年にかけてとっていたような、あれかこれかの路線をとっていなかった点に注目するのは重要なことである★[12]」。なぜなら、農村ソヴェトが政権を奪取する全面闘争の上で重要な資産であるかどうかの問題については、一九二七年九月三十日の『プラウダ』の社説と、さらにその一年後、第六回コミンテルン世界大会の直前にモスクワで開かれた中国共産党第六回大会によって、「肯定的に答えられた」のであり、すでにこの時点で「農村ソヴェト」をめぐるコミンテルンの「迷い」は十分、払拭していたように見えたからである。

ウィットフォーゲルによれば、コミンテルンや中国のコミュニストたちがむしろ心配していたのは、方々に散在した権力の中心がそれなりの期間持ちこたえることができるかどうかという問題であり、そのことは一九二八年十月、共産党の支配下にあった湖南と江西の境界地域で開かれた第二回地区党代表会議のために起草された決議でも取り上げられた。ここでは、「現在、中国における革命の状態は、国内における買弁階級と田紳の内部ならびに国際的ブルジョアジー内部の、絶えざる分裂と闘争とともに発展を続けている」と結論づけられている。さらにこの決議は、このような状況下にあって、「小さな赤色地域は疑いなく永続するのみならず、それは絶えず発展を続けて、日毎に、全国的政治権力を獲得する目的に向って近づくであろう」と指摘した。★13

この決議はまた、挫折の可能性を認めつつ、「もし革命状態が絶えず発展せずにある期間停滞するならば、小さな赤色地域を永く持ちこたえることができないであろう」と予測している。★14だが、毛沢東にとって、農村の基地の将来がどうなろうとも、中国の民主主義革命が、「プロレタリアートの指導権の下においてのみ達成される」ということだけは確実であった。★15もちろん、ここでの究極的な目的は、コミュニストの支配する農村地域をできるだけ多く作ることではなく、「全国的な政権を獲得する」ことである。★16とはいえ、ウィットフォーゲルが指摘しているように、「この一九二八年十月の決議は、その戦略的考え方がコミンテルンのそれと一致していることと、その起草者が朱徳と共に湖南、江西の省境に農村での権力の中心地を作り上げつつあった、毛沢東その人であった点で注目に値する」★17。このことは、農村での権力樹立の立場が、ここでもまた毛沢東独自のものであったわけではけっしてなく、むしろ第一義的にはコミンテルンのそれであったことを示唆している。

2　毛沢東の虚像と実像

一九二四―二七年という第一次統一戦線期におけるウィットフォーゲルの中国革命論をめぐる記述の中で、毛沢東の名前がほとんど出てこなかったのには、それなりの理由がある。なぜなら毛沢東は、第一次統一戦線期まで、民族革命家としての著名人リストには入っていなかったからである。たとえば、一九二七年の前半に、武漢の農民本部の一つを訪れ、また毛沢東が再三活躍した湖南省をも訪れたアンナ・ルイズ・ストロングは、数人の革命的農民指導者の名前を挙げているが、その中に毛沢東の名前はない。陳独秀は、その回顧録である一九二九年の「書簡」の中で、第一次統一戦線で政治的に著名であった多くのコミュニストに言及しているが、その中にも毛沢東はでてこない。また、ロイが一九三〇年に書いた中国革命に関する著書の初版の中にも、毛沢東は共産党の人物のなかに載っていない。一九四六年に出版された同書の増訂のなかの、一九二七年七月中国共産党と国民党左派間の分裂以後の新事態を取扱った追加のところに、やっと毛沢東の名前が出てくるというありさまである。湯良礼はその著書『中国革命内面史』で、そもそも毛沢東に関心を払っていないし、またアイザックスはその著書『中国革命の悲劇』の中で、毛沢東が中国共産党の第一回大会のときに出席していたことと、一九二七年の武漢同盟の崩壊後、同地を「逃げ出した」者の一人として彼に言及しているだけである。★18

ウィットフォーゲルによれば、中国語や諸外国語で出版されている『毛沢東選集』の公定版は一九五一年以後、一九二一年から一九二七年のあいだに、「彼がどのようなことをしたか知らぬが、今日彼が記憶してほしいと思うことを、ほとんど書いたり述べたりしていないということを示している」[★19]。そこで再録されているのは、「中国社会における階級の分析」（一九二六年三月）と、「湖南農民運動調査報告」（一九二七年三月）という二つの論文のみである。

スノーに口授した自叙伝の中で毛沢東は、一九二六年の「中国社会における階級の分析」では、自分は大胆な反日和見主義的意見を述べたし、また一九二七年の「湖南報告」では、農民運動で新しい路線を採択すべきと主張したとしている。「正統派」の中国共産党史は、毛沢東の「正しい意見」は、陳独秀の「日和見主義」的な主流派によって抑圧され[★20]、また毛の「湖南報告」は、「日和見主義者たちによって抑圧され、その出版を禁止された」としている[★21]。また、ベンジャミン・シュウォルツによれば、この「湖南報告」は、「中国革命で農民が主流勢力になること」を暗に示している[★22]。それゆえにシュウォルツは、「マルクス・レーニン主義の核心である重要な前提と、変遷する党の路線の一時的な表面上の要素とを区別して」、「毛の戦略はこのような重要な前提をめざす行動において異端者であることを示している」と結論づけた[★23]。シュウォルツとともに『ドキュメント中国共産党史』を書いたブラント（C. Brandt）とフェアバンクは、一九二七年頃の毛沢東が、シュウォルツのいう「毛沢東主義」の概念、すなわち、マルクス・レーニン主義とはちがって革命の前衛を「プロレタリアート」とは見なさず、「自分らが組織し、かつ指導する貧農」であるという考え方の基礎を作っていたと見ている[★24]。

だが、ここで問われるのは、毛沢東の「湖南報告」が、党史編集者の主張するように「正統的」で抑制された「古典的」なものであったのか、それとも中国以外の一部の学者たちが主張しているように、「初期の異端な表明」であったのか、あるいはそれら以外のなにかであったのか、という点であろう。

毛沢東の「湖南報告」は、一九二七年二月十八日にでき上り、その最初の部分は党の中央機関紙『嚮導周報』(三月十二日)に発表され、第二の部分の要約と、その重要な点に解釈を加えたものが五月十五日、アジアチカスの編集していた国民党中央執行委員会の機関誌『中国通信』(*Chinese Correspondence*)と国民党左派の英文機関誌に掲載された。もう一つの中国語の雑誌、『中央副刊』(*Chung-yang Fu-k'an*)は、発刊直後、同報告を載せた(三月二十八日)。[★25] ウィットフォーゲルは、こうした毛沢東の著作の編纂上の問題が、単に毛沢東と中国共産党の政治的立場を表明するだけでなく、いわゆる「毛沢東テーゼ」とコミンテルンとの密接な関係を示している点できわめて重要であるとして、以下のように指摘している。

「この『湖南報告』に発表された内容は、また『毛沢東テーゼ』の啓示にもなっている。もしこの報告が、マルクス・レーニン、及びコミンテルンの中心的戦略概念に違反しているものであるなら、コミンテルンの人間であるアジアチカスが、どうしてこれを中国で印刷するのみならず、ドイツでその訳本を共産党出版局から発刊するようなことをしたのであろう。『文献史』の著者たちは、毛沢東の報告が『中国通信』に掲載されたとは記しているが、これについてアジアチカスがどのような役割を果たしたかということについては、なにも書いていない。さらに残念なことに、彼らはこの報告が、ソ連の刊行物『レボリューショニー・ヴォストーク』での掲載について記してはいるものの、それが毛沢東とコミンテルンとの関係から見てきわめて重大なこと、すなわちこの報告が、コミンテルンの執行委員会の機関誌である『コミュニスト・インターナショナル』の英語版（一九二七年六月十五日）で出版されたことを見逃がしている[★26]」。

このように、ウィットフォーゲルによれば、レーニンやコミンテルンの重要な教義に違反した文献として、コミンテルンの編集者たちは、毛沢東の報告を寛大に扱っている。あるいは、そもそも毛沢東の存在そのものが、まだ当時の状況では取るに足らないものであったとのとらえ方もできる。たしかに、このような編纂上の矛盾を暴露したからといって、「毛沢東主義者」や共産党の主張する「正統性」を解明できるものではない。だが、少なくともそれは、毛沢東の若い時代の経歴と著作を研究することによって、そこに隠されている中国革命の評価に関わるきわめて重要な問題点を提起しているといえる。

3　国民党との関係性における毛沢東

毛沢東は、コミュニストの支配するゲリラ部隊を一九二七年から自分で指揮したときには、若干の軍隊経験をもっていた。それゆえに彼は、革命戦争の問題について、レーニンやスターリンよりも、より直接の関心を抱いていた。一九三〇年代から一九四〇年代のはじめにかけての毛沢東の著作の多くは、この問題を扱っている。それゆえに、ウィットフォーゲルの見るところ、もし毛沢東が共産党の戦略に関して多少なりとも独創的な貢献をしているとすれば、それは「ゲリラ戦」の問題についてである。たとえば、戦後まもなくの南アジアやアフリカにおけるいくつかの事件は、この種の軍事行動が、なお有力な武器となっていることを示している。また一九六〇年代までには、毛の著作が広く頒布されているので、彼の軍事関連著作は、これまでも世界の多くの地域におけるコミュニストの局地戦を助けてきた。

「毛沢東はたとえ自由を破壊するための武器を自ら造り上げられなかったとしても、他者によって作られた武器を自分の世界に応用するうえで十分な資源を有していた。つまり彼は、レーニン・スターリン主義の戦略を、レーニンもスターリンも実地に経験したことのない新たな環境、すなわち『農村』の生活に応用したのである。毛沢東は、明らかにこのことに矛盾を感じることなく、農民の中に入っていった。彼が人に苦痛を与えるのに抵抗感がなかったことは、環境とは無関係なものに根ざしていたのかもしれないが、伝統的農村の上流集団が苦しむのを見たり、苦しませることを意に介さなかったことは、彼が心理的には、農村革命を指導するという仕事を慎重に準備していたことが伺える★27」。

とはいえ、毛沢東の根本的性質がどのようなものであったにせよ、それが彼の個性として結晶した方向は、明らかにその社会的生い立ちによって形成されたものであった。また、共産主義運動の指導者たらんとする毛の願いがいかなるものであったにせよ、彼は国民党との協力で、また国民党の内部において巧みに活動したことによって、共産党内において名をなすことができたのである。

ここで重要なのは、一九二二年から一九二三年の夏にかけて、共産党が国民党と合作する考え方に傾いていたという事実である。毛沢東の態度は、明らかにこの新しい政治的雰囲気に適合しつつあった。彼は一九二三年六月、第三回党大会に出席したが、国民党が民族革命の指導者となることを歓迎したこの大会で、新たに中央委員に選ばれていく。

さらに、毛沢東は間もなく、「革命的ブルジョアジー」と協力する意思を表明する。中国共産党の中央機関誌は一九二三年の七月、曹錕のクーデターが国民の各階層、すなわち、農民、軍人、学生、及び商人に及ぼす影響について扱った多くの論文を発表した。毛沢東は「クーデターと農民」という論文をメディアに投稿こそしなかったが、[★28]「北京クーデターと商人」という論文を書いた。

毛沢東はさらに、この第三回党大会の決議（及びコミンテルンの指令）に従って、中国の商人を潜在的革命階級の中に含めていった。しかも彼は、大胆にも、潜在的革命分子の中で、商人を労働者、農民、学生、及び教師の前に置いた。毛沢東は商人たちに、国民党の働きを軽視しないよう警告するとともに、「人民を殺す最上の技術を持っている」米国を信頼しないようにと説得した。また彼は、「商人の組織が大きければ大きい程、その影響力は大きくなる。全国の人民を率いる彼らの力が強くなればなる程、革命の成功は早くなる」とする政治的見通しを示した。[★29]

革命における「商人の指導権」を認めた共産党は、孫文の党内での統一戦線工作という共産党の新しい仕事に、きわめてうってつけであった。国民党の指導者たちも、早速この事実を認めた。国民党第一回大会（一九二四年一月）で毛沢東は、中央委員候補に選ばれ、その春には、上海にある中国共産党中央委員会と国民党の行政部にあって活躍した。★30 だが、そうであるとするならば、その選出は一九二五年秋ということになる。『毛沢東選集』の公定版の註は、他の資料と同じく毛沢東が、一九二四年一月の第一回国民党会議で、中央委員候補になったと記している。毛自身の記憶によると、彼は国民党左派の指導者である汪精衛や右派の指導者である胡漢民と共に、「共産党と国民党の諸方策を調整させる」のに努力したことになっている。★31

毛沢東は一九二五年の夏、湖南で農会（peasant unions）を組織しはじめたが、それがだれの命令によるものであったかについては言及していない。しかし逮捕される危険が迫って、国民党政府のある広東に移り、ここで毛沢東は急速に頭角を現していった。彼は、国民党の刊行物『政治週報』の編集長になり（第一―三期）、農民のオルグを訓練し、国民党の農民運動講習所を指導した。また第二回国民党大会では、党の宣伝部の部長代理に任命された。同大会で、国民党の軍事情勢に関する報告は蔣介石が行ない、宣伝活動に関する報告は毛沢東が行なっていた。だが、ウィットフォーゲルによれば、「毛沢東の自伝の中で、国民党の第二回大会以後における事件は、とくに歪曲されている」。★32 この会議後、本人の説明によれば、「広東で国民党の仕事を続けているあいだ」に、毛沢東は「中国社会における階級の分析」を書いたのだという。毛沢東自身はこの論文を、「思い切った土地改革と農民の活発な組織を主張したもの」であると述懐しているが、事実彼は、陳独秀の「日和見主義的」政策と意見が合わなくなったのがこの時からだとしている。★33

だが、ウィットフォーゲルによれば、陳独秀と毛沢東との論戦は、この論文の公定版の序言で毛沢東が主張しているような、陳独秀や張国燾に反対するものではなくて、「国民党とロシアの同盟、及びコミュニストと左翼を民族革命に包含させることに反対しているブルジョア階級の右翼に反対するもの」であった[★34]。

毛沢東は一九二七年一月、湖南における農民運動を視察するために同省に派遣される。彼はその翌月、その評価を報告書にして提出したが、この報告は重要な意義をもつものであった。毛沢東はその自叙伝で、自分は中国共産党から湖南に派遣されたと述べているが、問題はそれが、党の正式な「使命」を帯びて派遣されたのか否か、ということである。それを示唆して、毛沢東は自分が「中国共産党中央委員会」を代表してこの報告を書いたと主張しているが、ここでもまた問われるのは、コミンテルンとの関係性であり、かつコミンテルンと密接に連関していた当時の政治社会状況である。

4　毛沢東の「湖南報告」とコミンテルンの農業政策

ウィットフォーゲルによれば、毛沢東の報告の本当の意味は、当時の中国共産党とコミンテルンの政策の背景に照らして見れば、すぐに明らかになってくる。中国共産党の指導者たちは一九二七年はじめ、新しいコミンテルンの指令にこたえて、農民や国民党に対して、さらに急進的な政策を模索しつつあった。しかし彼らは、土地の国有化は「最後」にすべきであるという一九二六年十一月のスターリンの声明と、中国の青年は国民党の指導に従うべきであるという要請によって妨げられた。「毛沢東の報告は、こうした相対立する意志を調和させるために、あらゆる努力をしている。当時の毛は、のちに自ら主張していることとは反対に、自分の党に対してとくに発言したり、党の政策の特定問題を論じたりしていなかったので、それだけこのことに熱を入れたのである。毛沢東は最初から、急速な農民運動の推進を『革命当局』に提起することに努力した。というのも、毛沢東はこの報告を、党の同志たちのほかに国民党の党員も読むのを期待したからであった」[★35]。

だが、この報告は、当時のコミュニストや国民党左派の発言に特有の、あまりはっきりしないやり方で、「革命グループ」や「進歩的」グループに呼びかけていた。そして、一方では国民党右派を激しく非難しながら、その右派との「決裂」が望ましいことを表明せずに、コミンテルンの政策の線にとどまっていたのである。

たしかに毛沢東は、実質的な労農同盟崩壊後の状況下で、貧農こそが「農村」における革命主勢力であるとしていたものの、それは必ずしも農民による全国的革命の指導を意味したわけではない。農民は指導されなければならないとしても、ではいったいだれに指導されるのか。ウィットフォーゲルによれば、この報告の原版では、共産党の名は第一部ではまったく出てこず、第二部の中でただ一カ所、言及されているのみである。ある農村での農民の聴衆を前にした演説で毛沢東は、「二つの階級と二つの党」から生まれた委員会による新たな革命社会の出現を想定した。すなわち彼は、「村と町には、農民協会、労働組合、国民党、共産党はみなそれぞれの委員会のメンバーを出す。実際、それは委員の世界である」との見解を表明したが[★36]、それは毛沢東の日頃からの信念について述べたものではなく、いわば二七年以降の新たな政治状況に対する政治判断に委ねたものである。つまり、「組織された農民を組織された労働者の前に挙げて、毛沢東は、一九二三年に商人を持ち上げたように、一九二七年には農民の聴衆を持ち上げたのである」[★37]。一九二三年の商人に対する論文を削除した『毛沢東選集』の公定版は、国民党を中国共産党の前にもってくるという二つの党の順序を変えずに、「湖南報告」のこの部分を再録しているものの、この公定版は、労働組合を農民協会（peasant associations）の前においた。

毛沢東の立場が当時の政治状況に拘束されたものであるとすれば、ここでも問われるのはコミンテルンとの関係である。その意味でこの報告が、一九五〇年代初頭の改訂版で他にも若干の修正が加えられている点もまた、注意する必要がある。なぜなら、コミンテルンは、何らの留保もなしに、「農民は中国革命のブルジョア民主主義段階における主勢力である」としていたからである[★38]。ウィットフォーゲルによれば、「毛沢東はその『湖南報告』で、貧農は『農村』における革命勢力の主力であると述べた。しかし、民主主義革命一般について語ったときには、革命達成への農民の貢献度は七割で残りの三割は都市の住民と軍隊に帰すべきものである、としていた。したがって、公定版において、彼が七割と控え目にいったところが削られているのは、異とするに足らない」[★39]。このように、のちに毛沢東が支配の正当性を農民に求めていたとされる一般的評価とは、この段階では対コミンテルンとの関係性における状況判断に委ねられたものであったに過ぎない。それゆえにウィットフォーゲルは、次のように続ける。

「この報告のもう一つの特色は、さらに重要な問題を提起する。すでに指摘したように、この報告の原文は、中国共産党の役割を強調していなかった。この問題を避けて毛沢東は、なお国民党の指導権を認めながらも、当時のコミンテルンの指令について説明する際に、慎重な路線をとっていたが、そのことは次第に中国共産党の独立を主張することとなった。彼は、『湖南報告』の改訂にあたって、共産党が一九二七年二月当時、なお革命の主導権を争う闘争に踏み切れなかった統一戦線の事情を読者に説明することもできたであろう。しかしそうすることによって、毛沢東は陳独秀との態度が同じであったことを大写しにすることになる。そこで毛沢東は、本文の政治的調子を変える方を選んだ。彼は、『共産党の指導』といった言葉を、原文にはそういう言葉も、そういう意味合いもなかった多くの箇所に挿入していったのである」★40。

このように、『毛沢東選集』の編纂に際するかつての著作の改訂作業とは、何ら学術的な客観性を高める意味を持つものではなく、ただ単に自らの追求する政治的目的を達成するためのものである。つまり、党の方針が許すにしたがって、毛沢東は「農民の闘争」を自らの政治的、社会的「指導権」を得るために称揚したというわけである。彼は貧農が元の村の有力者たちに加えた残酷な行為を正当だと述べていたが、経済問題では土地問題についてのコミンテルン指令を陳独秀が理解した以上に出るものではなかった。毛はきわめて重要なことから、取るに足らないことに至るまで、あらゆる種類の「改革」について検討し、勧告した。たとえば彼は、穀類の投機の禁止や地代などの制限や、賃貸契約の破棄等を歓迎した。また利子の引き下げや法外な税金を廃止することに賛成し、果実酒の醸造及び砂糖精製の統制、豚・鶏・家鴨の飼育、役牛殺生の禁止、農村協同組合の推進、地方道路・堤防の構築などの諸問題について討議した。ところが、この報告の第一部では、毛沢東はまったく土地問題を提起していない。第二部において、はじめて彼は、「貧農の土地問題やその他の経済闘争もまた、直ちに着手すべきである」とするいたって簡単な文章で、この問題の存在を示唆しているにすぎない。[★41]つまり、役牛や鶏の問題について非常に饒舌であった毛は、土地問題がいかなる性質を有するかについては、なにも説明しなかったし、その可能な解決方法について何ら検討しなかったのである。それゆえに、ウィットフォーゲルは、これらの重要な問題における毛沢東の慎重な行動を考えれば、毛沢東についてロイが指摘した、「一九二七年の重要な時期に、毛は共産党の指導者の中で、最右翼を代表していた」という説明も十分理解できるという。[★42]

5　毛沢東主義と「日和見主義」の展開

毛沢東は一九二六―二七年という決定的に重要な時期に、自分と陳独秀との間には土地問題について天地のあいだ程の開きがあるという印象を与えようとした。[★43]だが、もしそれが事実であるとしたら、なぜ毛は一九四九年以後においても、その主張を裏書きするひとかけらの証拠さえ示さなかったのか。

ウィットフォーゲルによれば、「湖南報告」を仔細に検討すると、陳独秀と毛沢東のあいだにどのような相違があったとしても、一致点の方が圧倒的に多かったことがよく分かる。事実、そうであったからこそ、一九二七年五月はじめの第五回党大会後、毛沢東が最大の民族革命農民組織である中華全国農民協会（All China Peasant Federation）臨時執行委員会の組織部長に選ばれた理由が容易に理解できる。このような任命は、「当時の中国共産党の完全な独裁者であった」陳独秀の同意を必要とするものであった。★44

党の「正統的」歴史編集者である胡喬木は、この重要な農民組織の指導者としての毛沢東の活動について何も言及していない。また、『ドキュメント中国共産党史』の著者たちは、毛沢東が農民連合会の「日和見主義的」な指令に同意したのは、「党の規律を守る」ために、「恐らく自分の意志に反して」行ったことであろうと批判している。もちろん、それは事実だったかもしれないが、ウィットフォーゲルの見るところ、このことは一九二七年七月まで、毛沢東が陳独秀と同様に、モスクワが定めた「日和見主義的」農村政策の遂行に従事していたことを示している。たとえば、同年八月七日の緊急会議の経緯はその理由を示すものである。新たなコミンテルン代表ロミナーゼが主宰し、中国共産党中央委員会がその農村政策において犯した最も重大な「日和見主義」の過ちを追及したこの会議は、その批判を全中国農民連合会まで拡大した。この八月七日の攻撃は非常に多くの言葉を費やしているが、その言葉使いからして、ロミナーゼや中国共産党の最高幹部瞿秋白の胸中では、明らかに中国共産党中央委員会と農民連合会の指導者たちは農民運動の弾圧者を弁護し、「革命にとって有害な」地方自治政府の形態を支持したことに対する「共同責任」を負うべきとする考えがあったことが伺える。★45 それゆえにウィットフォーゲルは、当時の毛沢東をめぐる政治的状況について次のように分析している。

「このように八月の会議では、毛沢東ははなやかに武装した騎士ではなかった。事実彼は、陳独秀ほど明確ではないとはいえ格下げされた。その当時の彼の地位は、陳のように高くはなく、その責任も陳のように包括的ではなかった。陳が左遷されたあと、他の党の指導者たちが、いつその指導的地位を追われたかということについては、ある種の混乱がある。張国燾は、毛沢東も八月七日に左遷された中の一人だと述べている。李昂は、新たに党総書記代行になった瞿秋白が、同日譚平山を追放し、『その後他の者を』攻撃したといっている。ここで周恩来は痛烈に非難された一人であり、その『日和見主義的』態度は記録によく残っている。たとえば、張国燾は、党指導部の再編の過程において周は、『ほとんど追放に近かった』としている」[★46]。

ウィットフォーゲルによれば、以前高く優遇されていながらも、のちには後悔している党幹部をどちらかといえば重要でない他の任務につかせるということは、共産主義運動では慣例のことである。なぜなら、「この方法によって党はなおその技能を利用することができるし、非難された同志は、自分の改善された政治的理解を示すことができる」からである[★47]。それゆえにウィットフォーゲルは、「八月七日の会議後、党が地域的に制限された役割を新たに毛沢東に与えたことは、恐らく瞿秋白にこのような考えがあったからであろう」と指摘する[★48]。とはいえ、ここでも背後にいたのはコミンテルンである。「モスクワの新しい指令に従って、中国共産党中央委員会は、収穫期の中国の各地で武装蜂起をはじめる命令を下した。湖南は、このような活動のために選ばれた四つの省の一つであり、毛沢東は蜂起を指導するために同省に派遣されたのであった。だが、この任務を遂行するにあたってとった方法により、毛沢東はその全政治的生涯の中でも最も痛烈な批判を受けることになった」[★49]。なぜなら、コミンテルンはもともと、都市重視の観点から、毛沢東の運動が失敗するであろうと考えていたからである。

瞿秋白が議長になって開かれた一九二七年十一月十四日の中国共産党拡大中央委員会は、秋収蜂起について厳重な調査を行なった。その結果、湖南の事態について下された委員会の判定は、惨澹たるものであった。すなわち、十一月十四日に採択された党規に関する決議は、次のように述べている。

「『湖南』地区における蜂起では、土地改革と政治権力確立の計画がまったく考慮されていない。このような計画の欠如は、農民をして、この蜂起を、コミュニストがいたずらに厄介な事態を引き起したと思わせる恐れがある。(中略)毛同志は、中央委員会の秋収蜂起の政策ゆえに派遣されたのである。彼は事実上湖南の省委員会の中心人物であった。湖南省委員会が犯した過ちについては、彼は最も重大な責任を負わなければならない。したがって彼は、中央委員会の臨時政治局員候補の地位から解任されなければならない」[★50]。

その後、間もなく書かれた著作で、当時中国共産党の総書記であった瞿秋白は、一九二七年九月湖南委員会が犯した過ちについて、さらに入念に書いている。毛沢東が指導的人物であった同委員会は、農民大衆を決起させるために実際に同志を送らなかった。委員会は権力を奪取する時期を失した。委員会は土地没収の計画を作らなかったし、また委員会は、革命的労働者と農民の軍隊を作ることに一方的に専念した。瞿秋白は、この「軍国主義的日和見主義」を「古い日和見主義から引き継いだ有害な伝統」であると決めつけた。[★51] こうしたことから、ウィットフォーゲルは次のように結論づける。

「一九二三年より一九二七年に至る毛沢東の行動を仔細に検討すると、彼が陳独秀のように『日和見主義的』であったことが明らかになる。このことは、彼と党の歴史編纂者たちが、一貫して一九二七年十一月の毛の左遷の真の理由をはじめ、ある種の困惑する事実を口にするのを避けてきたことによっても、間接的に確認される。では、毛沢東が第一次統一戦線の期間中、実際『日和見主義者』であったというわれわれの知識から、どんな結論が引き出せるのか。第一の結論として、毛沢東はけっして、党の伝説が仕立て上げようとするような超人ではなかったということである。彼の『湖南報告』は、革命の残酷さを想定した戦略にははなばなしい寄与をしているが、土地問題の討論を避けているので、胡喬木が主張しているような、共産党の農民政策の『典型とすべき』青写真ではない。次の結論として毛沢東は、その心酔者が述べているような、老練な異端者ではないということである。『毛沢東心酔』派の結論は――ついでにいっておけば、彼らの結論は、『湖南報告』の第一部の三分の一にのみ立脚している――この報告自体と、また毛がその報告を完結した前後の彼の行動と鋭く矛盾している[★52]」。

このように、「湖南報告」はきわめて恣意的かつ政治的意味合いをもった文献であった。なぜなら、この報告が、毛沢東は独特の「非正統的」な革命家であることを示しているからではなく、彼が非情で「日和見主義的」な策動の術を身につけた人間であることを示しているからである。「天賦の才をもつコミュニストは、しばしば叫び立てる教条主義者よりも、はるかに危険な行動者である」[★53]。しかも、ここでも自己の政治的立場の強化に有利であるか否かを判断する基準とは、俗にいわれるような毛沢東自身の「カリスマ的」支配能力であったわけではなく、むしろコミンテルンだけが有していた権力と権威であった。

6 中国共産党の発展とその主な特徴(一九二七―一九三五年)

すでに明らかなように、一九二七年から三五年に至る中国共産党の諸政策は、基本的には、コミンテルンとソ連の国内情勢によって定められた。一九二七年の終りの数カ月は、中国のコミュニストと国民党政府との間に内戦が始まった時期であり、この内乱は、農村の各地に権力の中心(ソヴェト)を作るようになった。この内乱は一九三四年まで、主として揚子江以南の地で行なわれていたが、日本が一九三一年秋、中国の東北地方に侵入してきたことによって、事態は複雑になっていった。

仮借なく強行されたソ連の農業集団化は、一九二九年三月以降、大部分の兵士が農村出身者であるだけに、軍隊の士気を大きく低下させた。そこでモスクワは、ソ連をゆさぶっている危機から注意を外らすために、国外が不安な状態にあることを望んだ。ウィットフォーゲルの見るところ、一九二九年十月米国に端を発して、間もなく主要工業国全体に波及した世界恐慌を、ロシアの指導者たちが歓迎したことは容易に首肯できる。なぜなら彼らは、共産党の指導している革命が、その「第三期」に入りつつあると宣言しつつ、資本主義国の危機の進展につれて、労働者たちによる革命の遂行を期待したからである。そして彼らは実際に、このような行動を起こさせるために、可能な限りの努力をしていた。「モスクワの『第三期』政策と『李立三』路線との間に関係があることは、簡単かつ明瞭であった。中国共産党に対する、モスクワのもう一つの国際政策の影響は、それほど目立ったものではなかったが、同じく運命を左右するものであった。それはモスクワの対独政策と、日本との諒解に達しようとの企てであった」[54]。

毛沢東はスノーに、「一九二七年十一月、最初のソヴェトが湖南省境の茶陵『井崗山』に設立され、はじめてソヴェト政府が作られた」と語っている[55]。だが、ウィットフォーゲルによれば、他の場合と同様に、毛沢東のこの記憶は正確というよりは、むしろ自分本位に誇張したものである。というのも、「一九二七年八月、陝西にできた共産党の支配するソヴェト――これは事実上記録にとどめられていない――を除いては、中国の中心部にできたソヴェト政府としては、一九二七年秋、広東省の海豊郡と陵豊郡にできたのが、最初であったという点で、一般の意見は一致している」からである[56]。

一方、コミンテルンの議長ブハーリンは一九二七年十二月、このソヴェトの設立を称賛し、その農民の性格を上機嫌で次のように認めた。「われわれは広く各省に発酵物を持っているが、広東省の一部では、権力がすでに農民ソヴェトの手に移った。中国の農民運動史上はじめて、ソヴェトの権力が農村を基盤にして作られたのである」[57]。コミンテルンの第九回執行委員会総会（一九二八年二月）で、ソ連共産党と中国共産党を代表してブハーリン、スターリン、向忠発、及び李立三によって採択された「中国問題に関する決議」は、同様の感想を表明している。この決議は、多くの地域において展開されている農民運動、すなわち、広東省の各地におけるソヴェト化と同省における革命運動の拡大、湖南、江西、湖北、河南、山東、満州、及び東北各省における革命運動の増大をきわめて重要なできごとであるとして称賛した[58]。また毛沢東は、一九二八年十月の決議で、彼が重要な役割を演じた湖南、江西省境のソヴェトをはじめいくつかの他のソヴェトの前に、「海豊と陸豊の農民の独立政権」を挙げている[59]。この項までには、『毛沢東選集』の編纂者は、海豊、陸豊政権ができたのが、一九二七年の四月、九月、及び十月の蜂起の結果であり、この政権が一九二八年四月まで存在したという脚注をつけている[60]。

毛沢東が一九二八年十一月に書いて、中国共産党中央委員会に提出した報告によると、コミュニストの一団は一九二七年十月、党の組織をまったくもたず、ただ現地兵の二個部隊と一二〇挺の粗末なライフルだけをもって、湖南と江西の省境に旗を挙げた。一九二八年の二月までに、はじめて党の各委員会が設立され、同政権は、間もなく井崗山を含む四つの県を支配するようになった。この政権は、「労働者、農民、及び兵士の政府」と名づけられた。毛沢東と朱徳は三月末、湖南南部の党特別委員会の要請によって、湖南南部で敵と戦ったものの、失敗した。毛と朱が、湖南南部出身の農民軍の支持によって、「湖南・江西の省境地域に独自の政権」を樹立できたのは、この敗北の後であった[61]。

このとき朱、毛政府は、まだ「ソヴェト」や「評議会」（council）というような名称は用いていなかったが、同政権の指導者たちは一九二八年十一月、それまでの「過ち」を正すために、党の中央部の構想をもとにして、各層の評議会の詳細な組織法を起草中であった。毛沢東は、単に「兵士の委員会」だけで、「兵士代表者会議」をもたなかったのは誤りであると指摘した。[★62]

ウィットフォーゲルによれば、こうした湖南・江西をめぐる毛沢東の十一月報告は、明らかに湖南・江西ソヴェト政権の形成過程で、現地の指導者たちが独自の政策を実行していなかったことを示している。この文献によると、中国共産党中央委員会は、「すべての層」の評議会にいちいち指図を与えていただけでなく、毛・朱政権に一五パーセントの税金をとることをも命令した。従来二〇パーセントの税金をとっていた湖南・江西政権は、自由裁量の必要性を唱えたが、結局この低率の税金を承諾した。

若干の例では、この地方政権は、上海の党本部からの命令に対して反対意見を述べていた。たとえば、湖南・江西の基地が小ブルジョアに魅力ある綱領を展開するよう求めた党の要求によれば、党本部は「労働者の利益と土地革命と民族解放」に正しく注意を向けよとの批判を提起した。[★63] また基地の軍隊はそのゲリラ戦を「数千里四方」にわたって拡大せよとの中央委員会の要求は批判された。[★64] 毛沢東は、東方や南方に進出せよとの命令はまったく間違った勧告だと考えたが、朱・毛部隊は、このような行動をすれば「間違いなく敗れる」と知りながらも、それが党の要求だからという理由で、南方への進出を行なったのである。毛沢東がのちに述べているように、二人は「全紅軍を率いて」進撃したが、実際は惨澹たる結果に終った。[★65] こうしたことからウィットフォーゲルは、毛沢東と党組織との従属関係を次のように説明する。

「このように、朱・毛政権は、中央委員会から命令を受けていたほかに、湖南の党委員会からも指令を受けていた。朱・毛政権はまた、明らかに党の上層部と省境政府の中継ベルトの役割をしていた湖南省南部特別委員会にも従属していた。この特別委員会の代表が『現地』にやってきて、省境政権が『家を焼いたり、人を殺したりすることに不徹底である』とか、『小ブルジョアをプロレタリアにする』ことに成功していないなどと批判しつつ、『前敵委員会の指導者たちは更迭されたし、われわれの政策は変更された』。特別委員会が『すべての工場を労働者へ』というスローガンを推進するように主張すると、朱・毛政権は、小ブルジョアジーに対するこうした攻撃が、『彼らを豪紳の側に追いやる』ことがわかっていても、やはりそれに従った。また、湖南省委員会が、紅軍兵士の生活条件を一般労働者や農民のそれよりもよくするように要求したときも、毛沢東はそのための努力はすでになされているとして、この意見の受入れを明らかにしていた★66」。

このように、毛沢東独自の権力が構築されたという中国共産党による「正統」史観としての評価とは裏腹に、毛沢東は究極的にはコミンテルンに従属しているさまざまな党組織に従いながら、自らの権力基盤を確立しようと努めていたに過ぎない。それゆえにウィットフォーゲルは、「たとえ毛沢東自身が中国に関するコミンテルンの決議の受諾を強調しなくても、一九二八年十一月の彼の詳細な報告は、その政権の発展過程において湖南・江西ソヴェトの指導者たちが、あらゆる重要な事柄について、中央委員会とコミンテルンの命令を実行していたことを明らかに示すものである」と強調している。[67]

7 農村根拠地と毛沢東の革命戦略

毛沢東が指導していた湖南の党委員会は一九二七年九月、新しい中国革命の台頭は、ロシアの十月革命がもたらしたのと同様の結果を招来すると主張した。彼は一九二八年十月、中国の「ブルジョア民主主義」革命が、「プロレタリアートの指導の下においてのみ完成される」と訴え、「小さな紅の地域が究極的には全国的な政治権力を獲得する」との希望を表明した。[68]彼は一九二八年十一月には、「労働者の利益と土地革命と民族解放」を忘れないようにと、中央委員会に勧告した。[69]そのうえ、毛沢東の著作からは、朱と毛の省境政権が農民の利益とイデオロギーに重点をおくべきだと当時の毛沢東が考えていたことを示唆するものは何も見つからない。ウィットフォーゲルの分析は、むしろそれとは反対に、毛沢東が共産党運動の基本的な全国的、都会的、及び「プロレタリア的」方向をけっして捨てなかったことを示している。

農村の根拠地にいる間の毛沢東は、「農村地域における独立かつ隔離したソヴェト運動の発展」(シュウォルツ)を考えていたという推測とは逆に、共産主義運動が全国的規模で推進されるという近い将来の日々に思いを馳せていた。「われわれは非常な孤独感を味い、一刻たりともこの孤独な生活から脱け出したいと思わぬ時はない。革命を全国的に沸騰させ、盛り上げていくためには、都市の小ブルジョアをも含む、民主主義のための政治的、経済的闘争を開始することが必要である」[★70]。このように、たしかに毛沢東は都市のブルジョアの果たすべき役割を放棄したわけではない。だが、ここでのポイントとは、労農同盟崩壊後の毛沢東の戦略が、すでに都市の労働者とブルジョア（市民）を中心とした「労農同盟」としてではなく、農民を中心として、むしろ実質的には、労働者を代表とする都市の「ブルジョア（市民）」を従属的な立場に置く「農労同盟」としてその基本的性格を変貌させていたことである。これは明らかに実質的な「ブルジョア民主主義革命」の否定であり、ブルジョア（市民）が依拠すべき「近代的」価値そのものの否定ですらあった。

しかしながら、省境の共産党は、当然のことながら「農民と小ブルジョア出身の分子」に大きく頼らなければならなかった。だが、それだけに「非プロレタリア的な考え」と闘うことが肝要であると、毛沢東は一九二九年十二月に論じている。彼は、極端な民主化と規律の緩和を図ろうとする小ブルジョアに、「プロレタリアートの闘争状態と基本的に両立しない」として反対しており[★71]、じつは「小ブルジョア」に対する評価とは、その言葉とは裏腹にきわめて否定的であった。

ウィットフォーゲルによれば、一九二九年十二月に至ると、毛沢東は拡大されつつある省境政府の指導者として、まったく安定した地位を獲得しつつあった。しかし、毛沢東主義者の「伝説」とは逆に、彼はこの増大する力を用いてこの同地域における自分の地位を固めようとはしなかった。毛沢東は一九二九年二月の中央委員会の書簡を批判しているが、彼の意見によると、それは新たな革命の進展に関してあまりにも悲観しすぎたものであり[★72]、中国内外で解決できない矛盾の数々を挙げた。だが毛沢東は、「小さな火が広野を焼きつくす」という中国の諺を引いて、「中国においては西ヨーロッ

パにおけるよりも、革命はより急速に盛り上るであろう」と予測したのである。★73

毛沢東は、当時たまたま彼が書記であった前敵委員会が、党中央委員会に出した書簡（一九二九年四月五日）の中で、自分の意見が十分に反映されていることを知った。彼は一九三〇年一月、九カ月前の書簡が主張した内容をここで繰り返し述べている。すなわち、「労農同盟」が都市のプロレタリアを中心にして進めるべきなのか、それとも農村における農民の闘争に求めるべきかをめぐって、次のように主張した。

「プロレタリアの指導は、革命を勝利に導く唯一の鍵である。党の基礎をプロレタリアに置くことと、主要都市の工業企業内に党の細胞を作ることは、現在党の組織面における重要な仕事である。それと同時に、農村地域における闘争の発展、小さな地域における赤色政権の確立、及び紅軍の拡大も、都市における闘争を助け、革命の盛り上がりを促進するために、とくに重要な条件である。したがって、都市における闘争を放棄することは間違いであり、またわれわれの意見によれば、農民の力が労働者の力よりも強くなり、そのため革命を害するようになりはしないかと、党員が農民の力の強くなるのを恐れることも間違いである。なぜなら、半植民地的な中国での革命は、農民の闘争から、労働者の指導権を取り上げた場合にのみ失敗するのであって、農民がその闘争によって、労働者よりも強くなったことによって、失敗するようなことはないからである」。★74

これは表向きには、「労農同盟」が都市のプロレタリアに基礎を置くのと同じくらい、農民の闘争に中国革命の展望を託している発言のようにも見える。だが、ウィットフォーゲルにとって、これは実質的には、「労農同盟」の「指導権」を農民に与えることによって、「半植民地」中国における革命を「アジア的」＝「前近代的」遺制の克服のないままに展望することを意味している。このように毛沢東は、本来の労農同盟の理念とはまったく逆に、やがて労働者の「指導権」の農民への委譲によって、農民を中心とする「プロレタリアの指導」を正当化したのである。実際、毛沢東は同年十二月、この判断が楽観的過ぎたことを認めながらも、「中国の革命は近いうちに大きな盛り上がりを見せるであろう」と無根拠に予期していた[★75]。

しかも、この革命戦略の大転換が起きた時期が重要である。なぜなら、ウィットフォーゲルの見るところ、それはコミンテルンが新しい革命の高まりが来ることを予測する数カ月前に、毛沢東派が全省を奪取する程の攻撃的行動を、三省においてとるように勧告していたことを示しているからである。また毛沢東は、党中央委員会がコミンテルンの一九二九年十月の指令を受諾して、新たな革命の高揚の構想を明らかにしたその同じ月の一九三〇年一月、自分の提案を繰り返し述べている。「このような実情であったから、最少限のいい方をしても、彼が一九三六年に、李立三の蜂起と過激行動を伴ったセンセーショナルな大都市攻撃政策を非難したことは、毛沢東の偽善であった[★76]」。

李立三の指令によって、毛沢東と朱徳は長沙に共産党政権を作る企図に参加したものの、一九二九年の毛沢東の目的も、一九三〇年の李立三の目的も達成されることはなかった。こうした相次ぐ惨澹たる敗北に、モスクワは方針変更の必要性を痛感するに至る。中国共産党が一九二九年十一月十六日、コミンテルンより受取った書簡は、都市における権力の中心が欠如しているにもかかわらず、ソ連の党指導部が、中国共産党による農村ソヴェトの設立を認める準備があると示していた。その結果として、一九三〇年五月には、李立三主義者の好みにすぎなかったあらゆる農村の基地を強化するという運動が、いまや農村地域における無条件の権力闘争となったのである。かくして、コミンテルンの指導者たちは、農村革命にまで成長したソヴェトと紅軍を、中国革命の二つのすぐれた成果であるとして賞賛していった。

事実、ソ連の指導部は、農村ソヴェトが労働者、農民、及び兵士によるソヴェトであると述べていた。しかし、農村基地の拡大に触れる際には、コミンテルンの指導者たちはきわめて慎重で、「中国のソヴェト運動をさらに拡大することは、現ソヴェトと紅軍の地域的基盤の拡大と強化に結びついた問題」であるとしていた。つまり、このソヴェトの拡大に大都市を包含すべきかどうかについては示唆を与えておらず、この段階ではコミンテルンの「迷い」がまだ払拭されていなかったことが理解できる。[★77]

だが、コミンテルンは基本的には、この段階の中国革命の任務が、主として「反帝国主義、及び土地革命」にあると見ていた。この規定は、一九三一年九月二十日の中華ソヴェト共和国（Central Chinese Soviet Republic）の厳粛な宣言と法規において採用されている。たとえば同年、中国共産党の指導者王明は、モスクワの労働組合の指導者たちの前で演説したが、彼の本来の立場なら、中国革命の都市的、工業的目標を強調することができたはずである。しかし王明は、そうはせずに、「新たな方針に従って、土地革命は進展し、ソヴェト地区が拡大され、紅軍は成功裏に国民党軍の攻撃を撃退

しつつある」とコミンテルンの意向に即した形で「分析」している。★78

ウィットフォーゲルによれば、このように中華ソヴェトの指導者たちは、土地革命の支持者の大部分が農民であることを率直に認めていた。また、農村ソヴェト政府においてはもちろん、地方の党組織においても、農民が圧倒的に多いことを認めていた。だとするならば、いったいなぜ彼らは、農村ソヴェトが労働者に指導されていると主張したのか。それは明らかに彼らが、純粋に理論的理由だけでそのことを強調したわけではなかったからである。「他の場合と同様にこの場合も、共産党の教義は、はっきりとした行動的、及び指導的意味をもっていたのである」。★79

そもそも、マルクス・レーニン主義者の見解によれば、工業労働者は、自分たちの経済的、政治的利益のために組織をつくって闘うという、他には見られない独自の行動・習性をもっている。たしかに彼らは、社会主義社会を実現するために究極的に「大衆組織」の武器を利用することになる。だが、各自が孤立した小生産者で、地方に広く散在している農民たちは、このような組織力を欠いているし、またたとえ革命勢力の一部となったとしても、「社会主義への意欲」を欠いており、だからこそ本来、彼らは労働者階級に依存せねばならないとみなされたのである。ここでは本来、マルクス・レーニン主義の党に指導された労働者階級のみが、農民に完全な組織力を与え、「ブルジョア民主主義」革命にひそむ「初期社会主義」を発展させることができるはずであった。だが、中国革命史の現実は、その理論的前提の真逆を突き進んでいくこととなる。

ウィットフォーゲルによれば、中国共産党は、その発足時には都市の労働者を中心とするソ連共産党と結びついており、その利益が中国の労働者と共通であると主張し、自らを「プロレタリアの組織」

であると考えていた。朱・毛政権のような「農村ソヴェト」は、この中国共産党の一部をなすものであり、「工業都市労働者」といってもその数は微々たるものなので、都市や工業中心地帯からの物理的隔離を補うために、彼らは工業都市の労働者や小都市からの工業労働者、さらに村落からの農業労働者等を活動分子として包含していたのである。ソ連において行なわれていた社会的不平等の例にならって、中国のソヴェトは、そのプロレタリアート支持者に対して、一般農民に与えているよりも三倍の投票権や対人的地位を与えていたという[★80]。

毛沢東はたしかに表面的には一九二八年十月、一九二九年十一月、及び一九三〇年一月、「労働者は農民を指導しなければならない」と繰り返し述べていた。さらに、一九三一年に採択された中華ソヴェト共和国憲法は、その新たな政権を、「プロレタリアートと農民の民主的独裁制」であると規定している[★81]。

李立三が時の権力者になる以前から、農村ソヴェトが「一時的性質」のものであると強調していた毛沢東やその仲間たちは、李の没落後もそうした主張を続けた。一九三一年の憲法では、新たに確立された労働者と農民の民主主義独裁は、究極的には「中国全域に」勝利を収め、漸次プロレタリアート独裁とプロレタリア社会主義に発展するとされていた。この「正統派」マルクス・レーニン主義の立場に従って、毛沢東は引き続き、「プロレタリアートの指導権を強化する」必要性について論じていた[★82]。

一九三四年一月、中華ソヴェト第二回全国大会（中ソ二全大会）に送った長文の報告書のなかで、毛沢東は再び、こうした中国革命論についての考えをまとめ上げた。「われわれの経済政策を支配する原則は、(中略)将来社会主義に発展する前提条件を作るために、農民に対するプロレタリアートの支配権を確立することにある」と訴えたのである。[★83]さらに彼は、「プロレタリア独裁を実現する」準備段階として、「労働者、農民の民主主義独裁を打ち立てる」と述べていた。[★84]

8　蔣介石に対する評価の変化と毛沢東の立場

この頃、中国共産党は、蔣介石とその国民党政府に対する深刻な憎しみを吐露していた。蔣介石は一九三〇—三一年の冬以降、江西、福建省境にある中央ソヴェト政府の壊滅に努めていた。瑞金をその首都とし、毛沢東を主席とする「中央ソヴェト政府」は、一七の県にまたがり、総人口三〇〇万を有していた。他のソヴェトは、いずれも小さくかつ安定していなかった。一九三二年における全ソヴェト地域の兵力は合計一五万一〇〇〇余りで、その有するライフルを、ウィットフォーゲルは九万七五〇〇挺であったと推定している。「江西・福建地区の紅軍は一九三四年のはじめには、その数一八万で、他に約二〇万の遊撃隊と赤衛隊(Red Guards)がいた。国民党政府は、中央ソヴェトに対してたびたび『殲滅』戦を試みた。その第一回は一九三〇年十二月から一九三一年一月まで、第二回は一九三一年五月、第三回は一九三一年六月であったが、いずれも失敗に終った。日本の侵略に応じて、蔣介石はその軍隊の一部を脅威をうけている地域に派遣した。コミュニストたちはこの機会を利用し、『裏切り者』の国民党政府の犠牲において、自分たちの勢力を拡張したのである」。[★85]

これに激怒した南京の指導者たちは、再びコミュニストに対する攻撃を開始し、各ソヴェトに対する軍事活動を強化するとともに、都市における政治行動を激化していく。実際、都市におけるコミュニストに対する迫害があまりにも苛酷であったので、一九三二年八月から九月にかけて、中国共産党中央委員会はその本部を上海から瑞金に移さねばならなかった。その頃、毛沢東はまだ党の主席ではなかったが、いまや事実上、全中国のコミュニスト中、最も有力な存在となっていた。

一九三三年四月に行なわれた第四回目の作戦行動は、山岳地帯や農村地帯においては、ゲリラ部隊が数においても装備においてもはるかに優勢な軍隊に対抗して、その地歩を守るという結果に終った。ドイツ人の軍事顧問の援助があったにもかかわらず、蒋介石はその目的を達成することができなかったのである。だが、この第四回目の作戦はまた、広く散開された小さな砦やトーチカや、組織的経済封鎖に対して何をすればよいかを示していた。

一九三三年四月にはじまった第五回目の作戦行動によって、国民党軍はコミュニストの中核地帯を取巻く鉄環（tight circle）を敷くことができた。一九三四年、中央ソヴェトの指導者たちは、自分たちの立場が維持できないことを悟りつつあった。張国燾によれば、新彊か外モンゴルを経由してきたモスクワの無線電報の指令は、その拠点を放棄して、できるだけ遠い中国の辺境、必要なら外モンゴルあたりにまで逃避せよと共産党に伝えてきた。コミュニストたちは一九三四年の秋、西北に向って、いわゆる「長征」に乗り出す。紅軍が中央ソヴェトの地域を放棄したとき、毛沢東は、自分を最も強く批判していた党の指導者である瞿秋白を同行しなかった。瞿秋白は間もなく国民党側に捕えられて、予想された通りに処刑された。毛沢東によると、この期間中に、「紅軍は三〇万から僅か

二、三万に減り、中国共産党員も三〇万から二、三万に減り、国民党の支配する地域にある党の組織は、ほとんど完全に壊滅していった★86」。

共産党の主力部隊は一九三五年一月、緊急の政治問題を討議するために貴州省の遵義で停止した。この時までに、毛沢東は、張国燾に代って党の最高指導者になっていた。張は第四方面軍を率いて四川西部におり、この会議には出席しなかった。紅軍の残存部隊は、貴州から最初南方に向い、ついで西方に転じ、最後に北方に向って行進し、六月の前半には再び、四川省西部の毛児蓋に長く逗留した。ここで彼らは、張国燾の提案に基づいて、揚子江上流地域にとどまるべきかどうかについて討議したのである。毛沢東の計画が優勢を占め、張国燾は毛児蓋ではっきりと第二の地位に下った。

たしかに、彼らがその最終的な目的地を決定したことは、当面きわめて重要なことである。だが、中国の共産主義運動全体からいってより重要なことは、その当時中国本土に進出してきた日本に対する彼らの態度であった。日本軍は五月二十八日、驚くべき速度で内モンゴルを支配し、六月七日には、北京、天津を含む中国東北部に、その管轄権を拡大していった。何応欽は六月九日、南京政府の同地域の代表として、日本の圧力に屈し、国民党軍を河北省から撤退することに同意した。

ウィットフォーゲルによれば、この日本の新たな動き、とくに内モンゴルの占領は、中国のみならずソ連にとって大きな脅威となった。当然、中国のコミュニストたちが、その反帝国主義的宣伝を日本に対して集中するものと思われた。だが、モスクワの指導者たちは一九三五年六月、まだ日本に対してどれが最上の手段であるかについて決心がついていなかったし、また統一戦線政策を国民党政府にまで拡大するという考えも熟していなかったのである。実際に、コミンテルンの機関紙『インプレコール』は、なおも蒋介石を「中国を売り渡す者」であると攻撃していた。[87] この事実は毛沢東やその同志たちが「中国人民大衆」に対するアピールで示した方針を説明している。なぜなら、一九三五年六月十五日付のこの文書で、中国共産党の指導者たちは、日本による中国東北地方への侵略に対しては口を極めて攻撃し、それでいて他のすべての帝国主義国については何も触れず、その他の点についてはこれまでの方針とまったく変っていなかったからである。「下から人民統一戦線を作るという方針は、依然として、そのままであった。この統一戦線には、日本帝国主義、及びテロ集団藍衣社を抱えている日本との共犯者、蒋介石と戦う気のある革命大衆、及びすべての武装兵力を包含するというものであった。このように、蒋介石と手を切る用意のある兵士のみが加入する資格を与えられ、また蒋介石自身は、中国のコミュニストたちの考えでは、抹殺の手段をもってのみ処置すべき、日本の味方であると断定された」。たとえば、『インプレコール』でも、「中華ソヴェト政府は蒋介石に死刑を宣告する。中華ソヴェト政府は、全国の人民に日本帝国主義の番犬を撲殺することを要求する。中国四億の人民は、帝国主義の従僕を逮捕し、即座にこれを銃殺する完全な権利を有する」といった極端なまでの反蒋介石の立場が表明されていたのである。[88]

この注目すべき声明は、モスクワで開かれたコミンテルンの第七回世界大会中、王明による抗日戦争の実現のために、さまざまな政治的、軍事的勢力を結集すべく新しい型の統一戦線の結成が主張される約七週間前に発表された。現実的に中国人民を結束させるために、王はその際、「すべての党」や「すべての有名な政治家や社会人」はもとより、誠実な国民党の若手党員や藍衣社の人々までも一緒にすることのできるような、「人民の防衛政府」を作ることを提案したのであった。[89] つまり、国際共産党のこの最高会議場において、王明は中国共産党の政策の急転換を要求していたことになるが、問題はそれがいったいなぜなのか、ということである。

註

（1）Joseph Stalin, *Works*, Vol. 9, p. 366, New York, 1953 cited in Karl August Wittfogel, "A Short History of Chinese Communism," in *General Handbook on China*, 2 vols., edited by Hellmut Wilhelm, Human Relations Area Files, Inc.（New Heaven: 1956）, p. 1159.
（2）*Ibid.*
（3）Joseph Stalin, *Works*, Vol. 10, p. 162, New York, 1953 cited in *ibid.*
（4）*Ibid.*
（5）Li Ang, *Hung-se wu-t'ai*（*The Red Stage*）, Chungking, 1928 cited in *ibid.*, p. 1161.
（6）*Ibid.*
（7）*Ibid.*
（8）*Ibid.*, pp.1161-62.
（9）M.N. Roy, *Revolution and Counter-Revolution in China*, Calcutta, 1946, p. 621, cited in *ibid.*, p.1161.
（10）M.N. Roy, *op cit.*, p.622, cited in *ibid.*
（11）もちろん、当時の中国の都市や労働者が近代市民社会を構成する要件を満たしていたわけでないことはいうまでもない。だが、ウィットフォーゲルは恐らく、マルクスの労農同盟論に基づきつつ、労働者とブルジョア（市民）が体現している「近代」の原理によって「前近代」の原理を牽引するという論理構成が維持されるべきであると考えていたとはいえるであろう。
(12) Karl August Wittfogel, *op cit*., p.1162.
(13) Mao Tse-tung, *Selected Works*, vol. 1, New York, 1954, p.66 cited in *ibid*. 毛沢東「中国の赤色政権はなぜ存在することができるのか」(一九二八年十月五日)、毛沢東選集刊行会訳『毛沢東選集』(三一書房、一九五六年)第一巻所収、八九頁。
(14) *Ibid*. 同。
(15) Mao Tse-tung, *op cit*., p.64 cited in *ibid*., p.1163. 同八六頁。
(16) Mao Tse-tung, *ibid*., p.70 cited in *ibid*. 同九四頁。
(17) Karl August Wittfogel, *ibid*.
(18) *Ibid*.
(19) 中西功も、毛沢東によって西安事変や抗日民族統一戦線についての評価が変更されるという傾向が、『毛沢東選集』の編纂時(一九五一年〜)に行われた系統的改訂に遡ると指摘している(『中国革命と毛沢東思想』、青木書店、一九六九年、三四頁)。ここで行われている最大の変更とは、一九四九年の時点では「新民主主義」であったはずなのにもかかわらず、中華人民共和国の成立による「新民主主義」の「成功」により、社会主義段階に入ったとすり替えられたことである。これについては、田中仁『一九三〇年代中国政治史研究』(勁草書房、二〇〇二年)、五—六頁、及び今堀誠二『毛沢東研究序説』(勁草書房、一九六六年)四一—四二、二二五、二八一—二八二頁を参照。ただし今掘自身は、この毛沢東選集での「改ざん」の事実をめぐり、「新選集が、民族ブルジョアジーの革命性を正しく評価して統一戦線にまき込み、平和革命の路線を引くと同時に、ブルジョアを主体として社会主義革命を起こすことの『幻想』をうちくだき、平和革命における反右派闘争に布石を打ったわけである。新選集本は階級区分について、正確な分析を示したといえる」（同、七五—七六頁）と「改ざん」そのものを擁護し、いわばウィットフォーゲルの立場とはまったく正反対の結論を導いている。

（20）Hu Chiao-mu, *Thirty Years of the Communist Party of China*, vol. I, 1951, People's China, p.30 cited in Karl August Wittfogel, *op cit.*, p.1163. 胡喬木（尾崎庄太郎訳）『中国共産党の三十年』（大月書店、一九五三年）、一八—二一頁。

（21）P'ei T'ung. "A Brief Review of the First Five Congresses of the Chinese Communist Party（1921-1927），" 1952, quoted in *Current Background*（U.S. Consulate General, Hongkong）, No. 215 from *Hs Ueh-hsi* of September 1, 1952 cited in Karl August Wittfogel, *ibid.*, p.1164.

（22）Benjamin I. Schwartz, *Chinese Communism and the Rise of Mao*, Cambridge, 1951. p.199 cited in Karl August Wittfogel, *ibid.* B・I・シュウォルツ、石川忠雄・小田英郎訳『中国共産党史』慶応通信、一九六四年、二一七頁。

（23）*Ibid.*

（24）Conrad Brandt, Benjamin Schwartz and John K. Fairbank, *A Documentary History* of Chinese Communism, Cambridge, 1952, p. 79 cited in *ibid.* 本書では、一九二一—一九五〇年までの、中国における共産主義運動の発展史をめぐる四〇篇の資料、文献が、編者によるコメント付きで収められている。

（25）Karl August Wittfogel, *ibid.*

（26）*Ibid.*, pp.1164-65.

（27）*Ibid.*, pp.1168-69.

（28）ウィットフォーゲルによれば、この「クーデターと農民」という論文は、モスクワで開かれた第四回コミンテルン世界大会（一九二二年十一月）に出席した劉仁静によって書かれたものである。*Ibid.*, p.1169.

(29) Mao Tse-tung, "Pei-ching cheng-pien yü Shang-jen"（The Peking Coup d'etat and the Merchants）, *Hsiang-tao Chou-pao*, nos. 31/32, July 1923, p. 233 cited in Karl August Wittfogel, *Ibid.*

(30) Edgar Snow, *Red Star Over China*, 1938, New York, p. 143 cited in *ibid.*, p.1170. エドガー・スノー（松岡洋子訳）『中国の赤い星』（筑摩書房、一九七二年）、一〇九頁。

(31) Edgar Snow, *ibid.*, p. 142 cited in *ibid.*, p.1170. 同。

(32) Karl August Wittfogel, *ibid.*

(33) *Ibid.*

(34) *Ibid.*, p.1171.

(35) *Ibid.*, pp.1171-72.

(36) Mao Tse-tung, *Hu-nan nung-min yun-tung k'ao-ch'a*（*Report of an Investigation into the Peasant Movement in Hunan*）, Tung-pei Pub. House, place unknown, 1949, p.28 cited in *ibid.*, p.1172. ちなみに、この部分の記述は、邦訳の「湖南農民運動の視察報告」、前掲『毛沢東選集』第一巻所収では確認できない。

(37) Karl August Wittfogel, *ibid.*

(38) *Ibid.*

(39) *Ibid.* 今堀誠二によれば、中国革命史における農民の位置づけに対する毛沢東ら中国共産党のこうした「迷い」とは、「ブルジョア革命」という用語のもつ意味内容の混乱そのものから由来している。すなわち、「中共の中にはブルジョア革命の指導者について、ブルジョアを推すものと、これに反対するものとが対立し、プロレタリア・農民の役割をどうみるかということでも、著しい混乱がある。農民革命の主張では、農民がヘゲモニーをもつのか否かが、明確にされていない。革命の対象となるものが何かを、具体的に（階級的に）指摘した理論は皆無である」（前掲『毛沢東研究序説』、五七頁）。中国革命史について論じられる際、この本質論的テーマが「一党独裁」体制下の中国においてのみならず、「自由主義」国家たる日本国内においてでさえいまだに再検討されていない。このこと自体が、むしろ問題の深刻さを象徴しているというべきである。

（40）Karl August Wittfogel, *op cit.*, pp.1172-73.

（41）*Ibid.*, p.1174.

（42）M.N. Roy, *op cit.*, p. 615, cited in *ibid.*

（43）Edgar Snow, *op cit.*, p. 144 cited in *ibid.*, p.1174. 前掲『中国の赤い星』、一一一頁。

（44）Edgar Snow, *ibid.*, p. 148, cited in Karl August Wittfogel, *ibid.*, p.1174. 同、一一三頁。

（45）Conrad Brandt, Benjamin Schwartz and John K. Fairbank, *op cit.*, p. 111-112 cited in Karl August Wittfogel, *ibid.*, p.1175.

（46）*Ibid.*

（47）*Ibid.*

（48）*Ibid.*

（49）*Ibid.*, p.1176.

（50）*Kuo Wen Weekly*, Vol.5, no. 3, January 15, 1928 cited in *ibid.*

（51）Ch'u Ch'iu-pai, *Chung-kuo ko-ming yu kung-ch'an-tang*（The Chinese Revolution and the Communist Party）, Shanghai, 1928, p. 127 cited in Karl August Wittfogel, *ibid.*

（52）Karl August Wittfogel, *ibid.*, p.1177. 瞿秋白「中国革命与中国共産党」、『瞿秋白文集（政治理論編）』第七巻（人民出版社、一九九五年）、四二一―四二三頁。

（53）*Ibid.*

（54）*Ibid.*, p.1178.

（55）*Ibid.*

（56）*Ibid.*

（57）*International Press Correspondence*（*hereafter Inprecor*）, English ed., Vienna and London, 1927, p.1679 cited in *ibid.*

（58）*Inprecor*, 1927, p.321 cited in *ibid.*

（59）Mao Tse-tung, *Selected Works*, vol. 1, New York, 1954, p.66 cited in Karl August Wittfogel, *ibid.*, p.1179. 毛沢東「中国の赤色政権はなぜ存在することができるのか」（一九二八年十月五日）、毛沢東選集刊行会訳『毛沢東選集』第一巻（三一書房、一九五六年）、八九頁。

（60）Mao Tse-tung, *ibid.*, vol. 1, p. 305 cited in *ibid.* 同九八頁の註8を参照。

（61）*Ibid.*, vol 1, p. 67 and 73 cited in *ibid.* 毛沢東「井崗山の闘争」（一九二八年十一月二十五日）、同一〇四頁。

（62）*Ibid.*, vol 1, p. 92 cited in *ibid.* 同一二四頁。

（63）*Ibid.*, vol 1, p. 100 cited in *ibid.*, p.1180. 同一三三頁。

（64）*Ibid.*, vol 1, p. 85 cited in *ibid.* 同一一六頁。

（65）*Ibid.*, vol 1, p. 102 cited in *ibid.* 同一三五—一三六頁。

（66）Karl August Wittfogel, *ibid.* なお、毛沢東からの引用部分については、同一三一—一三三頁参照。

（67）*Ibid.*, p.1181.

（68）Mao Tse-tung, *ibid.*, vol. 1, p. 66 cited in *ibid.* 前掲『毛沢東選集』第一巻、八六—八九頁。

（69） *Ibid.*, vol. 1, p. 100 cited in Karl August Wittfogel, *ibid.* 同一三三頁。

（70） *Ibid.*, vol. 1, p. 99 cited in *ibid.*, p.1182. 同一三二頁。

（71） *Ibid.*, vol. 1, p. 82 cited in *ibid.* 毛沢東「党内のあやまった考え方の是正について」（一九二九年十二月）、同一四八頁。

（72） *Ibid.*, vol. 1, pp.119, 121, 125 cited in *ibid.* 同一六一―一七五頁。

（73） *Ibid.*, vol. 1, p. 118 cited in *ibid.* 同一六四頁。

（74） *Ibid.*, vol. 1, p. 122 ff cited in *ibid.* 毛沢東「一つの火花も広野を焼きつくすことができる」（一九三〇年一月五日）、同一六八―一六九頁。

（75） *Ibid.*, vol. 1, p. 128 cited in p.1183. 同一七四頁。

（76） Edgar Snow, *op cit.*, p. 159 ff cited in Karl August Wittfogel, *ibid.* 前掲『中国の赤い星』、一二一頁以下参照。

（77） *Inprecor*, 1931, p.413 cited in *ibid.* なお、こうした労農同盟論をめぐるコミンテルンの「迷い」を、革命運動の都市と農村における「不均衡」発展をめぐるネガ・ポジ論としてとらえた研究としては、蜂屋亮子『紅軍創建期の毛沢東と周恩来――李立三路線再考』（アジア政経学会、一九七八年）、とりわけ、一〇八、一一四―一一五、一五四、一七六頁を参照。

（78） *Ibid.*, p. 1174 cited in Karl August Wittfogel, *ibid.*, p.1184.

（79） Karl August Wittfogel, *ibid.*

（80） Victor A. Yakhontoff, *The Chinese Soviets*, New York, 1934, p.259 cited in *ibid.* ヤコントフ（竹内孫一郎訳）『中国ソヴェート』（東亜研究所、一九四一年）、二五五―二五六頁。ただし、ここでのウィットフォーゲルの記述は邦訳では確認できない。

（81） *Ibid.*, p. 217 cited in Karl August Wittfogel, *ibid.*

(82) Mao Tse-tung, *op cit.*, vol. 1, p.129 cited in *ibid.*, p.1185. 毛沢東「経済活動に気をくばれ」、前掲『毛沢東選集』第一巻、一八〇頁。

(83) *Ibid.*, p.141 cited in *ibid.* 毛沢東「われわれの経済政策」、同一九八頁。

(84) Victor A. Yakhontoff, *op cit.*, p.258 cited in *ibid.* 前掲『中国ソヴェート』、二五二頁。

(85) Karl August Wittfogel, *ibid.*, p.1189.

(86) *Ibid.*, p.1190.

(87) *Ibid.*, pp.1190-91.

(88) *Inprecor*, 1935, p.831 cited in *ibid.*, p. 1191.

(89) *Ibid.*, p.1489 cited in *ibid.*

第四章　統一戦線の再形成と崩壊

K・A・ウィットフォーゲルの中国革命論(4)

1　コミンテルン第七回大会と抗日「民族」統一戦線

中国共産党の行動を解く鍵は、ここでも再び中国においてではなく、ソ連において発見される。ヒトラーとの諒解に達することができなかったスターリンは一九三四年、他の方面に友人を求めはじめた。彼はいまや国際連盟へのソ連の加入を希望し、また人民戦線による同盟を可能な限り、いたるところで作ろうとしていた。日本がナチス政権に近づくにつれて、ドイツから攻撃してくる危険が増大していったからである。ウィットフォーゲルの見るところ、統一戦線設立をめざす最初の措置が、一九三四年にフランスにおいてとられ、他の共産党もすぐ、フランスの「同志」の手本にならっていった。とくにヒトラーが一九三五年五月二十一日、反ソ演説を行なってからはそうだった。コミュニストの発言は、いまや公然と、日本と再武装されたドイツとの間の親交がソ連にとって危険なことを強調するように変化していたのである。

こうした中、明らかに新しいやり方が、極東の事態に対して発見されねばならなかった。紅軍は近代的軍事力を持たず、また長征の結果その規模が十分の一に縮小されていたがゆえに、ドイツと同時にソ連を攻撃してくる可能性のある日本は、有効に阻止し得る相手ではなかった。一九三五年の暮れに、王明はソ連の指導者たちが少なくとも同年七月以降、「有効な軍事力の点からいって、紅軍だけでは日本帝国主義やその手先を打ち破るにはなお不十分である」というひそかに表明していた本心を、公然と口にするようになっていた。[1] それゆえにウィットフォーゲルは、民族統一戦線による新たな国共間の軍事的バランスを以下のように見る。

「これはまさに問題の核心であった。中国の紅軍は到底日本軍の敵でない。しかし、もし紅軍が敵でないとすれば、いったいだれが日本軍にあたるのか。答えは簡単である。国民党政府の正規軍のみが、東京の注意をソ連から逸らす戦争に巻きこむことができるのである。この結論が下されるや否や、中国のコミュニストたちは、できる限り最大の統一戦線、つまり、国民党の政府や軍隊、それにそのテロ組織である藍衣社をも包含した民族統一戦線を提唱しなければならなかった。このことは明らかである[2]」。

このように、中国における第二次民族統一戦線ですら、その結成はけっして中国国内で独自に決定されたものではなく、クレムリンによって描かれた統一戦線政策を世界的に実施するという意図の下、モスクワのコミンテルン第七回大会において提案されたものにすぎない。王明は一九三六年秋、

「共産党はコミンテルンの第七回大会の路線に基づいて、新しい政治路線を策定し、それを党の中央委員会と中央ソヴェト政府の八月一日付アピールの中で表明した」と述べ、この明白な事実を強調した。[★3] コミンテルンの役員で極東専門家であるミフは一九三七年、この説明を補足しつつ、「その（第七回コミンテルン――筆者）大会で、同志王を団長とする中国代表団は、抗日統一人民戦線の創設を目ざした、中国共産党の新しい政策と戦術の諸原則を作り上げた」と述べている。[★4] また、中国共産党の「正」史編纂者である胡喬木も一九五一年、紅軍がまだ長征で移動しているあいだ、毛沢東がこの問題を解決できなかったことを認めている。胡によれば、「中国侵略以後の国内情勢」における「党の政策」の決定は、一九三一年から一九三四年のあいだ、党の中央指導機関によって行われなかった。また、一九三五年という長征の期間中、毛沢東によってもなしとげられなかった。それができるようになったのは、コミンテルンが採択した、ファシストに対する統一戦線の修正された政策に助けられて、一九三五年八月一日、中国共産党が宣言書を発表して統一戦線を呼びかけたとき、及び長征終了後の十二月、中国共産党の指導者たちが当面の情勢を検討したときであったという。[★5]

ウィットフォーゲルの見るところ、こうした胡の説明は、第二次民族統一戦線への政策的変更がコミンテルンの影響の下に行なわれた点において一致している。「その第一は、第七回コミンテルン大会の役割を強調し、第二は王明の特別の貢献を強調し、第三は、毛沢東が長征の終る以前には、政治情勢の分析者として、また政策の決定者として、不利な立場におかれていたという理由を説明しているのである」。[★6]

ここでウィットフォーゲルは、第七回コミンテルン大会で、中国共産党の政策についてどのようなことが起ったのかについて検討を試みる。中国代表は開会式の七月二十五日、中国共産党の挨拶を述べたが、彼はその中で、「反革命の国民党」を無条件に非難した。だが、ウィットフォーゲルの見るところ、「七月二十九日、三十日、三十一日の三日間に、コミンテルンの活動の報告に引き続き、中国代表団によってさらに三回演説がなされたが、それらはいずれも同じ調子のもので、七月二十五日の演説以上に、政治路線の変更を示唆するようなものはなにもなかった」[7]。つまり、コミンテルンの立場とは異なり、中国共産党本来の「独自の」政治判断とは、依然として国民党を非難する「反国民党」の立場にあったということである。

この会議の演説の立役者ディミトロフが八月二日、長時間にわたって新しい統一戦線政策とその適用について説明した。この問題に関して、彼はとくにいくつかの国の共産党の名を挙げつつ、米国に七節、英国に四節、フランスに一二節、インドに一節、及び中国に二節を費やした[8]。彼は中国についての論評で、それまで数年来とられてきた公式路線について繰り返し言及し、「中華ソヴェトのみが、反帝国主義勢力を中国人民の国家防衛のために結集しうる、統一センターとして活動することができる」と指摘した。ディミトロフはさらに、「したがってわれわれは、自国と自国人民を救うため真に戦おうとする、現存するあらゆる組織勢力と力をあわせて、日本帝国主義とその中国人の手先どもに対する、最も広汎な反帝国主義戦線を作るのに、勇敢な中国の兄弟党が揮った指導力を高く評価するものである」と続けている[9]。

だが、新たな統一戦線がどの程度包括的なものになるかということについては何も言及しなかったし、またその拡大された抗日統一戦線に包含される「組織勢力」の性格についても何も触れなかっ

の反応であった。その長い演説の中で、新しい型の民族統一戦線に触れつつ、王明は次のように述べている。

た。モスクワは中国共産党に対して統一戦線の主導権をとれと主張したが、「四川省にいて国民党の軍隊との困難な戦いに巻きこまれていた中国共産党にとって、この新しい路線は呑むことのできない多くの難点があったのであろう」とウィットフォーゲルは分析している。

中国代表団の団長王明による八月七日の演説は、ディミトロフの構想に対する中国人としての最初の反応であった。その長い演説の中で、新しい型の民族統一戦線に触れつつ、王明は次のように述べている。

「日本帝国主義者に対する武装した人民の民族革命闘争を組織し、これを有効に遂行するために、絶対無条件に必要なことは、単に労働者農民の紅軍のみならず、また単に革命的な考えを持った勤労者のみならず、ときには動揺したり逡巡したりする各種の政治・軍事勢力をも、この闘争に参加させることでなければならない。（中略）私は、わが党が、われわれの肯定的、及び否定的経験を考慮に入れ、またわが人民の国家的存在が脅威を受けているわが国の現状を考慮に入れ、わが中国人民がこの基礎に立って、帝国主義に対して共同闘争を行ない、われわれの祖国を救う目的をもってできるだけ早く現実的に団結すべく、今こそ反帝国主義的人民戦線の戦術を最も大胆な、最も広範な、かつ最も有力な運動に発展させなければならないと考える。（中略）どうすればこれらの戦術が中国共産党によって大きく発展させられるのか。私の、そして中華ソヴェト政府もふくめた中国共産党中央委員会の意見では、全国民、すべての党派、軍隊、大衆組織、及びすべての著名な社会的、政治的人物に対して、われわれと一緒になって、国家を防衛する全中国統一人民政府を組織するよう、共同アピールを発すべきだと考える」[10]。

このように王明は、武装した労働者農民が反帝国主義的人民戦線として、国民党ではなく、中国共産党によって組織されることを望んでいたことが理解できる。だが、ウィットフォーゲルの見るところ、もしこれらの言葉が他に何ごとかを意味していたのだとすれば、それは王明がコミンテルンとともに、中国共産党が打ち出してくれることを望んでいた「宣言の輪郭」を描いていたということである。とはいえ、ここで重要なのは、この時点ではまだこのことは「既成事実」にはなっていなかったという点である。

ウィットフォーゲルによれば、この第七回コミンテルン大会では王明のあと、三人の他の中国代表がディミトロフの演説に言及した。三人とも通常の言葉で、「分派主義」と闘って統一戦線を拡大することとの必要性を強調したが、彼らのうちだれ一人として、直近の中国共産党のアピールに言及したものはいなかった。それだけでなく、二番目の演説者（沈元生）は、王明の八月七日の提案にも、「八月一日付」のアピールの趣旨にも相反する論旨を述べていた。すなわち沈は、とくに藍衣社を中国のファシズムの代表であるとして攻撃し、「全中国人民の最悪の敵」であると主張したのである[11]。さらに、第三の演説者（王栄＝呉玉章）は、中国共産党は「勇敢に反帝国主義、反国民党統一戦線を推進しなければならない」と訴えた。彼は党の路線を大きく変える必要性を認めず、中国共産主義運動の成果は「ソヴェトと紅軍が統一戦線戦術を正しく適用する能力のあった事実を証明するものである」と指摘した[12]。

以上が第七回コミンテルン大会において、中国の代表が行なった、実質的に最後となった演説のあらましである。だが、ウィットフォーゲルが指摘したように、ここで重要なのは、「この演説が行なわれた日、すなわち八月十一日まで、中国の代表たちが――そして知り得た限りにおいては、その他の代表たちも――八月一日に出されたという統一戦線のアピールについて、何も言及しなかった」という事実である。[★13] しかも、「全中国人民に対する抗日救国のアピール」は、中国共産党や中華ソヴェト政府の、それ以前の多くの重要な宣言文の場合と同様に、毛沢東や首脳部の同志たちによって署名されていない。ただ、「中華ソヴェト共和国中央執行委員会」と「中国共産党中央委員会」という署名があるだけである。[★14] このアピールの内容は、八月七日の王明による演説の内容にきわめてよく似ており、重要な箇所が彼の構想とほとんど同じであることからしても、その背後にコミンテルンの存在があったことはほぼ確実であるとウィットフォーゲルは見ている。[★15]

毛沢東がその一年後、長征の期間中に起ったことをスノーに話した際、彼は一九三五年八月の統一戦線のアピールについて言及していなかった。またスノーが延安で入手した情報に基づいて長征の話をさらに詳しく書いたものの中では、このアピールについて言及されていない。[★16] スノーが延安を去って北京に行く少し前の会談で、毛沢東はアピールについて次のように語ったが、それはウィットフォーゲルの見るところ、「発表を欲しての発言」である。すなわち、「共産党は一九三五年八月以来、声明書に基づいて、抗日の目的のために、中国のすべての党が団結することを主張してきた。（中略）コミュニストたちは、彼らの統一戦線の提案が、南京側の強い関心を引くようになると考えていた」[★17]。つまりその際、「八月宣言にそれとなく言及することは、このような統一戦線を前から共産党が主張していたという証拠として役立つ」と見られていたために、このような意図的な操作が行われたということである。

ウィットフォーゲルによれば、『毛沢東選集』には、たしかに毛が承認したとみられるこの演説についての歴史的注釈の前文がついているが、ここでも「八月のアピール」は素通りされている。この注釈は、一九三五年一月の遵義会議から紅軍の陝西到着、及び一九三五年十二月の瓦窰堡会議へと飛んでいる。党の指導者たちは、このときはじめて「政治戦略の諸問題について系統的に検討することが可能だと知ったのであって、その全面的な分析がこの（毛沢東——筆者）報告の中でなされているのである[★18]」。

それゆえに、ウィットフォーゲルはここでもまた、「このような証拠によって判断すると、第二次統一戦線を結成するという、中国共産党の運命を定めたこの決定は、元来中国において発案されたのではなく、モスクワで発案されたものであり、また新たな同盟を作る重要な最初の呼びかけは、モスクワのコミンテルン本部の命令——文字通りの命令——によるものであったことは疑う余地がない」と結論づけている[★19]。

2　西安事件（一九三六年）と段階的調整

新しい中国政策を立案したモスクワは、慎重にその発展を指導していた。一九三五年の後半から一九三六年の前半にわたって、コミンテルンの執行委員会主席団成員となっていた王明は、中国共産党の新路線をその指導者たちに説明した。だが、ウィットフォーゲルの見るところ、この路線をとらせるには明確な説明が必要であった。瓦窰堡会議（十二月二十七日）における演説で、毛沢東は国民党政府との同盟に入る意図を示さず、依然として強く蔣介石に反対していた。日本の侵略に当面して、国民党は必ずや分裂する、あるいは少なくとも分裂の可能性があると毛沢東は考えていたのである。毛沢東は、新しい同盟が「共産党と紅軍の指導権の下に」作られなければならぬと主張しつつ、新しい統一戦線政府は「非封建的な私有財産」は没収しないと約束しながらも、郷紳（gentry）や地主階級に対する敵愾心を改めて公けにしていた。[20]

一九三六年三月以降、事態は急速に動いた。まず斎藤実が二月二十六日、超国家主義的日本将校の一団によって暗殺された（二・二六事件）。モスクワはこれを、ソ連に対する攻撃の新たな準備行動と解釈した。そこでコミンテルンの指導者たちは、中国共産党に対して、中国の日本への軍事行動を開始させるための強い圧力をかけることとなる。毛沢東は一九三六年三月、インタビューの中で、蔣介石との諒解が日本に対する武力抗戦に発展するならば、統一戦線の可能性があることを明らかにした。この毛沢東の三月声明は『選集』には載っていないものの、ウィットフォーゲルによれば、それは「もし蔣介石が本当に抗日戦争に乗り出す気なら、中華ソヴェト政府は、日本に対する戦いの庭で、彼に友好の手を差しのべるであろう」という趣旨のものであった。[21] また毛沢東は、同年九月、南京との統一戦線の結成が実現した際には、非共産党地域において行なわれている諸法規、とくに土地法を認める用意があると述べていた。[22] このように、コミュニストたちは、その目的、すなわち、南京をして日本に対する全面的な戦争の実行を決意させるために、きわめて大きな譲歩をしたのである。日本がさらに中国の領土を蚕食するに及んで、蔣介石はその態度を硬化させたが、それでもなお公然たる戦争に入ることを躊躇していた。ウィットフォーゲルによれば、彼のこうした態度は一九三六年十一月、ドイツと日本が防共協定を締結した時も変らなかったし、十二月のはじめ、日本に対する戦闘を情熱的に叫んでいた張学良将軍に会うために、陝西省の首都西安に向かったときも変らなかった。

蔣介石が張学良に逮捕（「誘拐」）された西安事件については、これまでも数多くの歴史家によって語られている。たしかに、蔣介石は周恩来の介入によって、数日間の交渉後には釈放されたものの、ウィットフォーゲルの見るところ、クレムリンがなぜこの解決を希望したのかについては容易に理解できる。というのも一九四四年、モロトフがパトリック・ハーレー将軍との会談で明らかにしたように、「モスクワが蔣介石の釈放に決定的な役割を果したことを率直に認めていた」からである。★23ここで蔣介石は、何ら条件なしに釈放されたと主張しているが、「張学良、及び周恩来と彼との話が新しい統一戦線と抗日戦争に集中していたことは確実である」とウィットフォーゲルは見る。★24実際、西安出発後、直ちに拘禁の当の責任者だった両将軍に意向を伝えた声明書のなかで、蔣介石は政策全般についてははっきり言及してはいないが、「すべての約束は守るし、行動は断固としてとる」と述べている。★25

この文章の意味は、その二日後、毛沢東による「蔣介石の声明についての声明」の発表の中で明らかになる。毛沢東は、蔣介石が保留したことを躊躇なく明らかにした。

彼は国民党の指導者たちが活字にされるのを嫌がったに違いないと思われる西安交渉の具体的な事実を一般に公表した。「西安で蒋介石は、張学良、楊虎城、及び北西地方人民（すなわちコミュニスト）の対日抗戦の要求を受け入れ、その手はじめとして、内戦に従事している軍隊に陝西省及び甘粛より撤退するよう命令を下した」と毛沢東は暴露している。[26] 毛沢東によれば、さらに蒋介石は、(1)親日派を追放し、抗日分子を受け入れて、国民党と国民党政府を改組し、(2)上海の愛国的指導者、その他すべての政治犯を釈放し、人民の自由と権利を保証し、(3)「コミュニストを皆殺しにする」政策を止め、日本に抵抗する紅軍と同盟し、(4)日本と戦い、国家を滅亡より救う方針を決定するため、すべての党、団体、軍隊の救国会議を招集し、(5)中国の対日抗戦に同情的な諸国との協力関係の確立を受諾した、としている。[27]

蒋介石は、このような暴露の内容を否定したが、まもなく毛沢東がその声明の中で挙げた条件のいくつかを実際に実行したし、またその他の措置の実行にも取りかかった。このことは、国内的には、新しい統一戦線での中国共産党との協力を、国際的には日本との戦争とソ連との同盟を意味していた。つまり、同じコミンテルンの指導の下とはいえ、第一次国共合作とは決定的に異なって、今や実質的には、国民党は共産党に対して「指導的地位」を与えつつ、再度、統一戦線を結成することに合意したのである。

3　第二次国共合作における中国共産党の政策の変化（一九三七—一九四五年）

一九三七年から一九四五年までのあいだ、ソ連の立場は二つの事件（一九三八年のミュンヘン条約と一九四一年のヒトラーの攻撃）によって大きく弱められたが、独ソ条約とスターリングラードにおけるソ連の勝利という二つの事件によってとりわけ強化された。この四つの条件において、モスクワの国際的地位の変化は、延安政権の政治的路線を大きく変えていった。こうした国際情勢を背景に実施されたのが、一九三七年から一九四五年まで続いた、第二次統一戦線（国共合作）である。

ウィットフォーゲルによれば、新しい統一戦線を結成する必要がより緊要となるにつれて、中国共産党は、国民党の幹部たちからひどく嫌われていることを悟ったがゆえに、彼らの「革命的土地政策」を放棄する用意のあることを繰り返し公言していた。コミュニストらは、大幅に譲歩する用意のあることを示しつつも、一九二七年の後半時のように、中国の民族革命で自分たちが「指導者」でなければならないと主張した。当然そうあるべきことを示すのに、毛沢東は一九三七年五月三日、「それは中国の歴史が証明した法則である」とまで主張しはじめたのである。[28] 毛沢東によれば、「中国のブルジョアジーは経済的にも政治的にも無気力なので、一定の条件下において、帝国主義や封建主義との戦いに参加しても、逡巡したり他人を裏切ったりする。したがって歴史は、そして中国の反帝国主義、反封建ブルジョア民主主義革命は、ブルジョアジーの指導の下では完成されず、プロレタリアートの指導の下でのみ完成されることをはっきりと示している」。[29] そして毛沢東は、「今日のような状態では、プロレタリアートとその党の政治指導がなければ、抗日民族統一戦線は結成できず、平和と民主主義と武力抵抗は達成されず、祖国は防衛できず、統一民主主義共和国は実現しない」と結論づけた。[★30]

その数日後、毛沢東は再び、プロレタリアートが「指導権」をとる必要性について語った。彼は日中戦争が勃発する直前の一九三七年七月に完成した論文「矛盾論」のなかで、同じ意見を繰り返した。[★31] さらに彼は、一九三七年十一月十二日の声明の中でも、それと同じ意見を表明したのである。その日彼は、「統一戦線においては、プロレタリアートがブルジョアジーを指導するのか、あるいはその反対なのか」という設問をしたあと、ブルジョアジーによるプロレタリアートに対する「指導」を否定しつつ、もし国民党が「共産党を自分たちに引きつける」ことになれば、共産党は、「国民党の地主、ブルジョア独裁と部分的抵抗の水準に低下することを余儀なくされる」と述べた。[★32]

ウィットフォーゲルの見るところ、モスクワは一九三六年から一九三七年にかけて、日本を多忙にしておくために、中国での戦争を、いわば「旱天に慈雨を期すように」渇望していた。一九三八年九月二十九日のミュンヘン会議後は、この戦争の必要性は「絶対的に」なった。ミュンヘンで、英国やフランスの政治家たちはヒトラーに対して中部ヨーロッパで大きな譲歩をし、彼に対して東ヨーロッパに進出する青信号を与えたのであった。ついで起ったドイツのチェコスロバキア進駐の結果として、ソ仏同盟はその意義の大部分を失い、ソ連はほとんど完全に、ヨーロッパにおいて孤立するに至ったのである。[★33] それゆえに、ウィットフォーゲルは当時の状況を次のように分析する。

「モスクワの立場にとって、これらは恐るべき新事態の展開であった。もしヒトラーがソ連を攻撃し、日本が南京との合意に達して、この戦争でヒトラーに加担すれば、世界共産党の大要塞は、まさに最大の危険に当面することになろう。したがって共産党の最高戦略家たちにとって、日本に対する中国の戦争を最大限に維持させることが、死活の重大問題になった。これが一九三八年十月十二日の中国共産党拡大中央委員会総会において毛沢東が行なった演説の目的であったことは明らかである。この演説が、直ちに重慶において発表されたことには理由があり、またこの演説の大部分が、今日中国のコミュニストたちを大いに当惑させているのにも、それなりの理由があった」[★34]。

つまり、ここでもまた、中国をとりまく国際政治という大状況を決定していたのはモスクワであり、そのための手段として日中間の戦争が巧妙に利用されたということである。では、ミュンヘン条約後の危機に対して、当事者である毛沢東はいかなる反応を示したのか。彼は日中戦争が最初の段階を経たことについて、ある程度「面子」を保つ論評を試みたあと、最後に問題の核心に触れた。それは、「ドイツ、イタリア、日本のファシスト諸国」の力の増大、「ドイツによるオーストリア、チェコスロバキア侵略」、及び最近の「ミュンヘン協定」についてであった[★35]。ウィットフォーゲルの見るところ、この新しい事態に即応した毛沢東は、「民族統一戦線を強化、拡大し、その発展を高度に盛り上げる」ことを目的とする中国の新政策を提案したのである。それは消極面では「すべての党がその相互間の摩擦を最少限度に少なく」するとともに、積極面においては、「相互間の緊密な関係を作らねばならない」とする内容であった。[36]

実際、毛沢東は、蔣介石、及び彼の政権と緊密友好的関係を作るためにできる限りのことをした。コミュニストたちは一九二七年から一九三六年まで、蔣介石のことを「軽蔑的な」呼び名で呼んでいたが、一九三六年には、人を蔑むような言葉を加えずに単に「蔣介石」と、ついで蔣介石「先生」と呼ぶようになった。さらにミュンヘン条約後の毛沢東は、蔣介石「総統」と尊称するまでに変化していった。また、毛沢東は一九三七年には、なお国民党を、「憎むべき地主と資本主義独裁の手先」であると描き出していたものの、ミュンヘン条約後は、「古い腐敗した伝統は崩壊して、新しい人民の進歩的勢力が成長し、進歩と発展のための偉大なる民族戦線が完成しつつある」と国民党との友好ムードを演出していた。[37]

この民族統一戦線の中にあって、国民党は以前の革命はなやかなりし時代のように、はなばなしく活動していた。毛沢東によれば、「国民党はその輝かしい歴史の中で、清朝を倒し、中華民国を建設し、袁世凱と戦い、共産党と統一戦線を結成し、新しい農業政策を導入し、とくに一九二七年の偉大なる革命を鼓舞した」。[38] 当時の状況をめぐり毛沢東は、「蔣介石総統と国民党の不退転の進軍と政治の分野におけるますます増大しつつあるその進歩性に深い感銘を受けた」と媚びるほどであった。[39]

国民党は日本に対する抵抗をはじめたが、引きつづき抗日の大黒柱であった。「国民党がなければ、抗日戦争のために大衆を動員し、かつこれを維持することができるとだれも考えることはできない」。[40] 実際、表面的には共産党が「指導権」を握っていたとしても、実質的に抗日同盟の指導者となっているのは、中国共産党ではなくて、国民党の方であった。一九三七年の毛沢東の声明によれば、「歴史の法則」が共産党の「指導権」を不可欠にしたことになってはいたが、いまや毛沢東は、「有能な蒋介石総統の指導のもとに」中国がはじめて日本への抗戦に乗り出したとし、さらに「今日国民党は偉大なる抗日戦争を指導している」とまで持ち上げたのである。[★41]また「共産党が政治的分野において第二位にある」点を指摘して毛沢東は、「われわれは(統一戦線で)国民党が指導的役割を演じていることを疑念なく認める。われわれが蒋介石総統と、彼の指導下にある中央政府と国民党を強く支持するのはそれがためである」と蒋介石と国民党を讃えた。[★42]

実際、国民党と中国共産党との当時の関係はきわめて有益かつ進歩的であったがゆえに、毛沢東は自信をもってこの関係が戦後も継続することを期待しつつ、「戦後、両党は同じ運命を分ち合うことによって強く成長するが、それがまた、結合をさらに継続する素晴らしい基礎になるであろう」と述べた。[★43]

両党をもっと緊密に結合させるために毛沢東は、もし国民党が承知するなら、「コミュニストは公然と国民党に加入してもよい」し、その際、第一次国共合作の時と同じように、「国民党に加入するコミュニストの名簿はすべて、党の指導機関に手渡される」と約束した。[★44]だが、その後中国共産党は、「国民党員が共産党の組織内に入ることを認めるわけにはいかない」と、前言とはまったく裏腹のことを付け加えたのである。[★45]とはいえ、ウィットフォーゲルによれば、すでに第一次国共合作で苦い経験をしていた国民党の指導者たちは、「このような両刃の提案にだまされはしなかった」という。[★46]

いずれにせよ、ウィットフォーゲルが指摘したように、この二つの党は「互いに他を害しあうような運動や行動をいっさい行なうべきでない」と毛沢東が考えていたのは事実である。[★47]とりわけ毛沢東は、「われわれは国民党の同志に、国民党内にわが党を拡張したり、党の細胞を作らないことを正式に宣言する。われわれは、民族統一戦線の組織がどのような形態をとろうとも、この政策を忠実に守る」と高らかに宣言していた。[★48] 抗日戦争中、このような措置はお互いの信頼感をそれなりに強めていたし、遠い将来のために毛沢東は、中国のあるべき姿を孫文の「三民主義」の原則にしたがって描きはじめてもいた。その構想によると、「三民主義」の原則による平等、普通選挙に基づいた「中央集権的民主主義」の共和国が作られることになっていた。その共和国では、「私有財産権は否定されないが、労働者は職を与えられ、労働条件は改善される。農民は土地の所有者となる。そしてこれが、われわれが民主主義共和国と呼ぶ時の国家のあるべき姿である。（中略）それは、ソヴェトにも、社会主義国にもならない[★49]」。

この毛沢東による演説の趣旨に沿って、中国共産党中央委員会は、一九三八年十一月六日、いくつかの決議案を採択したが、その意図は蒋介石あての孫文の「三民主義」の三原則を再確認しつつ、国民党の「指導」に全面的に服すとした内容の電報によく表れている。[★50]

十一月六日に採択された中国国民・軍・国民党、及び共産党員に呼びかけた別の宣言文でも、共産党中央委員会は、「抗戦を指導したわれわれの指導者蒋総統に対して、丁重なる挨拶」を送っている。[★51] 同宣言によれば、「全国の各軍隊は、蒋介石総統の統一指揮の下に行動し、秩序と規律をもって、全国的抵抗の長期闘争を遂行しなければならない[★52]」というのである。

ウィットフォーゲルの見るところ、たしかに中国共産党は新しい統一戦線の発足にあたって、蒋介石の中央政府（南京）とその軍事委員会の「指令」をそれぞれ受けることを約束していた。[★53] だが、この初期の保証は、コミュニストによる「指導権」の主張や、社会主義の展望図、すなわち、「わが民主主義共和国は民族的武力抵抗の過程を通じて設立され、プロレタリアートの指導権の下に設立される」と述べているところから見ても、国民党の「指導権」は第一次統一戦線時とは異なって力の弱いものとなっていた。さらに、資本主義か社会主義かの選択に当っては、「中国のプロレタリア党としては、断固後者の方に向わざるを得ない」とも述べていた。★54

しかし、一九三八年十月の毛沢東の声明の中では、このような制限は一切見られなくなっている。ミュンヘン条約の締結後、中国のコミュニストたちは、この時点におけるモスクワの最重要課題である日中戦争が続く間、党の独立を除いては、一切のものを犠牲にするつもりになっていた。同年十二月の政治局会議で王明は、当面の戦略方針として「抗日」に優先順位をおいた可能な範囲での「民主」の実現、すなわち「ブルジョア民主主義」の部分的遂行と位置づけ、「ソヴェト革命」に回帰することで「社会主義革命」に移行すると考えていたのである。★55

4 独ソ条約と毛沢東の「新民主主義」論

戦争突入後の最初の二年間、中国共産党は、日本の侵略者に対する戦いで国民党政府とよく協力した。彼らは最初の約束通りに完全に蒋介石に服従したわけではなかったが、友好関係を最高度につくるために真剣な努力をしていた。この期間中、ソ連の支配者たちは、国民党政府に対してかなり大きな軍事援助を与えていた。一九三七年八月、一億元の借款を与えた外に、一九三八年十月には、両国間に「最初の一連の借款と、バーター協定」が調印された。『エル・カンペシノ』誌によれば、中国コミュニストの将校がひそかにモスクワで訓練を受けていたが、ソ連の物資はもっぱら国民党政府に対して送られていたという。[★56]

一九三九年のスターリンとヒトラーとの条約は、西側に対するモスクワの力を強化した。それは日本による攻撃の危険性をも減少したものの、クレムリンは、日本に対する中国の戦いを止めさせたくはなかった。ウィットフォーゲルが指摘したように、モスクワは明らかに、「日本を中国に釘付けにしておく方がより安全であることを知っていた」のである。したがって、「中国のコミュニストたちは、独ソ条約のあとも、国民党政府と手を切らなかった。一九三八年に重慶で開かれた、はじめの三回の政治協商会議に出席した彼らは、一九三九年九月九日から十八日まで開かれた第四回会議にも出席した。そして、引き続き抗日軍事活動を行なったのである[★57]」。

だが、新たな状況はもはや独ソ不可侵条約締結前と同じものではなかった。中国共産党は、重慶国民党政府の任命した行政官の管轄区域を占領して、政治的、軍事的支配を盛んに拡大するようになった。この条約の成立前にも、紅軍と国民党軍との衝突が若干はあったものの、いまやこのような衝突がますます頻繁に、かつ深刻になっていった。当時、中国にいたアンナ・ルイズ・ストロングは一九四〇年、「一九三九年末、最初の重大な軍事衝突が起った」と報告している。[★58]一般的に共産党に同情的であった孫科も一九四〇年十二月、中国共産党の「無法な拡張主義」について不平をこぼしていた。

ウィットフォーゲルの見るところ、毛沢東が独ソ不可侵条約締結後、国際情勢は新しい段階に入ったと述べたのは、その明白な変化の状況をそのまま口に出したに過ぎない。一九三九年九月一日に行われた談話で毛は、英国とフランスの政府はドイツとイタリアの例にならってますます反動的になり、自分たちの国にファシスト的国家組織を持ちこむために、戦時動員を利用していると指摘した。★59「ドイツはその反コミンテルン政策を放棄したのだから」、彼らのいう新ファシストの西欧諸国に比較すれば、それ程反動的な国ではなく、したがって、「今や世界反動の中心は英国に移った」というのである。★60

一九三九―四〇年の冬に書いた『新民主主義論』の中で毛沢東は、西欧諸国について、さらにつっこんだ論評をしている。彼は「資本主義諸国にはもはや民主主義の息吹きはない」と主張して、「このような偽物、西側の帝国主義者」と同盟することを拒否している。

毛沢東が『新民主主義論』を書いた時、ソ連の国際的地位は大いに改善されていた。中国共産党は、表面的にはなお国民党政府と同盟する立場をとっていたが、彼は今や、かなり卒直に共産党の目的を表に出していた。ミュンヘン条約後、毛沢東は共産党がはっきりと社会主義の特徴をもつ「新」民主主義をめざすと考えていた。ミュンヘン条約後も毛は、反帝国主義闘争における国民党の指導権を完全に認めていたが、その引用する言葉の枠そのものを変えるに至る。彼はいまや、抗日闘争を、コミュニスト（プロレタリアート）の指導権を伴う、一種の「ブルジョア民主主義」革命に結びつけたのである。「新民主主義」という言葉で彼が意図したのは、まさにこのことであった。

毛沢東によれば、古いブルジョア民主主義革命は、ブルジョアジーに指導される革命であり、その革命は「資本主義社会とブルジョア独裁の国家を作ること」を目的としており、「古い型のブルジョア民主主義世界革命」の一環をなすものであった。これに対して、新しい「ブルジョア民主主義」革命は、「プロレタリアートによって指導され、新しい民主主義社会と、すべての革命的階級の共同的独裁による国家を作ることを目的とする」ものである。この革命は、「社会主義への発展に向っての、正しい道を広く開くのに役立つ」。そしてもちろん、この革命は、「プロレタリアートの世界革命の一環をなすもの」である。[★61]だがそれは、ウィットフォーゲルにとっては、「ソ連の教義に通暁しているものならだれにでも、この構想が実質上一九〇五年はじめ、レーニンによってはぐくまれ、スターリンとコミンテルンによって、中国の実情に合うよう必要な調整がなされたものであることが分かる」といった性格の、単なる二番煎じであるにすぎない。

ところが、毛沢東はこの新しい民主主義のテーゼがソ連製のものであることを十分知っていたし、またそのことを隠そうもしなかった。彼はいとも簡単に、「中国共産党が提案したこの正しいテーゼは、スターリンの理論に基づいたものである」と認めている。[★62]スターリンはこれを、すでに「一九一八年から」提唱していて、「再三再四、植民地、及び半植民地における革命はすでに旧来の範疇を脱して、プロレタリア社会主義革命の一部になっているとの理論的立場を説明している」。[★63]だが、ウィットフォーゲルの見るところ、ここにはきわめて重大な権力による操作が施されている。

「このテーゼが元来ソ連製のものであることを毛沢東が率直に認めたことから見ても、『ドキュメント中国共産党史』の著者たちが、なぜ毛沢東のパンフレットを『マルクス・レーニン主義理論へのまったく新しい寄与であり、中国に起源を発し、恐らくその著者である毛沢東をマルクス主義の偉大なる理論家の上位においた』と呼べるのかと理解に苦しむのである。もっと理解に苦しむのは、彼らが行なった毛沢東のパンフレットから『選集』への編纂における諸節の提起の仕方である。『新民主主義論』から選ばれた箇所を公表する（完全に正当である）にあたって、彼らは中国語のテキストの九頁から一三頁までを除外した（これも正当である）。しかし彼らは、『以上の点から見て、二つの種類の世界革命があるということが明らかである』という一三頁の文章から翻訳をはじめるにあたって、毛沢東は実際には、そのテーゼの要点でもあるスターリンの言及をながながと引用しているだけであるにもかかわらず、毛沢東がこの文章で『新』民主主義の性格を鮮明にしたという印象をつくりだしたのである[★64]」。

このように、『文献史』の著者たちは、毛沢東による『新民主主義論』の「独創性」（originality）を持ち上げるために、毛沢東自身によるスターリンについての言及をあえて除外していたことが分かる。また彼らの編集方針は、明らかに毛沢東をスターリンから切り離し、中国独自のものであるとの印象を強めようとするものであった。だが、ウィットフォーゲルによれば、毛沢東の『新民主主義論』については、そのテーゼの「独創性」ではなく、これが提唱された時の情勢と、その情勢への毛沢東の対処の仕方こそが重要なのである。毛沢東はいまや再び、中国共産党が国内発展の主導権をとろうと努めていること、及び「ブルジョア民主主義」共和国は、社会主義とプロレタリア独裁への道の単なる「途中下車駅」に過ぎないという新たな主張を掲げて、第二次統一戦線の結成以前に述べていた

問題をここでも繰り返したのである。[★65]

「毛沢東は、第二次統一戦線の最初のころ唱えていたように、なお孫文の三原則を引用した。しかし彼はもう『三原則による共和国』を主張しなくなっていた。それどころか、彼はいまや、孫文の綱領とマルクス・レーニン主義の主張との類似性を説いたばかりでなく、同時に、しかも鋭く、両者の相違点を指摘した。彼は、孫博士の三原則を認めるように見えるときでも、それをはるかに凌いでいた。孫博士が『銀行、鉄道、航空』を、国家が運営することになる型の大企業として取り上げたのに対して、毛沢東は『共和国は大銀行、大工業、及び大商業を所有する』と主張した。また孫博士が、『耕す者に土地を』与える政策で、前の土地所有者に対して補償する計画を立てていたのに対して、毛沢東は『地主の土地を没収する方法』を主張したのである[★66]」。

かくして、ここでもまた、「アジア的復古」はきわめて巧妙な論理のすり替えによって、見事に達成されることとなった。ウィットフォーゲルによれば、当時のような中国のイデオロギー的、政治的風潮のもとでの「三原則」に対する毛沢東の言及は、中国の小党派の一部のものの心を和らげるのにたいへん役立っていた。それは多くの知識人、実業家、及び国民党員の反対さえも緩和したのである。しかし、ウィットフォーゲルは、「孫文の見解のこの奇妙な仕上げを受け入れた人たちでさえも、毛沢東の主張が一九三八年十月以来大きく変ったことに気付いていたにちがいない」と指摘する。[★67] なぜなら、そこにはもはや、統一戦線が最大の関心事であるという強調も、「国民党の指導権」に対する喝采も、経済や政治の重要な問題への慎重な取り組みもことごとく消えていたからである。いまや、中国のブルジョアジーは、再び「腰抜け」として嘲笑され、★68ブルジョアジーと「彼らの」党である国民党との以前の衝突が、詳細に「研究」されている。その結果、抗日戦争で統一戦線を継続することの必要性は、ほとんどいわれなくなった。「その代りに毛沢東は、プロレタリアの指導権を強調するとともに、新民主主義経済のもつ高度の社会的要素を示して、プロレタリアートの指導のもとに行なわれる新民主主義共和国の国営企業は、社会主義的性格を有し、国民経済全体の指導力となる」と公言するに至ったのである。★69

一九三九年の秋に毛沢東が『新民主主義論』を書いている時、中国共産党は新しい党の機関誌『共産党人』を刊行しはじめたが、毛沢東は同誌のために「序言」を書いていた。その中で彼は、いまや「ボリシェビキ化」しつつある中国共産党は、「狭い境界から踏み出して、国家的規模の大政党になった」と述べた。★70一九四〇年二月から党が発行することとなったもう一つの雑誌『中国工人』では、毛沢東ははっきりと、「中国の労働者は、われわれの政党である中国共産党の指導のもとに、中国革命の指導者になった」と記した。★71

かくして、「ブルジョア」国民党から公然と別れ、重慶の支配する地域に積極的に浸透していったコミュニストたちは、もはや中央政府という最高権力の水準でも国民党と協力することに興味をもたなくなっていた。ソ連が一九四一年三月、日本と不可侵条約を締結する間際になると、中国共産党はすでに統一戦線の政治的枠組みである政治協商会議にも出席しなくなっており、その政治的基本姿勢としては、むしろ「新民主主義」とは逆の方向へと歩みつつあったのである。

こうした中、ソ連がスターリングラードで勝利を収めたのち、中国共産党は再び純粋な統一戦線に対する興味を失っていき、また中国共産党の政治的立場は、一九四三年五月のコミンテルンの解散によって、さしたる影響も受けなくなっていた。それゆえにウィットフォーゲルは中国共産党の軍事勢力の拡大について、次のようにコメントする。

「われわれは、一九三九年以来、陰に陽にその領域を拡大してきた中国のコミュニストが、戦争の終り頃には、国民党政府に対する重大な軍事的、政治的脅威になっていたとしても、あえて驚くにはあたらないであろう。彼ら自身の説明によれば、一九三五年の暮れ、陝西に到着したときには三万に足りなかった彼らの正規軍は、一九四四年十月には四七万五〇〇〇、一九四五年夏には九〇万以上になった。この他に彼らは二〇〇万以上の民兵を持っていた。これらの資料を伝えた米国の情報は、戦争の末期には、コミュニストの占領地域における共産党の人気が、国民党の占領地域における国民党の人気よりも良いことに注目していた。このことは、コミュニストたちが、村人たちの共感を扇動的にえる条件を作っていたので、十分に理解できる」[★72]。

中国共産党は、こうした軍事的勢力の拡大によって、多大の利益を収めたが、また多大の困難にも当面した。つまり、彼らの軍は主としてゲリラ軍であって、正規軍の訓練と装備を欠いていた。彼らは、二人の兵士について一挺そこそこの割合でしかライフルを持っていなかったし、またほとんど重火器をもっていなかったのである。それゆえに、ウィットフォーゲルは、「もし彼らがこの状態に据え置かれていたら、恐らく彼らは政府軍に打ち勝つことができなかったであろう」と見る。[73]だが、終戦の直後に起った、以下で見るような満州での新事態は、コミュニストたちによるこれらの欠陥の克服を可能にしていった。

5 「社会主義」国家としての執政党への道（一九四五―一九四九年）

日本の抵抗が潰えた時、モスクワも延安も、じつは共産党の早期の勝利を期待してはいなかった。スターリンとその同志は終戦の直後、「中国の同志」をモスクワに招いたとされる。ユーゴスラビア側の説明によれば、一九四八年にスターリンは当時を回想して、「われわれは彼ら（中国共産党――筆者）に対して、中国における蜂起の発展は期待できないから、中国の同志たちは蔣介石と『暫定協定』を結び、蔣介石政府への参加と自軍の解散を考慮すべきだと遠慮なく告げた」という。[74]これに対してウィットフォーゲルは、この情報が伝聞に基づくものとはいえ、「われわれはそれが、まったく無価値であるとして棄て去るべきものではない」と指摘する。ウィットフォーゲルの見るところ、「中国の内戦で米国との公然たる衝突に巻き込まれる恐れがあると考えていたスターリンが一九四五年、中国における内戦に反対したというのは、まったくありそうなことである」[75]。たしかにスターリンは、交渉によって多くのものを入手したいと望んでいる国と衝突することを欲しなかったし、「公然たる革命」によらず、コミュニストに支配の機会をもたらす挙党連立政府組織を東欧全般に推進していたので、最終的には同様の戦略が中国においても成功すると信ずるだけの理由があったのである。それゆえにウィットフォーゲルは、蒋介石政府への参加と妥協の背後には、ここでもまた、依然としてスターリンの影が見え隠れしていると指摘する。

「たしかに、中国のコミュニストに対してスターリンが軍隊の解散を勧告したというのは誤伝であろう。われわれは戦後の重要な時期に、満州のソ連軍司令官であったマリノフスキーが、当時彼の占領地域内において行動していた延安共産軍の解散に反対した事実を知っている。われわれはまた、マリノフスキーが同地の共産部隊と合流したこの軍隊に、相手の正規軍と戦うことができるような装備と訓練の機会を与えていたことも知っている。彼がこのようなことをしたのは、スターリンの命によるものであったことは間違いない。一九三七年のときのように、スターリンが紅軍に偽りの『解散』をさせるよう提案したことは、あり得ることである。それはコミュニストを中国の連立政府内に送り込む計画に適したものであった[★76]」。

こうした背景の中、中国共産党は、この辺りからスターリンとの距離を取り始めていた。中国のコミュニストは、中国に帰ってまったく反対のことをしたのである。すなわち、彼らはその政治勢力を集結し、軍を組織し、一九四八年には、蒋介石の軍を打破しつつあった。これに対してスターリンは、「今日、中国の問題については、われわれが誤っていたことを認める。正しいのは中国の同志たちであって、ソ連の同志でないことがわかった」と述べたとされる[★77]。こうしたスターリンによる言葉も、ウィットフォーゲルの見るところ、「半分くらいは本当なのかもしれない」が、「事実と符合しない」。なぜなら、中国のコミュニストたちは、モスクワから独立して、その軍隊を組織したのではないし、また蔣介石の軍隊に対して直ちに全面戦争を開始したわけでもないからである。一九四七年のはじめまで、中国共産党は国民党政府とたしかに交渉していたのである。また一九四六年末には、毛沢東自身がなおアンナ・ルイズ・ストロングに対して、共産党が中国において勝利を収めるためには、今後二十年はかかるであろうと語っていた。[★78] ここでもまた、ウィットフォーゲルの分析が、どこまでもモスクワとの距離関係において行われていたことはいうまでもない。

「スターリンの一九四五年の指令を無視するどころか、毛沢東は共産党の要求するようなある種の連立政権に南京が同意しないことが明らかになるまでこれを実行したし、その後、武器をとったのは蔣介石であって、毛沢東ではなかった。続いて起った内戦では、最初のうち共産党は散々敗北した。彼らが最後の勝利を収めた原因はたくさんあるが、その最も重要な原因は、共産党の軍隊が貧弱な装備のゲリラ隊から、十分な装備の正規軍に生れ変ったことである。この再編はソ連の満州における政策が可能にしたのであって、この政策は、単に共産軍を築きあげただけでなく、満州における国民党軍の行動を散々妨害したのである[★79]」。

このように、毛沢東をはじめとする中国のコミュニストらは、中国共産党の「正統」史観によってしばしば描かれてきたように、モスクワから独立して軍を組織していたわけでもなければ、抗日戦争の終結後、直ちに国民党との全面戦争に突入しつつ、共産党の優位のままで戦局が推移していったわけでもない。もちろん、このことは、モスクワだけが国共内戦を方向付ける要因のすべてであったことを意味しない。実際、中国の国内条件や米国の政策といった他の周辺の要因もまた、戦後の中国の推移にとっては重要であった。だが、ウィットフォーゲルはここでもまた、中国共産党にとっての「支配の正当性」が、第一義的にはモスクワから調達されたものであるという結論を引き出している。すなわち、「このような要因がどのような比重を持っていたとしても、中国共産党をして、われわれの時代に第二番目の全体主義国を作らせるに至った一九四〇年代の運命的なできごとで、モスクワが決定的な役割を演じたことは明らかなのである★80」。

おわりに

これまで見てきたように、一九二七年の危機を経た中国の政治過程では、労働者を中心とする本来の労農同盟の理念がすでに根源的に崩壊していたからこそ、「プロレタリアート」という名を借りたコミュニストらに指導された「農民の戦争」は新たな領域に拡大し、やがて政治的、工業的中心部を占領するという新たな革命戦略の提示が可能になった。実際、コミンテルンの中央委員会政治局は一九三〇年七月、すでに革命の主体を「労働者」にではなく、「農民」にこそ求めはじめていたのである。

すでにこの時点でコミンテルンは、「労農同盟」の本来のあり方を自ら否定したばかりでなく、前近代的農民の論理で近代的労働者（bürger ＝市民）の居住する都市を占領しようとしていた。ウィットフォーゲルが指摘したように、共産党の戦略家たちは、一九三〇年には、一九二七年の終わりから一九二八年にかけてとっていたような、「あれかこれか」の路線をとってはいなかった。すでにこの時点で「農村ソヴェト」をめぐるコミンテルンの「迷い」は、すっかり払拭されていたように見えた。こうしたコミンテルンの動向を踏まえてこそ、毛沢東はレーニン・スターリン主義の戦略を、レーニンもスターリンも実地に経験したことのない新たな環境、すなわち「農村」での諸条件に応用したのである。毛沢東は一九二八年十月、中国のブルジョア民主主義革命が、「プロレタリアートの指導の下においてのみ完成される」と主張しつつ、「小さな紅の地域」としての農村の根拠地こそが、究極的には全国的な政治権力を獲得するとの展望を表明した。農村の根拠地にいた間の毛沢東は、「農村地域における独立かつ隔離したソヴェト運動の発展」（シュウォルツ）を考えていたという推測とはまったく逆に、共産主義運動が全国的規模で推進されるという近い将来の日々に思いを馳せていたのである。たしかに毛沢東は都市のブルジョアの果たすべき役割を放棄したわけではなかったが、ここで重要なのは、労農同盟崩壊後の毛沢東の戦略が、すでに都市の労働者とブルジョア（市民）を中心とした「労農同盟」としてではなく、農民を中心として、むしろ実質的には労働者をはじめとする都市の「ブルジョア（市民）」を従属的な立場に置く「農労同盟」に変貌していた、ということである。だが、これは明らかに実質的な「ブルジョア民主主義」革命の否定であり、ブルジョア（市民）が依拠すべき「近代的」価値そのものの否定であった。

たしかに毛沢東は、農民の力が労働者のそれよりも強くなることが革命にとって有害であるとする考えを誤りであるとしていた。だが、ウィットフォーゲルにとって、これは実質的には、労働者階級の「指導権」を農民に与えることによって、「半植民地」中国における革命を、「アジア的」=「前近代的」遺制の克服のないままに展望したことを意味している。このように毛沢東は、本来の「労農同盟」の理念とはまったく逆に、やがて労働者の「指導権」を農民に与えることによって、農民を中心とする「プロレタリアの指導」を「農労同盟」として正当化したのである。

たしかに、中華ソヴェトの指導者たちは、土地革命の支持者の大部分が農民であることを率直に認めた。また、農村ソヴェト政府においてはもちろん、地方の党組織においても、農民が圧倒的に多いことも認めていた。それにもかかわらず、なぜ彼らが、農村ソヴェトは労働者に指導されていると主張したのかといえば、それは彼らが、純粋に理論的なものよりもむしろ政治的な理由でそれを強調していたからである。新しい統一戦線を結成する必要がより緊要となるにつれて、中国共産党は、国民党の幹部たちからひどく嫌われていることを悟ったがゆえに、彼らの「革命的土地政策」の放棄の用意のあることを繰り返し公言しただけに過ぎない。だが、このことは逆に、中国共産党こそが「革命的土地改革」の実施という究極的な政策カード、つまり「下から」の権力のよりどころを握っていたことを意味している。

毛沢東は『新民主主義論』(一九四〇年)において、表面的にはなお国民党政府と同盟する立場をとっていたが、ミュンヘン条約後ははっきりと「ブルジョア(市民)的」でなく、「社会主義的」特徴をもつ「新」民主主義をめざすと考えていた。その後も表面的には、反帝国主義闘争における国民党の指導権を認めていたものの、毛沢東は抗日闘争をコミュニスト（プロレタリアート）の指導権をともなう「ブルジョア民主主義革命」に結びつけたのである。かくして毛沢東は、いまや再び、中国共産党が国内発展の主導権をとろうと努めており、ブルジョア民主主義共和国が、社会主義とプロレタリア独裁への道の単なる「途中下車駅」に過ぎないという新たな主張を掲げていった。毛沢東は、孫文の綱領とマルクス・レーニン主義の主張との類似性を説いたばかりでなく、同時に両者の相違点を指摘しつつ、孫文が「耕す者に土地を」与える政策で、前の土地所有者に対して「補償する」計画を立てていたのに対して、毛沢東は「地主の土地」を「没収する」方法を主張したのである。つまり、ここでもまた、かつてプレハーノフが警告していた「アジア的復古」は、きわめて巧妙な論理のすり替えによって見事に達成されたといえる。そこにはもはや、統一戦線が最大の要件であるという主張も、国民党の指導権に対する喝采も、経済や政治の重要な問題への慎重な取り組みもみな消えていた。いまや、中国のブルジョアジーは、再び厳しい批判の対象となり、ブルジョアジーの党である国民党との以前の対立が、一九三八年十月を境に強調されていったのである。

ソ連が一九四一年三月、日本と不可侵条約を締結する間際になると、その政治的基本姿勢としては、むしろ「新民主主義」の理念とは反対の方向へと歩んでいた。すでにコミンテルンが解散されていたとはいえ、これ以降、一九四五年の抗日戦争の終結から一九四九年までの国共内戦へと至る政治過程の背後にあったのは、依然としてスターリンのソ連であったことはいうまでもない。かくして、かつてソ連の成立としてそれが定着していったように、一九四九年の中華人民共和国の成立とともに、「近代的なもの」が大きく後退し、「アジア的復古」が新たな中国「社会主義」国家体制として成立していったのである。

註

（1）*International Press Correspondence*（*hereafter Inprecor*）, English ed., Vienna and London, 1935, p.1754 cited in *ibid.*

（2）Karl August Wittfogel, "A Short History of Chinese Communism," in *General Handbook on China*, 2 vols., edited by Hellmut Wilhelm, Human Relations Area Files, Inc.（New Heaven: 1956）, p.1192.

（3）Wang Ming, "Fifteen Years of Struggle for the Independence and Freedom of the Chinese People," *Communist International*, No. 9, Sept.- October, 1936, p.586 cited in *ibid.*　王明（陳紹禹）「中華民族独立自由のための十五年間」、波多野乾一編『資料集成中国共産党史』（時事通信社、一九六一年）第六巻、六六七―六六八頁。

（4）P. Miff, *Heroic China*, New York, 1937, p. 88 cited in *ibid.*, pp.1192-93.

（5）Hu Chiao-mu, *Thirty Years of the Communist Party of China*, vol. I, 1951, People's China., p.33. cited in p.1193. 胡喬木（尾崎庄太郎訳）『中国共産党の三十年』（大月書店、一九五三年）、四四頁。

（6）Karl August Wittfogel, *ibid.*

（7）*Ibid.*

（8）このことは、フランスにおける統一戦線が、人民戦線、統一戦線政府、人民戦線政府という運動と政策の発展を促し、コミンテルンの政策を「政策体系の転換」にまで深めていたことを示唆している。この会議での工作は、ディミトロフを中心に一九三四年五月から実際に本格化するが、これを契機にそれまでの社会民主主義への評価が維持できなくなり、人民戦線政策や「ブルジョア民主主義」に対する評価のように、他の領域へも争点が拡大し、またコミンテルン組織の存在形態そのものをも転換するという方向性が定まっていった。この周辺の事情については、加藤哲郎『コミンテルンの世界像』(青木書店、一九九一年)、三七三—三七五頁を参照。

(9) *Inprecor*, 1935, p.971ff cited in Karl August Wittfogel, *ibid*., p.1194. 中国社会科学院近代史研究室翻訳室『共産国際有関中国革命的文献資料—— 1929-1936』(中国社会科学出版社、一九八一年)、三九二頁。

(10) *Ibid*., p.1489 cited in Karl August Wittfogel, *ibid*., pp.1194-95. 同、四〇三—四〇四頁。

(11) *Ibid*., p.1659 cited in *ibid*., p.1195. 同、四一九—四二〇頁。

(12) *Ibid*., p.1666 cited in *ibid*. 同、四二一—四二三頁。

(13) Karl August Wittfogel, *ibid*., p.1195.

(14) *Inprecor*, 1935, p.1597 cited in Karl August Wittfogel, *ibid*.

(15) Karl August Wittfogel, *ibid*.

(16) Edgar Snow, *Red Star Over China*, 1938, New York., p. 191 ff cited in Karl August Wittfogel, *ibid*.

(17) Edgar Snow, *ibid*., p.387 cited in *ibid*., pp.1195-96.

(18) Karl August Wittfogel, *ibid*., p.1196.

(19) *Ibid*.

(20) Mao Tse-tung, *Selected Works*, vol. 1, New York, 1954, p.155 ff and pp.169-170 cited in Karl August Wittfogel, *ibid*. 毛沢東「日本帝国主義に反対する戦術について」、毛沢東選集刊行会訳『毛沢東選集』第一巻(三一書房、一九五六年)、二三六—二三七頁。

(21) *Inprecor*, 1936, p.378 cited in Karl August Wittfogel, *ibid*., p.1197.

（22） Edgar Snow, *op cit.*, p.46 cited in Karl August Wittfogel, *ibid.*
（23） Karl August Wittfogel, *ibid.*
（24） *Ibid.*
（25） *Ibid.*
（26） Mao Tse-tung, *op cit.*, vol. 1, p.254 cited in Karl August Wittfogel, *ibid.*, pp.1197-98.　毛沢東「蒋介石の声明についての声明」（一九三六年十二月二十八日）、前掲『毛沢東選集』第二巻、一二五頁。
（27） Karl August Wittfogel, *ibid.*, p.1198.
（28） Mao Tse-tung, *op cit.*, vol. 1, p.269 ff cited in *ibid.*, p.1199. 前掲『毛沢東選集』第二巻、一五〇頁。
（29） *Ibid.*　同。
（30） *Ibid.*, 同一五〇―一五一頁。
（31） *Ibid.*, p.298 cited in Karl August Wittfogel, *ibid.* 毛沢東「矛盾論」、前掲『毛沢東選集』第二巻、二二八頁。
（32） *Ibid.*, vol. 2, p.109 ff cited in Karl August Wittfogel, *ibid.* 毛沢東「上海・太原陥落後の抗日戦争の情勢と任務」（一九三七年十一月十二日）、同第三巻、七九頁以下参照。
（33） William L. Langer, *An Encyclopedia of World History*, Rev. ed., Boston, 1948, p.1036.
（34） Karl August Wittfogel, *ibid.*, pp.1199-1200.
（35） Mao Tse-tung, *The New Stage, Report to the Sixth Enlarged Plenum of the Central Committee of the Communist Party of China,* New China Information Committee, Chungking, Hongkong, 1938, pp.60-61 cited in *ibid.*, p.1200. 毛沢東「新段階を論ず――中共六期拡大六中全会における政治報告」（一九三八年十月十二―十四日）、日本国際問題研究所中国部会編『中国共産党史資料集』第九巻（勁草書房、一九七四年）、三五〇頁。
（36） Mao Tse-tung, *ibid.*, p.36 cited in *ibid.*　同、三二八頁。

(37) *Ibid.*, p.11 cited in Karl August Wittfogel, *ibid.* 同、二九三―二九四頁。
(38) *Ibid.*, p.29 cited in *ibid.*, p.1201. 同、三二〇頁。
(39) *Ibid.*, p.21 cited in *ibid.* 同、二九三頁。ただし、この部分は邦訳では確認できない。
(40) *Ibid.*, p.29 cited in *ibid.* 同、三二〇頁。
(41) *Ibid.*, p.21 cited in *ibid.* 同、二九三頁。
(42) *Ibid.*, p.49 cited in *ibid.* 同、三三八頁。
(43) *Ibid.*, p.55 cited in *ibid.* 同、三四〇頁。
(44) *Ibid.* 同、三四四頁。
(45) *Ibid.* 同。
(46) Karl August Wittfogel, *ibid.*
(47) *Ibid.*
(48) Mao Tse-tung, *The New Stage, Report to the Sixth Enlarged Plenum of the Central Committee of the Communist Party of China*, p.57 cited in Karl August Wittfogel, *ibid.* 前掲『中国共産党史資料集』第九巻、三四六頁。
(49) Mao Tse-tung, *ibid.*, pp.58-59 cited in *ibid.* 同、三四八頁。
(50) この電文の内容とは以下の通りである。「わが国の国家的存在が危険にさらされたことを看取された貴下は、不退転の決意をもって、国民の団結を達成し、日本帝国主義に甚大な打撃を与え、われわれの最終的勝利と国家再建の基礎を確立した長期抗戦へと全国民を導かれた。わが党の第六回中央委員会総会は、わが頭脳明晰なる国家の指導者に対して、ここに衷心よりの挨拶を送るものである。わが総会の期間中、われわれは、この戦争で成果を挙げるためにわれわれが遂行すべき長期抗戦政策の明瞭な青写真をわれわれに与えてくれた、貴下の『国民に対する宣言』を読んだ。貴下のこの宣言は、悲観論者や妥協主義者に痛烈な打撃を与え、国民の心に新たな勝利への自信を起させた。わが党は、貴下の宣言に全面的に賛同し、その支持を心から誓うものである。わが党は、防禦の段階から攻撃の段階に移行する、この中間期の困難が避けられないことをよく知っている。しかし、過去十六カ月間の戦いが示しているように、中国は前例を見ないほどの成果を挙げ、進歩をとげることができた。中国の全人民は、貴下の不退転の指導と、国民党、共産党、その他の政党の強い協力の下に、抗戦を堅持して、民族の団結を強化拡大するであろうことを信じて疑わない。それと同時に、われわれは、軍事問題、政治組織、大衆運動の改善計画を採用することと、敵の侵略を阻止し、抗戦力を強化し、戦争の第三段階を画する反撃への新たな力を準備するための国力の動員に向って、その最善の努力を尽すことによって、必ずや前進することができる。われわれは、大衆闘争を通じて形成された偉大なる中国国民が、完全に団結して、抗戦の困難を克服し、勝利の終局の目的を達成することを信じる。中国共産党は、すでに言明した政策を堅持し、われわれの国家指導者に対する衷心よりの支持を誓う。われわれは、国家の再建と抗戦計画の政治的基礎として、孫文の三原則への信頼を再確認すると共に、わが党の全党員に対し、敵に対して最終的勝利を収め、民主主義国家を建設するために、彼らが相互援助と、寛容と尊敬の精神をもって、まず両党間の協力を強化し、ついでこれを全国民に及ぼすことを、再び勧告している。終りにのぞみ、全国民の名において、われわれは、貴下がますます健康であられんことを希望すると共に、国民党中央委員会の各位に対してわれわれの挨拶を送るものである」（New China Information Committee, *Resolution and Telegrams of the Sixth Plenum Central Committee, Communist Party of China*, November 6, Hongkong 1938, p.11ff cited in Karl August Wittfogel, *ibid.*, p.1202）。

（51）New China Information Committee, *ibid.*, p.12 cited in Karl August Wittfogel, *ibid.*, p.1203.

（52）*Ibid.*, p.14 cited in Karl August Wittfogel, *ibid.*

(53) Karl August Wittfogel, *ibid.*

(54) Mao Tse-tung, *Selected Works*, vol. 1, p.265 cited in *ibid.* 毛沢東「抗日の時期における中国共産党の任務」、前掲『毛沢東選集』第二巻、一五三頁。

(55) 田中仁『一九三〇年代中国政治史研究』（勁草書房、二〇〇二年）、一九〇―一九一頁参照。

(56) El Campesino, *Life and Death in Soviet Russia* by Valentin Gonzalez and Julian Gorkin, trans. Ilsa Barea, Lion Book: New York, 1953, p. 41 cited in Karl August Wittfogel, *ibid.*

(57) Karl August Wittfogel, *ibid.*, pp.1203-04.

(58) Anna Louise Strong, "The Kuomintang-Communist Crisis in China," *Amerasia* V, No. 1（March 1941）, p.15 cited in ibid., p.1204.

(59) Mao Tse-tung, *op cit.*, vol. 3, p.33 ff cited in *ibid.* 毛沢東「国際情勢についての新華日報記者にたいする談話」、前掲『毛沢東選集』第四巻、一〇二頁以下参照。

(60) Edgar Snow, "Interviews with Mao Tse-tung," *China Weekly Review*, no.91, 1940, p.377 ff cited in *ibid.*

(61) Mao Tse-tung, *op cit.*, vol. 3, pp.110-111 cited in *ibid.*, p.1205. 毛沢東「新民主主義論」（一九四〇年一月）、前掲『毛沢東選集』第五巻、一八―一九頁。

(62) *Ibid.*, pp.111-112 cited in Karl August Wittfogel, *ibid.* 同、二〇頁。

(63) *Ibid.*, p.113 cited in *ibid.* 同。

(64) Karl August Wittfogel, *ibid.*

(65) *Ibid.*, p.1206.

(66) *Ibid.*

(67) *Ibid.*

(68) *Ibid.*

(69) *Ibid.*

(70) Mao Tse-tung, *op cit.*, vol. 3, p.63 cited in *ibid.*, p.1207. 毛沢東「『共産党員』発刊の辞」、前掲『毛沢東選集』第五巻、一三五頁。

(71) *Ibid.*, p.175 cited in *ibid.* 毛沢東「『中国工人』発刊の辞」、同第四巻、一〇三頁。

(72) Karl August Wittfogel, *ibid.*

(73) *Ibid.*, p.1208.

(74) V. Dedijer, *Tito*, New York, 1953, p.323, cited in *ibid.*

(75) Karl August Wittfogel, *ibid.*

(76) *Ibid.*, p.1208-09.

(77) V. Dedijer, *op cit.*, p.322 cited in *ibid.*, p.1209.

(78) Anna Louise Strong, *The Chinese Conquer China*, Garden City and New York, 1949., p.43 ff. cited in Karl August Wittfogel, *ibid.*

(79) Karl August Wittfogel, *ibid.*

(80) *Ibid.*

第Ⅱ部

中国における〈アジア的なもの〉と世界史の再検討

ニューヨークにあるウィットフォーゲルの自宅書斎の風景
(外に見えるのはハドソン川：1977年)。

第五章　中国近代のロンダリング

汪暉のレトリックに潜む「前近代」隠蔽の論理

はじめに

汪暉の前著、『思想空間としての現代中国』（岩波書店、二〇〇六年）に目を通した読者の一部は、そこに散りばめられた独特の言い回しや怪しげなレトリックに対するある種の「不自然さ」をうすうすと感じていたかもしれない。だが、同じ読者が『世界史のなかの中国』（青土社、二〇一一年）を読んだ際には、恐らくさらなる「違和感」や「疑念」を抱きつつも、やがてそれらが決定的な「確信」へと変化していくのを体験することになるであろう。ところが、日本を代表する知識人たちの一部では、逆に本書を、そして昨今の汪の言説を、ほとんど手放しで賞賛するという奇妙な現象が続いている。たとえば、柄谷行人は、その書評（『朝日新聞』二〇一一年三月六日）で、汪を「最も信頼する現代中国の思想家」であるとして、筆者にとっては、ほとんど「まやかし」としか思えないその「脱政治化」という概念をきわめて高く評価している。そこでは中国の社会主義「市場経済」を西側先進資本主義国の「脱政治化」なる過程と同一視しつつ、「それはナショナリズム、エスニック・アイデンティティー、あるいは人権問題などの『政治』にすり替えられた。それらは政治的に見えるが、脱政治的なのだ」と、汪の言葉をそのまま反復しているのである。これと同じような汪に対する肯定的評価は、とりわけ丸川哲史によって、『情況』（二〇一二年一／二月）や『atプラス』（二〇一二年二月）などのメディアでも繰り返し行われている通りである。これはいったいどういうことなのか。

筆者の見るところ、これらはみな、「脱政治化」という価値中立性を装う言葉によって、対外的にはますます覇権的になり、対内的にはこれまで以上に抑圧的になっている現代中国の一党独裁政治をきわめて巧妙にオブラートで包み込む、「超政治化」のプロセスそのものである。それは現代中国社会が抱える巨大な負の局面をまるごと隠蔽するという、中国の現体制によって行使されている強大な権力との親和性の強い、いわば「アジア的」専制政治に対する補完的な言説であるにすぎない。とはいえ、この「裸の王様」に対して、はっきりと「君は裸なのだ」といえる中国研究者がこれまでのところ一人もいないというのは、どうにも理解に苦しむことである。

だが、今回の重慶事件が示すように、仮に部分的にであったとしても、毛沢東主義という名の中国の「伝統」への回帰によって「革新」をもたらそうとする試みとは、文革の際、全面的に復活していった前近代的非合理性を、再び呼び起こすことに帰結するだけである。いいかえれば、毛沢東主義という「伝統」への復帰による「近代化」の推進とは、あたかも清末の洋務運動での「中体西用」がことごとく失敗したように、たんに前近代的なものへの後退、とりわけこの一〇年余りの間、「新左派」（＝事実上の新保守派）の拡大とともに復活し、ますますその「伝統」の力を強めてきた

「封建専制」という名の「アジア的」専制の再来をもたらすだけなのである。

本稿は、汪が本書で展開している中国革命論に検討対象を限定しつつ、K・A・ウィットフォーゲルのアジア的生産様式論(とりわけ、アジア的専制主義論)の観点から、批判的批評を試みるものである。その際、とりわけ注意を喚起したいのは、上記のように本書を評価した柄谷行人が、筆者の『K・A・ウィットフォーゲルの東洋的社会論』(社会評論社、二〇〇八年)に対する書評(『朝日新聞』二〇〇八年六月二十二日)では、マルクスの「アジア的」なものの概念を支持しつつ、ウィットフォーゲルの「アジア的専制主義」論を評価し、なおかつ『世界共和国へ』(二〇〇六年)、及び『世界史の構造』(二〇一〇年)でも、ウィットフォーゲルを肯定的に引用していた当の人物でもある、という事実である。

だが、筆者の見るところ、これは柄谷一個人の思想的な混乱の結果として理解するべきではなく、むしろ中国をめぐる社会認識の新・旧パラダイムが一部の知識人たちの間できわめて複雑な形で共存しており、この現行パラダイムをめぐる「伝統と革新の間の本質的緊張(essential tension)」の結果、「古い理論の間から、しかも世界が含みかつ含まない現象に関する古い信条の母体の中から出現する」(T・クーン)ある種の過渡的矛盾として表面化しているものと考えるべきであろう。★1 以下、そのことを念頭に置きつつ、汪の言説に内在し、その「超政治化」の意味を具体的に検討していくこととする。

1　中国革命史における「脱政治化」とはなにか

汪暉は本書で、「脱政治化」という言葉をキーワードにして、世界史的なコンテクストにおける中国革命史の中でも、とりわけ六〇年代のもつ特別な意味について根源的に問うている。全世界的に社会運動、反戦運動、民族解放運動が盛り上がった「一九六〇年代」問題について彼は、「二十一世紀中国」の問題そのものとしてとらえた。日本を含む西側では、この激動の時代をめぐりさまざまに議論されてきたのに対し、中国ではもっぱら「沈黙」が保たれているのはいったいなぜなのか。中国の論壇におけるこの「沈黙」の意味を考えるようになったという汪は、この「沈黙」そのものが、その急進的な思想・政治的実践、すなわち中国の「六〇年代」の象徴である「文化大革命」を拒否していただけではなく、二十世紀の中国全体に対する拒否でもあったことに気づいていく。ここで汪がいう「二十世紀中国」とは、辛亥革命（一九一一年）前後から一九六七年前後までの「短い二十世紀」を指しているが、それはまた「中国革命の世紀」でもあることはいうまでもない。汪の見るところ、それが終わりを告げるのは、一九七〇年代後期から天安門事件（一九八九年）までの「八〇年代」であった。

汪の整理によれば、中国革命の中心的な内容とは、次の三点にまとめられる。第一に、土地革命を中心として、農民の「階級的主体性」を構築し、その上で「労農同盟」と「統一戦線」を形成することによって、「近代」中国政治の土台を築いたこと。第二に、革命による建国という方針の下で、「伝統的」政治構造や社会関係の「改造」を通じて、中国を「単一主権共和国」につくりあげ、農村の「工業化」や「近代化」に向けて政治的な保障を与えたこと。そして第三に、「階級政治」を形成し、革命による建国を目標とし、「近代政党政治の成熟」を前提としつつ、「近代的」政党の誕生が促されたことである。★2 さしあたって、ここで注意しておきたいのは、これら三つの内容を構成するものとして、「近代的」なものが「前近代」という対抗概念を媒介することなく、中国革命論の中心概念として扱われていることである。ここでは「近代」のメルクマールの一つである「階級」という概念が、マルクスの、そしてK・A・ウィットフォーゲルのいう「アジア的」、すなわち「前近代」的農村共同体に生きる「合唱団」（マルクス）としての農民に付与されたにもかかわらず、★3 汪はここで「近代的」な「主体性」が築かれたとし、「労農同盟」なるものをあたかも歴史的既成事実であるかのように、どこまでも無前提、かつ無反省に扱っている。その際彼は、中国史上ほとんど実体のなかった「労農同盟」なるものが、「前近代」でなく、「近代」中国政治の基礎をつくったとすら主張するのである。さらに驚くべきことに、専制的独裁政治の復活をもたらした毛沢東時代の中国共産党を、西側と同じ「近代的」政党、さらにそれが「近代政党政治の成熟」を前提としていたとすら論じていく。ウィットフォーゲルにとって、「前近代」への後退をもたらしたものを、汪はそれとはまったく逆に、「伝統的な政治構造や社会関係の改造を通じて、中国を単一主権共和国につくりあげ、そうして田園中国の工業化や『近代化』に向けて政治的な保障を与えた」とまで論断していくのである。★4 こうした思想的倒錯がなぜ可能になるのかといえば、汪が「新左派」という反体制を示唆するような言葉とは裏腹に、巨大な専制権力によって支えられた「正統的」現行パラダイムのただなかにおり、こうした立論がおよそ論証抜きで読者に共有されるほど、現体制の下にある言説パラダイムとの親和性が絶大だからである。
ところで、中国革命の意味を世界史的に位置付けようと試みるとき、汪の「近代」をめぐる問題意識が、肯定的なものというよりも、むしろネガティブなものであることが、フランス革命とロシア革命との対比におけるその意味を考察する際に明らかになってくる。すなわち汪によれば、この時代、フランス革命とロシア革命が前後して中国の知識人や革命家の模範となり、この二つの革命に対する評価の相違は、「中国革命における政治的な不一致」をはっきりと映し出していった。それゆえに、『五四』時代の新文化運動はフランス大革命や、その自由、平等、博愛といった価値を熱烈に称賛していたが、共産党の第一世代はロシア革命を模範として、フランス革命のブルジョア性を批判した」というのである。[★5]では、こうした世界史の中で、西欧近代が可能にした「ブルジョア革命」によってもたらされた「自由、平等、博愛」という普遍的価値を、汪自身はいったいいかに評価するのか。

「『八〇年代』には、社会主義の危機や改革の登場に伴って、ロシア革命が湛えていたオーラは次第に消えていき、フランス革命の意義がもう一度脚光を浴びるようになった。だが、この世紀の終焉に伴って、フランス革命もまたロシア革命と共に、『急進主義』の温床として批判と否定の対象になっていった。六〇年代の拒否や忘却は歴史の中で唐突に生じたわけではない。それは持続的でかつ全面的な『脱革命』プロセスの有機組成なのだ。『短い二〇世紀』に関する上記三点の概括が妥当だとすれば、『脱革命プロセス』は、労農階級の主体性が否定され、国家とその主権形態が変質し、政党政治が衰弱するなどの現象としてあらわれる以外にない[★6]」。

このように汪はそもそも、中国革命史において未完に終わった「ブルジョア革命」の普遍的意義そのものを認めていないことが分かる。しかも、二つの革命の評価をめぐる「政治的不一致」が、中国革命の主体的な選択として、正しい道であったかのごとく記述している。汪の見るところ、ソ連と中国のいずれにおいても、革命政治は「脱政治化」の侵蝕にさらされ、国内では党＝国家体制の官僚化と権力問題を中心とする「政治闘争」となって現れた。[★7]その一方で、フランス革命の担っていた「普遍的価値」ですら、すでに八〇年代には、その「急進主義批判」とともに自ずと消滅していかざるを得なかった、とでもいいたいのであろう。だが、これは本来フランスの近代が生んだ「普遍的」なものを「フランス的」なものとして矮小化して、しかも八〇年代という「時代制約」的なものへと大きく歪曲するものである。「『脱革命プロセス』は、労農階級の主体性が否定され、国家とその主権形態が変質し、政党政治が衰弱する」と汪はいうが、[★8]そもそも「労農階級の主体性」など、すでに一九三〇年代の初めには、「代行主義」という名の「党の主体性」の中へと埋没してしまったというのが、中国革命史の現実ではなかったのか。なぜなら、持続的かつ全面的「脱革命」という意味でなら、二八年の「大転換」の中で、「労農」革命そのものがすでに新中国の成立以前に「半ば」放棄されつつ、実際に起きてしまっているからである。[★9]

2 「脱政治化」と文革の評価をめぐり

さらに汪は、「脱政治化」という命題から、中国の党＝国家体制とその「転化」という問題に入っていく。ここではイタリアのアレッサンドロ・ルッソを引用しつつ、「文化大革命」が「高度に政治化した時代」であったと指摘したうえで、「この政治化の時代の終焉は、一般に思われているように七〇年代中後期に始まるのではなく、『文革』開始後から次第に発生するようになった派閥闘争、とりわけ派閥闘争に伴う暴力衝突の時からすでに始まっていた」と論じた。[★10] つまり、「政治化の時代」の終焉とは、八〇年代ではなく、六〇年代そのものの「脱政治化」からすでに生じていたというのである。だが、既述のように、「労農階級」なるものが「前近代」的、あるいは「擬似近代的」論理で成立していた以上、文革の六〇年代とは、「脱政治化」どころか、「前近代」的非合理性に基づく高度な「政治化の時代」そのものであったというべきである。その歴史的事実を鑑みれば、ここでの汪の隠された政治的意図とは、「文革」という中国にとって厄介な歴史的存在を西洋「近代」と同等とみなすという比較の対称性において、いわば「近代のロンダリング」として、可能な限り政治的に「中性化」しようとする虚しい試みである。だが、それにもかかわらず、汪は次のように続ける。

「文革の終焉は、『脱政治化』のプロセスから生み出されてきたということになる。ルッソによれば、『脱政治化』は『ポスト文革』時代の中国だけに見られる現象ではなく、今日の西洋政治にも見られる特徴だという。支配権が伝統君主から近代的な政党へと転化していくのは、政治的モダニティの根本的な特徴だ。党専政と複数政党政治は、いずれも近代的な党＝国体制がその基本的な枠組みになっている。その意味では、この二つの国家モデルは、どちらも党＝国と呼ばれるべき範囲を出ない」[11]。

ここでも汪の目指すものとは、西洋近代との対称性における「中国近代のロンダリング」である。これは西洋近代の伝統的君主制のもつ一時的統治としての「暴政」と中国のような永続的政体に根付いている「専制」とを混同し、西洋近代がもたらした負の局面と同根のものとして「文革」を解釈しようという欲求の表れである。「文革」における暴政の発生根源そのものが違うのだから、「ポスト文革」なるものも、「近代」（モダニティ）の所産であるとみなすわけにはいかない。しかもそのことを、西洋人としての中国研究者であるルッソが論じているというのがここでのミソであり、「西洋的」近代と「アジア的」前近代との混同を「西洋的」近代の側から正当化するためにルッソが利用されていることが伺える。だがここでは、「外国の学者」による「研究」が中国政府寄りでありさえすれば、「それが現実とどれだけギャップがあろうと、中国政府はこれを採用し、『参考消息』や中国研究を紹介する外国むけの刊行物に掲載した」という何清漣の言葉との親和性を想起すべきであろう[12]。

さらに、汪によれば、二十世紀中国の政治は「政党政治」と密接に関係し合っており、政党自身がいわば普遍的な「脱価値化」のプロセスの中に置かれていた。したがって、政党組織が膨張し、政党構成員の人口に占める割合の拡大がその政党の「政治的価値観」の「普遍化」を必ずしも意味しなくなったとしても、汪にとっては、まさにそのこと自体が中国共産党を含めた「普遍的」現象なのだ、といいたいようである。ここで政党は日増しに国家権力に向かって浸透と変化を遂げ、さらには一定程度、「脱政治化」し、機能化した国家権力装置へと変わっていったのだという[13]。つまり、ここでも汪は、一党独裁の「中国共産党」をいかにして「西洋近代」の多元的国家における多党制の下での「政党」と同一化するかで躍起になっている。ここで汪は、この「二重の変化」を「党＝国家体制」から「国家＝党体制」への「転化」と称し、前者には政治的態度が含まれるが、後者では権力を強固にすることに専ら力が注がれたとした。かくして「政党の国家化のプロセス」は、二十世紀中国に生まれた「党治」体制を、国家中心の支配体制へと転換するが、それはまた必然的に「国家の政党化」のプロセスでもあるという。[14]だがこれは、党独裁の中国共産党にこそあてはまるという事実を価値的に「中性化」するものである。

このように汪は、西側の複数政党制を前提とする「政党」を一党独裁の中国共産党と同じ近代「政党」として論じているとはいえ、中国共産党の一党独裁を見る眼は比較的に冷めたものである。そもそも汪にとって、中国革命から生まれた社会主義の党＝国体制は、「ある階級がもう一つの階級を覆す」という革命行動から生み出されたものなので、明確な「友敵」関係を前提とし、国家イコール階級支配の暴力機関として理解されている。汪の見るところ、西側の代議制デモクラシーは専制主義的支配を覆すプロセスで形成された「ブルジョアジーの独裁」であるが、それはちょうど「プロレタリアート・デモクラシー」が帝国主義や資本主義、そして「封建的」（＝マルクスのいう「アジア的」）支配を覆す階級的対抗のプロセスによって生み出されたのと同じものである。[15]だが、それがプロレタリアートの独裁、または人民民主主義の独裁とならざるを得ないとまで主張するのは、あまりにも論理的に飛躍している。ここで汪は、国家を階級支配の道具であるとみなす仮説が堅持されているがゆえに、社会主義国家の政治体制が一党独裁体制であったことを率直に承認する。だが、共産党の指導する政府が「全体主義政府」であるという言い方が「半分正しい」というとき、ではいかにして「半分」誤っていたのかについては語らない。汪によれば、「この政府は内外の反動派に対して専政や独裁を行う政府であって、内外のすべての反動派に対しては、いかなる反革命的な自由活動の権利をも認めることはない」のだが、それが「専政でも独裁でもなく、民主的」とされるのは、「この政府は人民自らの政府」なのだからとあっさり言い切ってしまうのである。[★16] どうやら汪は、トクヴィルをもちだすまでもなく、専制主義が民主主義によって容易に正当化されるものであるという政治学の基礎知識を持ち合わせていないようである。

汪にとって、「文革」時代に発生した大衆暴力、政治的迫害、そして極端な血統論を掲げた「階級闘争」とは、「プロレタリアートの独裁下での継続革命」がもたらした必然的な結果である。したがって、「政権内外の社会主義者は『プロレタリアートの独裁』という概念に対して、慚愧の念を持っているか、そうでないとしても沈黙を保とうとする」という汪の指摘は、それなりにもっともなことである。[★17] たしかに、「プロレタリアートの独裁専政」というマルクスの概念を「復活」させたのは、レーニンと中国で彼に追随した人々であった。しかも、一九〇五年の段階でレーニンは、「新イスクラ派」との闘争において、彼らの「革命コミューン」の理念と、「プロレタリアートと農民の革命民主専政」とを早くも区別していた。彼は、前者を「革命の空文句」だと斥け、後者を「臨時革命政府」という、「不可避的にあらゆる国家事務を執行すべき」、「まちがっても絶対に『コミューン』とは呼ぶことのできない政治形態と結びつけた」のだった。その意味では、たしかに汪が指摘したように、レーニンのこうした見方は、「コミューンとあらゆる国家事務との間の鋭い対立というマルクス本人が繰り返し、強調していたものと必ずしも一致していない」といえる。[18] だが汪は、レーニンがここで根源的に問題にしていたのが、「前近代的」遺制をいかにして払拭するのかであったという事実を、知ってか、知らずにか、まったく看過している。それゆえにレーニンが、一九〇六年、プレハーノフとの間で繰り広げられた論争で「アジア的復古」の危険性について警告されていたという「不都合な真実」も、当然のことながら、回避される。[19]

「十月革命後のロシアでは、人民民主専政あるいはプロレタリアート専政は二つの重要な変化を経ている。第一の変化は、複数政党の提携を許し、連合政権を運営することから、さまざまなやり方で『共産党を国内で唯一の合法政党とする』政局、つまり一党専政を確立することへの変化だ。第二の変化は、革命政党をリーダーとし、労農連合を基礎とする政治形態から、官僚化した党＝国体制を枠組みとし、あらゆる国家事務を行使する権力体制への変化だ。すなわち、プロレタリアート専政は、あらゆる『元来の意味での国家』とは異なる政治形態、真の社会自治と参加型デモクラシーから、合法的に暴力を独占し、権力が高度に集中した国家構造へと転化したのだ」。[20]

ここでも汪の主な目的は、レーニンの「プロレタリアートの独裁」を西側の「下から」の「参加型デモクラシー」と同一視することで、中国の「上から」の「大衆動員型」政治を価値的に中性化することにある。だが、汪はここで、実際のロシアでこの「プロレタリアートの独裁」の実行のあとに続いたのが「党の独裁」であり、そして最終的にはスターリンという「唯一者」の独裁であったことを、恐らくは意図的に、しかしいずれにせよ結果的にはまったく無視している。他方、中国の「人民民主主義独裁」は、共産党を唯一の合法的政党であると規定しないままで、それでもなお一党独裁という高度に集権的な国家構造をとっているのは一体なぜなのか。汪の見るところ、ここでの問題は国家が引き続き存在し、しかも絶えず強化されている中で、「大衆をリードする」革命政党が、いかにして自らの官僚化を回避し、国家を自己否定の傾向を内包した政治形態、すなわち、「参加型デモクラシー」のバイタリティーを内包した政治形態になっていくのか、ということにある。それゆえに、M・ウェーバーが指摘したように、一九二〇年代初頭に採用されたソ連の新経済政策（NEP）では高給取りの企業家や、歩合制給与、テーラーシステム、軍事と工場での規律、着飾った外国資本などを温存、かつ復活させた。つまりソヴェトは、ボルシェヴィキがかつて「ブルジョア的制度」であるとみなして闘ったすべてのものを、もう一度全面的に引き受けなければならなかったし、国家と経済を正常に運営していくために、そうせざるを得なかったというのである。[★21] これはいわゆる「党の国家化」をいかにして回避するかという初期社会主義段階の特徴的問題であるが、汪はソ連の二〇年代初頭、あるいは中国の五〇年代初頭、こうした「党の国家化」を回避すべく、労働組合の党に対する自律性をめぐりソ連と中国とで展開されたいわゆる「労働組合論争」で、スターリンが、そして毛沢東が、最終的に労働組合を抑圧していった事実については口を閉ざしたままである。[★22] こうしたロシアと中国における特殊事情を抜きにして、「革命」政治なるものを西側の「参加型デモクラシー」と同一化しつつ、汪は二つのまったく異なる歴史的条件を、一方的に「普遍化」しようとするのである。

3 「中国近代のロンダリング」と毛沢東の「農民革命」

こうしたコンテクストで現代の世界政治の現状を観察したときに、「政党の代表性」なるものが「漠然化」したことや、国家の公共的選択が資本の利益追求に影響されるようになったことなど、今日の世界における二つの代表的な政治体制の間には、かつてなかった「相似性」や「一致」が見られるようになった、という。たしかに表面的にはそうかもしれない。だが、次のように述べるとき、汪は先進資本主義諸国の抱える諸問題を中国のそれと事実上同一化し、中国政治の特殊性を完全に隠蔽している。

「つまり、これまで三〇年の間、両者はともに『脱政治化』の流れの中にあったということだ。議会制デモクラシーを制度的枠組みとする複数政党制と、一党支配のもとでの政治的フレームワークとの間に重要な差異がないと言っているわけではない。そうではなく、『脱政治化』という流れの中で、議会制デモクラシー下の複数政党制には『政治的同一化』現象が現れ始めており、一党制のもとでは二路線、あるいは複数路線が共存する構造が消えかかっているが、そのどちらもが、政党政治を中心としてきた二〇世紀的政治モデルの危機要因になっているのだ★23」。

汪はここで、現代世界のデモクラシーの危機が、自由主義国家と社会主義国家というこれら二つの体制間の「政党政治」なるものにおける、いわば「普遍的」なものであると理解した。そのうえで、第一に、六〇年代末以降に強化されていった「脱政治化」プロセスの結果である現代の政治的危機の核心が、「政党政治の危機」であり、第二に、この危機は中国や旧社会主義国家の政治体制の危機であるだけでなく、ヨーロッパの複数政党下の議会制デモクラシーや、英米の二党制の下での「議会制デモクラシーの危機」でもある、という二つの論点を導き出している。[★24]このように、「脱政治化」という言葉で西側デモクラシーの危機と中国のそれとを同一視することは、既述のように、中国における「前近代的」なものを隠蔽し、西側の「近代」と中国の「前近代」、あるいは「擬似近代」とでもいうべきものを、実質的に同等に扱うことを前提にしてはじめて可能になるものである。これはまさに「脱政治化」という客観的中立性を装う言葉によって、現体制擁護という自らの政治的立場のイデオロギーを隠蔽しようとする「超政治化」そのものである。彼は「政党政治の危機」について語るとき、「近代政党」の前提に変異が生じていると指摘しつつ、次のように述べている。

「ここで特に必要なことは、『政治的視座』から、『文革』後に次第に消滅していった『路線闘争』の概念をもう一度理解してみることだ。この概念は、多くの場合、勝者の側から党内での闘争を概括する際に使われる。だが他方では、中国共産党の発展史における重要な現象をあぶり出すものでもある。つまり、大きな政治闘争にはいつも、厳粛な理論的思考や政策論争がつきまとっているということだ。一九二七年に大革命が失敗したあとの、党内の諸勢力による革命失敗に関する理論的総括や政治闘争から、三〇年代初期の左右両翼間や左翼内部における中国社会の性質と中国革命の性質に関する歴史的研究や理論論争に至るまで、また、中央ソヴェト地区や延安の時代における中国共産党内部の、政治、軍事、内政、国際政治に関するさまざまな分析から、『文革』時代の中国共産党内部における（中国社会の矛盾の性質に関する持続的な論争に至るまで、中国革命史のそれぞれの段階において、わたしたちは、政治集団相互間や個々の政治集団内部で理論の相違や、そうした理論の相違をめぐって政治闘争が展開しているのをみることができる。こうした理論や政策論争が継続的かつ健全に発展を遂げていくための制度的保障はなかったので、論争や相違は、権力闘争という強制的な方法により『解決』されていた）」。★25

たしかに「路線闘争」とは「勝者の側」から語られるものであり、汪のいう「短い二十世紀」が内包していた「理論と実践との間の大きな不一致」こそが、その要因のひとつであるというのは事実である。とりわけ、二十世紀の中国は世界全体で起こっていた変動の中の「急進的な性質」を代表していたが、それは同時に「変革の急進性」が、「古くて、農業中心の、近代的階級関係が十分に発展していない現実との間に、驚くべき齟齬をきたしていた」というのもその通りである。汪のいうように、学術的論争や相違も、「権力闘争」の「勝者の側」の強制的方法により「解決」されてきた。だが、だとするならば一九二七年という中国革命史の「大転換」をもたらす契機となった「大革命」を、いったんは「敗者の側」から再検討してみることが最も効果的なのではないのか。しかもここで汪は、三〇年代初期の左右両翼間や左翼内部における中国社会性質論戦、及び中国社会史論戦における主要な論争点が、中国農村社会の「前近代的」遺制をいかに理解し、克服すべきかであったという事実への言及を回避している。たしかに、革命や変革の本来的に有している「急進性」とは、理論闘争、つまり、「人間の主体性を改造する、もしくは転換する（いわゆる「魂に触れる革命」）プロセス、そして、そうした理論闘争を実践へと転化しようとする強烈な欲望として」現れたのかもしれない。★26 だが、その結果としてもたらされたのが、「いきすぎた暴力」ではなく、第一にイデオロギー領域における「脱理論化」であり、第二に、「政党内部の路線闘争の終焉」であると強弁するとき、汪はここでの「アジア的」なものをめぐる根源的問題からはとことん逃避しているといわざるを得ない。★27

さらに汪は、「我々の敵はだれなのか」に注目する毛沢東の分析には、(1) 構造的な階級関係を重視し、運動をリードする革命政党の視野において展開されていることを忘れずに、(2) ある種の「総合的視野」が常にともなっていた、という二つの方法論的特徴が見られるという。★28 ここで重要なのは、この二つめのポイントである。つまりそれは、「中国社会の各階級と革命との関係を、帝国主義時代の世界的関係」、いいかえれば、「経済的に立ち後れた半植民地の中国」という「中国社会の独特な性質」の中に置いて考えるような視野のことを指している。汪によれば、この分析方法はマルクスの構造的な分析方法と一致しているが、両者には違いもある。マルクスはイギリスに対する理念化された分析を通じて階級に関わる構造分析を行ったが、毛沢東はグローバルな、帝国主義的政治—経済関係の中で、中国革命と階級政治の動因や方向について論じていたという。★29 これはあたかもマルクスが、イギリスという限定的社会関係においてのみ階級概念を理念化していたかのような記述であるが、問題はそこにではなく、「中国社会の独特な性質」に言及しておきながら、同じマルクスのアジア的生産様式についてはいっさい言及しないことにある。[★30]だが、これも「前近代的なもの」を意図的に回避する「中国近代のロンダリング」が最終目的である汪にとっては、当然ともいうべき論法・手法なのかもしれない。また、汪の指摘するように、「短い二十世紀」の中で、中国の革命政党にとっての最大の任務とは、たしかに「農民運動や土地改革を通じて、中国のプロレタリア革命の階級主体を生み出す」ことであった。だが、ここでの問題は、以下のようなその手段と運動のあり方そのものにある。

「土地改革は革命の目的であると同時に革命の手段だった。農民階級とその革命性は、構造的な階級関係に発していたというよりも、そのような構造的関係を揺るがしていくような大きな歴史の趨勢、農民を階級へと転化していくような政治的力、政治的意識、政治過程に発していたというべきだろう。『敵と味方の矛盾』とか『人民内部の矛盾』を、揺らぐことのない関係へと固定していってしまうようなやり方とは逆に、革命政治は闘争を通じて、主体性の転化を遂げるよう促す。この時代の階級分析や統一戦線戦略には、このような主体性の転化を促していくような歴史の弁証法が常に含まれていた。このことは、政治的な階級概念が生産様式を枠組みとする構造的な階級概念から乖離してもいいということを意味しているわけではない。そうではなく、農民を革命主体（と軍事主体）へと作り上げていくことを目標とする土地改革や政治動員は、それ自体が、農業社会の生産様式を改造して工業化の条件を作り出すための有機的な一部分だということなのだ（それは、生産様式によって規定される階級関係の組み替えや革命的改造に不可避的に関わってくる)[31]」。

ここでいわれている「土地革命」が仮に革命の「目的」と「手段」とを事実として兼ね備えているとしても、汪はここでも本来は「合唱団」にすぎない農民が革命の「主体」となったことをむしろポジティブに描いている。しかも、ここでは「生産様式」について語っておきながら、中国との関連が最も深いアジア的生産様式の言説についてはすべて隠蔽しているのである。さらに汪は、「それ自体が、農業社会の生産様式を改造して工業化の条件を作り出すための有機的な一部分だということなのだ」とまで主張する。だが、これはまさに「アジア的」なものの主体である「合唱団」としての「農民」の論理によって、「アジア的」なものを「一挙に」飛び越えようとする潜在的な「反動」性をあからさまに肯定するものである。それはヘーゲルのいう「闇夜の黒牛」、すなわち盲目的な同一性の中の同一性である。「農民階級とその革命性」なるものが、近代的「階級関係」に発していたのではなく、「構造的関係を揺るがしていくような大きな歴史の趨勢、農民を階級へと転化していくような政治的力、政治的意識、政治過程に発していた」というとき、ここでは明示化していないものの、汪はあきらかに、「前近代的」なものの問題性を視野に入れている。だがそれは、「大きな歴史的趨勢」が、二八年の「大転換」によって、「恣意的に」もたらされたという事実を踏まえていない。それは「農民」が「階級」になったのではなく、党が農民を代行する形で党そのものが「階級的に」転じていったこと、そして「中国のプロレタリア革命の階級主体」として「アジア的復古」がもたらされ、毛沢東の専制独裁体制へと結実していったという事実を、きわめて巧妙に隠蔽するものである。汪が次のように述べるとき、その理由が「近代」の概念と「前近代」の概念とを決定的に履き違えていることによるものであることが自ずと判明してくる。

「中国革命におけるいきすぎた暴力は、階級に関する表象的現実と客観的現実との間の乖離から生まれてきたというよりも、むしろ、階級概念そのものの『脱政治化』から生まれてきたというべきである。つまり、政治的な階級概念が客観性という枠組みの中に置かれ、上から下へという強制的な方法によって、『階級闘争』が展開されたのだ[★32]」。

これは「近代」と「前近代」という二つの対抗概念の意図的な混同によって、中国革命をめぐって行使された暴力の「前近代」的性格そのものを隠蔽しようとする言説である。ここでいわれている「階級闘争」とは、本来的には、「階級」という「近代」的概念ではなく、むしろ「身分」という「前近代」的概念を適用すべき農民という名の「合唱団」を主要なアクターとするものである。だが、ここで汪は、「前近代」的性格を有した農民の客観的現実を等閑視しつつ、そこからいきなり「近代」を超えさせようと目論んでおり、いわば「歴史に飛び越えなし」と警告した、ヘーゲル歴史哲学の基本テーゼを躊躇なく蔑ろにしている。つまり、「前近代」の論理で「超近代」を目指すべく行使された「いきすぎた暴力」こそが、「前近代的」手法による「超政治化」をもたらしたというのが、むしろ厳然たる歴史的事実なのだ。だが、たしかに汪が指摘するように、長征や国共内戦などの「軍事闘争」のもとだけでなく、「社会主義」国家が成立してもなお、「上から下へ」とのみ強制的に行使される「階級闘争の暴力性」がなくならなかったのがいったいなぜなのか、それがここでのより根源的な問題となる。革命政党がかつて追求していたはずの、「近代」社会に不可欠な政治的価値や政治的権利としての「政治的デモクラシー」や「言論の自由」が、こうした歴史的条件の下でかえって極限まで抑えつけられてしまったのはいったいなぜなのか。汪によれば、「こうした問題に答える場合、ある特定の指導者、ひいては政党の政策的ミスという点に着眼するだけでは不十分だろう。わたしたちは、理論的な解釈を行わなければならない」[★33]。たしかに一面ではその通りである。一方では、「階級概念」としての「財産権」はすでにその意味を失い、その後、共産党の「階級的代表性」という問題が毛沢東時代よりもはるかに「曖昧」になっていき、他方では、「中国革命は、マルクスが予見したような、歴史上に存在したあらゆる国家とは異なる国家、すなわち国家の消滅に向かう過渡期としての国家を登場させたのではなく、合法的に暴力を独占する装置としての国家形態を、独特なあり方で再現した」という[★34]。だが、このことは、中国革命論を同じマルクスによるアジア的生産様式という理論的解釈によって説明されうることを、汪は完全に見落としている。ここでいう「独特なあり方で再現した」のは、要するに、「アジア的復古」、すなわち、毛沢東による「アジア的」専制国家の復活であったということなのである。

4 「中国近代のロンダリング」と「脱政治化」なるもののゆくえ

たしかに、汪の指摘を俟つまでもなく、「脱政治化」という現象とその原動力をどのように理解するかというのはきわめて「複雑な」問題であり、中国の内部に限定して分析するだけでは不十分である。だが、フランス大革命、ヨーロッパにおける一八四八年革命、ヨーロッパとアジアの一九六〇年代の社会運動それぞれにおける「失敗」の後（ポスト）を、中国における一九八九年の天安門事件の「弾圧」後と同列に扱い、「政治的変動が起こった後には、ほとんどの場合、広範な、相異なった『脱政治化の波』が現れている」と主張するのは[★35]、ここでも「前近代」と「近代」との間で本来的に異なる意味を履き違えた過剰なるアナロジーであるというべきである。たしかに、中国のコンテクストにおいて、「現代化、市場化、グローバル化、発展、成長、全面小康、民主」といった概念は、いずれも「脱政治化」のあるいは「反政治的」政治イデオロギーのキーコンセプトであり、「こうした概念が流行した結果、政治的な思考を深めていく人々の能力は失われていく」というのも事実である。だが、「『脱政治化』という概念が述べる『政治』とは、国家的活動もしくは国際政治の中で、永遠になくなることのない権力闘争のことを指すのではなく、一定の政治的価値やその利害関係に基づく政治組織や政治論争、政治闘争、社会運動、つまり、政治的主体間の相互運動のことを指す」というのは、ここでもまた「西洋近代」が生み出した「多元的国家」における市民による「社会運動」と、アジア的「前近代」の復古としての「専制国家」における農民による「階級闘争」とを同一視するという「近代ロンダリング」の空虚な試みにすぎない[★36]。

さらに汪によれば、生産過程の抽象化（その再生産条件を隠蔽すること）は、最終的に、「発展主義イデオロギーの支配的地位の確立」をもたらしたという。二十世紀の歴史から見ると、「脱政治化」

のプロセスは、冷戦時代の二つの社会体制に内在するものであり、社会主義運動や民族解放運動とは単なる政治運動ではなく、革命や独立建国運動を通じて、経済関係や社会モデルを再構築するものであった。たしかに、「発展主義のイデオロギー」が支配的になった時代、「二〇世紀政治の核心——社会運動、学生運動、政党政治、労働者運動、農民運動、そして、国家を通じて経済を組織していくやり方は、いずれも市場化、国家化、グローバル化の方向に向かって発展していくようになった」のかもしれない。[★37]だが、「こうした流れの中では、資本主義の危機の時代における国家の関与、社会の動揺、革命運動などは、いずれも自然な市場発展プロセスを政治的に破壊するものだとみなされる」という論法は、毛沢東の発動した「前近代」的非合理性の顕在化を無反省に肯定するものであり、その「前近代」的な政治手法がいかなる不幸を人民にもたらしたのかをまったく直視できていない。とりわけ、新古典派経済学の「自生的秩序」としての市場概念が、独占関係を「脱政治的に」隠蔽するものであるだけでなく、攻撃的で、[★38]否定すべき目標をはっきりと見定めた「脱政治化の政治イデオロギー」なのだとする主張は、「資本の文明化作用」（マルクス）という近代だけが有するポジティブな側面を見落としつつ、他者のイデオロギーの暴露によって、自らのイデオロギー性を隠蔽するもの[★39]である。仮にそれほどまでに「資本主義の危機の時代における国家の関与」を肯定したいのであれば、なにも六〇年代の毛沢東などに戻らなくても、より「身近な」汪自身の経験の延長線上にある八〇年代の趙紫陽に回帰すれば十分であろうものの、なぜ汪はそのことをいっさい語ろうとしないのか。したがって、「『政治化』の核心は、こうした『自然状態』を打破すること、つまり、理論的にも実践的にも、『脱自然化』によって『脱政治化』に対抗していくことにある」というのが仮に事実であったにせよ[40]、この対抗言説こそは、きわめて逆説的には、汪自身にこそ当てはめるべきものである。こうした意味で、汪が以下のように述べるとき、ここで隠された本当の意味を、われわれはじっくりと吟味する必要がある。

「今日の中国における左右両翼は、しばしば、脱政治化の政治を前にしてなすすべを失っている。その原因は簡単だ。こうした国家運営のメカニズムはもはや従来の左右モデルでは評価しようのないものなのだ。主に正当性という必要に促されて、中国共産党は『文革』後にそれを『徹底的に否定』した。だがその一方では、中国革命や社会主義の価値、特にその近代的伝統の歴史的総括としての毛沢東思想を『徹底的に否定』することがなかった。これは、二つの結果をもたらした。第一に、国家改革について言うならば、そうした伝統が内在的な抑止力を構成した。つまり、『国＝党体制』の重大な政策決定や転換は、そのたびに、この伝統との対話やかけひきの上で行われなければならないので、少なくとも特殊なレトリックを用いて、そうした転換とかかる伝統との間で少なくとも何らかの調和を得なければならない。第二に、労働者や農民、またはその他の社会集団について言うならば、かかる伝統は一種の合法的な力を構成する。彼らは、こうした伝統を利用しながら、国が進めようとする非合理で不公正な市場化や私有化のプロセスとの間でかけひきや協調を模索し、それによって、一定程度ではあるが、新自由主義勢力の拡張を牽制することができる。『文革の徹底否定』、『革命との訣別』という歴史の流れの中で、二〇世紀中国の歴史的遺産をもう一度持ち出して揺り動かそうとすることには、未来の政治発展に向けた契機が明らかに含まれている。しかしその契機は、二〇世紀の入り口にただもどろうとするだけのものでは決してない。そうではなく、『ポスト革命の時代』（革命時代が終焉した時代）において、『脱政治化の政治イデオロギー』と『脱政治化の政治』の一元支配構造を打破する道を探るための出発点なのだ」[★41]。

冒頭で触れたように汪は、日本を含む西側ではこの毛沢東の時代をめぐりさまざまに議論されてきたのにもかかわらず、中国ではもっぱら「沈黙」が保たれているのがいったいなぜなのかについて考え抜いたのだという。それは汪がここで述べているように、党の「正当性」の維持のために、表面的には「徹底的に否定」したように装いながら、実際には、毛沢東思想を「徹底的に否定」することがなかったという不徹底さに由来するものである。では、なぜこの時代の象徴である「文革」の発生原因について、共産党史上、最初で最後に問うた趙紫陽の政治改革、そして天安門事件によるその弾圧の延長線上でのみとらえられる現体制下の人権抑圧についても完全に「沈黙」するのか。仮にそれを語るべきであるとするならば、まさに汪自身が問題視する八〇年代の、しかも後半にこそこだわるべきであるが、そのことを汪は明らかに意図的に回避している。さらにいうならば、その文革批判の延長線上に劉暁波の言説があるにもかかわらず、この「不都合な真実」を「脱政治化」という名の「超政治化」の手段によって完全に葬り去っている。しかも、毛沢東の「合法的な力」なるものの「伝統」の利用によって、「新自由主義勢力の拡張」を「牽制」しようという戦略こそ、じつは「左右両翼」の状況が「なすすべを失っている」ところの二元論的パラダイムそのものであるという事実を巧妙に隠蔽しているのである。たとえ言説空間の中で問題を「回避」できたとはいえ、もちろん彼がここでそのことを考えていないのではけっしてない。むしろ汪は、中国共産党という一党独裁の言論統制によって抑圧された言説の中で、「新左派」という名の現体制の補完勢力として自らが論壇の中心的役割を担っていることを知り尽くしつつ、高度な自己規制の下で言葉を慎重に選んでいるはずである。筆者はここに、高度にコントロールされた全体主義的言論統制下の「旗手的」存在として、非自立的＝状況依存的な意味でのみ「進歩的」たりえる中国知識人の、表面的には「知的誠実さ」を装いつつも、その内面の奥深くに隠された根源的非倫理性を垣間見る思いがする。

おわりに

これまで見てきたように、汪のいう「政治化の時代」の終焉とは、六〇年代そのものの「脱政治化」どころか、六〇年代以来の、「前近代」的非合理性に基づく高度な「政治化の時代」そのものであり、「超政治化」の隠蔽化のはじまりですらあった。その隠された政治的意図とは、「文革」という中国にとって厄介な歴史的存在を西洋「近代」と同等とみなす対称性において価値的に「中性化」しようとする、いわば「中国近代のロンダリング」にこそあった。さらに一党独裁の「中国共産党」と「西洋近代」の多元的国家における多党制の下での「政党」との同一化は、党独裁の中国共産党によって行使されるレトリックにこそあてはまるという事実を、同じく価値的に「中性化」するものである。それは「脱政治化」という客観的中立性を装う言葉によって、現体制に対する間接的擁護という自らの政治的立場のイデオロギーを隠蔽しようとする「超政治化」そのものである。

たしかに、汪の指摘するように、二十世紀の政治は政党と国家を中心に展開した政治であり、その危機は政党と国家という二つの政治形態の内部において生まれたものなのかもしれない。だが、「近代政治の主体（政党、階級、国家）が、いずれも『脱政治化』の危機にあるという状況の下で、新たな政治主体をもう一度さぐってみようとするプロセスには、必然的に、政治領域を再規定しようとするプロセスが随伴することになる」と耳ざわりの良い言葉で汪が嘯くのは、専制独裁体制下の現代中国政治において、毛沢東時代の「前近代」的手法によって人権抑圧的政治プロセスがまるごと隠蔽されてしまうほど、高度に「政治化」されているという「危機」そのものであることを完全に包み隠すものである。[★42]毛沢東思想の「歴史的遺産をもう一度持ち出して揺り動かそうとすること」は、「未来の政治発展に向けた契機」を含んでいるどころか、それとはまったく逆に、「二〇世紀」的なもの以前の「前近代」への後退をもたらす「アジア的復古」そのものである。仮に「新たな政治主体」をもう一度さぐってみようとするプロセスに「政治領域の再規定」が前提にされるのだとしても、その作業に不可欠なのは、六〇年代の毛沢東ではなく、八〇年代の趙紫陽への回帰であるはずなのに、これまで汪はその可能性にすら触れたためしはない。

しかも、実際の政治のレベルでは、旧社会主義的原理の復活を唱える汪をはじめとする新左派の論理でさえ、市場経済至上主義に対する有効な対抗手段とはなれずにきたというのが、これまでの厳然たる事実である。それは一言でいえば、その政治的主張が毛沢東主義を讃える「旧保守派」の言説を「批判的に」補完するものにとどまっていることに由来している。汪がたびたび言及するM・ウェーバー論の中で決定的に欠如しているのは、「心情倫理」と「責任倫理」という二つの相互補完的にのみ存立し得る厳格なる倫理的基準である。ここで汪は、毛沢東主義の部分的復活によって社会秩序の不正に対する抗議の炎を新たに燃え上がらせることだけに責任を感じる「心情倫理」に終始しており、たんに心情の証としての思想・理念を「目的」にするだけで、それがどのような「結果」を社会的にもたらすのかといったことがらは、そもそも考察の埒外にあるのだ。たとえ「新左派」がどんなにそのことを「主観的」に否認したとしても、その政治的機能を多かれ少なかれ「客観的」に果たしながら現実化しているのが今回の重慶事件である以上、その基本的主張に対する結果責任が厳しく問われることは、国内的にも、国際的にも、もはや免れ難いことであろう。実際、今回の「小文革」の再来をめぐっては、すでに中国国内でも、権力におもねる汪暉など「新左派」に対して、「潮水が引いた後で、だれが裸で泳いでいたかがようやく分かった」などと、その結果責任を追及する批判的言説が現れている（栄剣「奔向重慶的学者們」、『共識網』、四月二十八日）。

これに対して汪暉は、おそらく批判の矛先が自分に向けられていることを敏感に察したからであろうが、こうした「文革の再演」論が「何の根拠も持たない」ものであり、「それは空洞化したイデオロギーに基づいて作り出されたもの」として、「新たな新自由主義改革のための政治条件」を作り出している、などとあからさまに自己弁護している（『世界』、二〇一二年七月）。

だが、われわれにとってより深刻な問題はそこにではなく、この「リベラル・デモクラシー」を自認する日本においてすら、「進歩的」中国研究者・知識人たちの間でこの八〇年代後半問題をめぐる「沈黙」が共有されていることにある。ここで問われるべきなのも、われわれが中国に対する社会認識をめぐる現行パラダイムにどっぷりと浸かりつつ、「前近代的」なものの存在そのものを事実として承認できないでいるという事実と、そのことをめぐる本源的な意味なのである。

註

（1）T・S・クーン（安孫子誠也・佐野正博訳）『科学革命における本質的緊張』（みすず書房、一九九八年）、二九四―二九五頁。これについては、本書の「序章」を参照。

（2）汪暉（石井剛・羽根次郎訳）『世界史のなかの中国――文革・琉球・チベット』（青土社、二〇一一年）、三三三頁。

（3）マルクスはいわゆる「労農同盟論」に関して、「プロレタリア革命は合唱団をうる。あらゆる農民国においては、この合唱団ぬきのプロレタリア革命の独唱はとむらいの歌となる」と述べている（『ルイ・ボナパルトのブリュメール十八日』岩波書店、一九七八年、一五三頁）。だが、この部分は第二版ではマルクス自身によって削除されたこともあり、その「労農同盟論」を考える上で、いまでも論争のタネとなっている。これについては、淡路憲治『西欧革命とマルクス、エンゲルス』（未来社、一九八一年）、五一頁以下を参照。だが、ここで重要なのは、マルクスはあくまでも原初的には、プロレタリアートを革命の「主体」と考えて、農民はそれに「唱和」していく、いわば従属的な役割としてとらえていた、という点である。ここで仮にプロレタリアではなく、それを「代行する」党が、あるいは「唯一の所有者」が「主体」となれば、当然のことながら、それに従属していくだけという消極的意味合いを持つことになる。

（4）前掲『世界史のなかの中国——文革・琉球・チベット』、三三三頁。
（5）同。
（6）同、三三三—三四頁。
（7）同、三三六頁。
（8）同、三四頁。
（9）ここでいう「大転換」とは、いうまでもなくいわゆる二六年の中山艦事件から北伐の開始、さらに二七年の上海クーデターを経て、二八年のコミンテルンの決定により、「労農同盟」論から「農民革命」論への急旋回が行われたことをさす。一九二八年を境にして生じたこの思想的大転換とは、「半植民地・半封建」というコミンテルンの規定を媒介とする社会認識のパラダイムそのものの転換として進んでいった。ここで実際の中国社会で起きたことを端的にいうならば、次のように要約できる。すなわち、中国革命は本来、伝統的村落共同体と専制国家とによって成り立つ「前近代的」社会構造を「近代ブルジョア的」なそれへと根本的に転換させるという課題を担い、なおかつ民族解放闘争（統一戦線）の目標としての「民族主義革命」という課題と「同時に」、しかも「同じ比重で」追求されるはずであった。それにもかかわらず、ここでアジア的生産様式が排除されたことで、「民族主義革命」だけが前面に押し出されることとなり、その結果、「封建的」（＝マルクスのいう「アジア的」）なものの復古へと導いた「農民革命」への大転換がもたらされ、「前近代的」なものとの全般的な闘争という課題は完全に後景に退き、そしていつの間にか「反封建」という言葉が、きわめて矮小化された「反国民党（＝反蒋介石）」という意味にすりかえられ、「前近代」的なものがまるごと「解放」後にまで温存されることとなったのである。より具体的にいえば、毛沢東による「労農同盟」論から「農民革命」論への大転換（二八年）を経たうえでの井崗山闘争への着手、そして長征をはさんでの日中戦争（三七年〜）、さらに国共内戦（一九四五年〜）へと至る中国革命論をめぐるパラダイム転換の「過渡期」、そして国共内戦終了後の「社会主義」中国の成立、さらに「新民主主義」、「過渡期の総路線」という、これら現行パラダイムの「定着期」としての、大きく分けて、二つの段階的プロセスを経て、このパラダイムの転換は着実に進められていった。これについては、本書の「序章」を参照。

(10) 前掲『世界史のなかの中国——文革・琉球・チベット』、三九頁。
(11) 同、三九—四〇頁。
(12) 何清漣（坂井臣之助・中川友訳）『中国現代化の落とし穴——噴火口上の中国』（草思社、二〇〇二年）、一三頁。
(13) 前掲『世界史のなかの中国——文革・琉球・チベット』、四〇—四一頁。
(14) 同、四一頁。
(15) 同、四四—四五頁。
(16) 同、四五頁。
(17) 同。
(18) 同、四七頁。
(19) 「アジア的復古」については、本書の「序章」、及びウィットフォーゲルの主著、『東洋的専制主義』に付された本邦未公開、「ますます〈不安を駆り立てる〉ことになった議論についての前文（Foreword concerning arguments that have become increasingly "disquieting"）」（本書第六章）を参照。
(20) 前掲『世界史のなかの中国——文革・琉球・チベット』、四七—四八頁。
(21) 四九頁。
(22) ソ連における労働組合論争については、下斗米伸夫『ソビエト政治と労働組合——ネップ期政治史序説』（東京大学出版会、一九八二年）、また中国における労働組合論争については拙著『中国社会主義国家と労働組合——中国型協商体制の形成過程』（御茶の水書房、二〇〇七年）を参照。

（23）前掲『世界史のなかの中国——文革・琉球・チベット』、五三頁。

（24）同。

（25）同、五四頁。

（26）同、五六頁。

（27）同、五七—五八頁。

（28）同、六七頁。

（29）同。

（30）汪暉はもちろん、アジア的生産様式という概念そのものを知らないわけではない。だが、前著『思想空間としての現代中国』（岩波書店、二〇〇六年）では、「『専制主義』という概念の明確な出現は、初めから外部からの『東方』に対する評価としてであった」というペリー・アンダーソンの言葉を引用しつつ（同一二六頁）、中国共産党（第十三回党大会）でさえ公式に認めている「封建専制主義」という中国の歴史的現実さえも、まるで陳腐なるオリエンタリズム批判の論理で思想的に乗り越えたつもりでいるかのようである。こうなると、それはもはや現実としての「封建専制主義」批判の許されない中国における思想の問題ではなく、そのこと自体を暴露してきちんと批判できず、結果的にそれを容認しているわれわれ自身の問題である。

（31）前掲『世界史のなかの中国——文革・琉球・チベット』、七一頁。

（32）同、七四—七五頁。

（33）同、七七頁。

(34)同。
(35)同、八〇頁。
(36)同、八〇―八一頁。
(37)同、九四頁。
(38)同。
(39)これについては、望月清司「『資本の文明化作用』をめぐって――マルクスは西欧中心主義者であったか」、『経済学論集』(東京大学)第四三巻、第三号、一九八三年十月を参照。
(40)前掲『世界史のなかの中国――文革・琉球・チベット』、九四頁。
(41)同、一〇九―一一〇頁。
(41)同、一一〇頁。

第六章　『東洋的専制主義』「前文」への解題とその全訳

［解題］

以下に掲載する論文は、K・A・ウィットフォーゲル（Karl August Wittfogel: 一八九六—一九八八年）の主著、『東洋的専制主義』（*Oriental Despotism: A Comparative Study of Total Power*, Vintage: New York, 1981. Paperback.）に付された前文、「ますます〈不安を駆り立てる〉ことになった議論についての前文」（Foreword concerning arguments that have become increasingly "disquieting"）」の全文訳である。

ウィットフォーゲルは、この『東洋的専制主義』をまず、一九五七年にエール大学出版社から出版した。だがその後、反共的雰囲気のきわめて強かった当時のアメリカの政治的、社会的状況が大きく変化したことと、この書をめぐって現れた数々の社会的評価もそれなりに定着してきたという新たな時代背景の下で、この一九五七年版の本章での内容そのものにはほとんど手をつけないまま、一九八一年、この「前文」を掲載してヴィンテージ出版社から再版したのである。

しかしながら、そうした社会的状況をとりあえずおけば、ウィットフォーゲル自身がこの再版で意図した最大の目的とは、この主著をめぐってさまざまに評価、批判されながらも、本来の解釈をめぐり、新たな読者をこの「前文」によって一定方向へといざなうことにあった。本書の日本語訳としては、すでに一九五七年版が井上照丸訳『東洋的専制主義――全体主義権力の比較研究』（アジア経済研究所）として一九六一年に、さらにこのヴィンテージ版（一九八一年）が湯浅赳男訳『オリエンタル・デスポティズム――専制官僚国家の生成と崩壊』（新評論）として一九九一年に、それぞれ出版されている。だが、きわめて遺憾なことに、新版である後者には、この「前文」が収められていない。その理由について訳者の湯浅は、「この文章はその時までに本書が蒙った卑劣な中傷、歪曲に対する抗議の論争文ですが、国際共産党体制が崩壊した今日では問題を解決してくれていますので、あえて翻訳を避けることといたしました」と記している（同上、「訳者はしがき」二―三頁）。だが、これは明らかに、ウィットフォーゲルの意図とはかけ離れており、本来そこに企図されていた効果を大きく損なう結果をもたらしたといわざるを得ない。

このことは、戦後の日本においてウィットフォーゲル研究を支えてきた湯浅赳男ですら、他の多くの研究者がそうであったように、「水力的社会」の「全面的権力」を歴史的かつ社会的に説明するものとしてしかこの書を読んでこなかったことを意味している。だが、この「前文」の全体を読めば自ずと明らかなように、ウィットフォーゲルがこの文章を付した最大の目的とは、二十世紀に起きたいわゆる「社会主義革命」によって成立したロシアと中国の政治社会体制のもつ「全面的権力の根源」の解明へと読者の関心を向けることにある。湯浅の指摘するように、それはたしかに「文明を創造した大規模な治水灌漑農業にまでさかのぼる」ものであるのかもしれない。だが、さらにその背後にあった本質的意味とはいったい何なのかが、ここで問われているのである。ウィットフォーゲルの見るところ、それはマルクス主義者、非マルクス主義者を問わず、現存する（あるいは現存した）「社会主義」体制の問題に真剣に取り組んできた世界の知識人たちの「不安を駆り立てる」ものの根源にある、「アジア的復古」の問題である。だが、当の湯浅だけでなく、戦後日本におけるアジア的生産様式論をリードしてきた塩沢君夫、小林良正、福富正実、本田喜代治、小谷汪之、福本勝清といった研究者ですら、このマルクスの「アジア的」なものをめぐる最大の「発見」を見過ごしてきてしまった（ただし、湯浅は『「東洋的専制主義」論の今日性――還ってきたウィットフォーゲル』新評論、二〇〇七年で、その問題について語り始めている）。また柄谷行人もその著書『世界史の構造』（岩波書店、二〇一〇年）では、ウィットフォーゲルをしばしば引用しているものの、それは周辺・亜周辺をめぐる議論との関連においてのみであり、その世界史像の根幹に関わる「アジア的復古」の問題については、まったくスルーしているのである。これはまさに、アジア的生産様式の日本における議論をめぐり、本稿のなかでウィットフォーゲル自身が「共産主義国家の内外で一九六二年から行われてきた『大論争』」とは多くの細かい点で異なっているが、一つの点では類似している」としつつ、以下のように続けざるを得なかった特殊日本的状況を示している。すなわち、「それは不安を駆り立てるロシアの問題を、覆い隠したままにしようという究極の努力を明らかに反映しているということである。そこには、マルクスの半アジア的ロシアの解釈をめぐる顕著な認識はない。ロシア的社会と革命に関するレーニンのアジア的解釈についての顕著な認識もない。アジア的社会、ロシアと中国における『アジア的復古』の概念に関する日本人の議論は、著名な東ヨーロッパのコミュニスト、テーケイやその友人によって私がマルクスの『アジア』に関する貴重な概念を奪っていると表現された事実と同じくらい、決定的に混乱しているのである」(本文より引用)。

だが、このことの理解なしに、ソ連を中心とした国際共産党体制が崩壊した今日、なぜ中国だけが、むしろ代表的な「世界の超大国」の一つとして躍り出ることになったのかについて解明することは不可能であろう。中国やその「アジア的」分析に関するウィットフォーゲルの著作は、戦前の日本では広く翻訳され、読まれていたにもかかわらず、その読者は戦後には極端に減り、しかもその評価をめぐっては、本人自身が認めるように「もともと彼らが肯定的であったのと同じくらい、否定的であることが支配的である」。とはいえ、この「アジア的復古」という概念を中心にして世界史のパラダイムを組み直すことの意味が、ポスト「社会主義」時代にグローバリゼーションが急速に突き進んでいった今日にこそ、問われているのである。そうした議論を再開する上で本稿が、一つの潜在的起爆力を内在していることだけはたしかであろう。

ますます〈不安を駆り立てる〉ことになった議論についての前文

K・A・ウィットフォーゲル（一九八一年）

絶対的権力をめぐる私の比較研究である『東洋的専制主義』の最初の出版から二〇年以上が過ぎた。この著作で私は、世界の開かれた社会で重要な危機が醸成されているとの考え方を保持した。それは全世界を理解するには、東側世界の理解が必要になるということ、そしてこの理解には、マルクスとレーニンという二人の人物によってきわめて重要な、だがほとんど人の気づくことのなかった転機が与えられている、ということである。

それ以来、マルクスとレーニンを理解する必要性は驚くほど増大した。それ以来、マルクス主義は、多くの国で絶えず変化し、落ち着くことのない知識人たちの共通語となった。そしてこの危機は、政治的、社会的、かつ倫理的でさえあり、それは思想（マルクス主義を含む）の危機のみならずモラルの危機でもあるが、今日では一九五七年にそうであったよりも恐ろしいものに、さらにずっと恐ろしいものになっている。

『東洋的専制主義』の読者は、私がいわんとしていることを理解するだろうか。多くの国々、共産主義支配下の国々でさえ、私は「水力社会」理論の著者として知られ始めてきた。この点に関しては、一般的なコンセンサスがある。だが、共産主義世界とそのイデオロギーを共有する領域では、私の社会史的、及び政治社会的な分析は、立ち入り禁止とされている。

一九六二年の共産主義者の活動では、ハンガリーの中国研究者F・テーケイ（Ferenc Tökei）がアジア的生産様式の概念をめぐる「大論争」の第一回会議への基調講演をするためにパリに行き、私を攻撃の的に置いた。彼によると、私はマルクスの「貴重な」アジア的概念を、邪悪なプロメテウスのように理解した。まもなく放棄しようとしたが、忘れ去ることができなかった定式の中で、彼はこの概念の「再生」の必要性を主張している。「大論争」へのフランスからの参加者であり、著名な中国研究者であるJ・シェノー（Jean Chesneaux）は、テーケイによる一九六四年の第二回会議★1と一九六六年の議論を繰り返し、私の著作を「東洋的専制主義について不安を駆り立てるウィットフォーゲルの著作」と言及した（l'inquietant ouvrage de Wittfogel sur le despotism oriental★2）。

1　重大なるイデオロギー的秘密の「アジア的」根源

なぜスターリンがマルクス主義の遺産から、アジア的生産様式の思想を排除したのか、そしてなぜスターリンの死後、コミュニズムの信奉者たちがロシアの「半アジア的」条件というマルクスの見方とロシアの「アジア的復古」というレーニンの見方を覆い隠そうとしたのかを理解するのは容易なことである。この複雑な感情の中でも最も不安となる要素は、もちろん、アジア的復古の概念である。アジア的（水力的）社会と東洋的専制主義についての私の研究に対する攻撃の裏にあるものは、私のアジア的再生の概念についての暴露であった。この概念をめぐる私の考察は、『東洋的専制主義』の中で体系的に、そして全ての関連文献とともに提示したところだが、レーニンがプレハーノフ（Plekhanov）との一九〇六年の論争以来[★3]、理論的にアジア的復古を承認しており、一九一七年以降まさにそれを現実化したのである。レーニンは高度に啓蒙的な承認によってそのことを行った。レーニンの支持者たちは、自らがその受益者であるところの新政権を擁護しつつ、その遺産を「純化」した。とりわけ、レーニンの定式である「アジア的復元」、そしてロシア革命を社会主義の方向に進め、退化させないために必要であると考えた「担保」[★4]のもつ効果に関して、これらを相互に縛りつけようとするレーニンの諸議論を根絶しようと試みた。

レーニンにとって社会主義は、マルクスが一八七一年にパリ・コミューンの意味合いで輪郭を描き、レーニン自身が共産主義への道に必要な段階として、一九一六年から一九一七年に『国家と革命』で公式に受け入れた社会秩序である。プレハーノフが不可避と宣言し、レーニンが恐れたボルシェヴィキ革命の衰退は、レーニンとプレハーノフがそれを時には「半アジア的」と、時には「アジア的」と呼んだ「旧」帝政（ツァーリズム）秩序の復古を伴っていた[★5]。

社会史的観点では、「完全なる」アジア的と「半」アジア的形態の相違はきわめて重要である。まずインドに関して最初に形成されたマルクスの観点では、東洋的専制主義は、大規模国家が運営する水管理事業や水力農業経済と連結している分散した村落共同体の制度を有する農業秩序を基礎にした、完全なるアジア社会に出現した。もちろんロシアにはそのような水力農業経済は存在しなかったが、分散型村落共同体は、外から持ち込まれた東洋的専制主義に十分な土台を提供した[★6]。私は内陸アジア、とりわけ水力農業経営がわずかな役割か、まったく何の役割も果たしていなかった中国の征

服社会とその派生社会の中に半アジア的社会の変種を見出した。★7

『東洋的専制主義』は、これらの多様な社会形態、「完全な」アジア的社会についてのマルクスの定義、そして「ロシアの半アジア的社会」を扱っている。ここで私は、「アジア的復古」の問題にとって本質的な一つのポイントのみに絞る。マルクスによれば、東洋社会の二つの主要な変形社会、「完全な」アジア的社会と「半」アジア的社会のいずれかで暮らす人々は、無制限の専制主義というくびきの下にある。マルクスの見解では、東洋的専制主義は、全ての「歴史的原動力」を、そして意味ある政治的闘争に身を投じようとする意思を抑え込む。後述する理由により、マルクスは、東洋的専制主義について論じる際に「階級闘争」という一触即発的(explosive)用語の使用を避けた。だが、マルクスは、このような政権下には、『共産党宣言』で定義されている階級闘争はなく、進歩的社会変革のための政治闘争も社会革命もないことを明確にしている。彼は、「かつてアジアで耳にした唯一の社会革命は、非アジア的征服者、イギリス人の行いによりもたらされたものであり、彼らはその『野卑な(swinish)』植民地政策にかかわらず、歴史の見えざる道具として、インドにおいてより高貴な社会形態の人間関係への突破口を開いた」と述べている。★8

これらはマルクスが一八五三年、『ニューヨーク・デイリー・トリビューン』誌上でインド(及びアジア)社会に関するその「考察」の中で発表した東洋的専制主義についての思想である。★9 これらは、その社会史的中心を一八六七年に『資本論』の第一巻で公表し、★10 一九二五年に原本が容易に入手できるようになった概念である。★11 帝政ロシアを「半アジア的」社会とするマルクスの解釈はこれらの概念から生じており、ロンドンで一八五六年から五七年に『フリープレス』において、「十八世紀の秘密外交史」[★12]というタイトルで全文が掲載された一連の記事に、きわめて詳細に述べられている。もしある種の望まれた担保が効力をもつのかそれとも錯覚なのかを証明すべきであるとしたら、表面上は成功したロシア革命も退歩するに違いないというレーニンの恐れもそこから生じている。十月革命の最初の数年の出来事は、これらの担保がまったく効力のないものであることを示した。レーニンは一九一九年以降、自分自身がそれをもたらすことに貢献した発展を、不承不承ながら認めたのである。[★13]

東洋的な意味で専制的である諸制度の復古とは、レーニンが希求し、かつ成し遂げた革命の恐るべき秘密である。だが、多くの国々の多くの知識人や労働者にとって、この革命はロシアが着手した「社会主義的」発展の拡がりのための闘いへの――もし必要とあらば、そのために死ぬことへの――呼びかけを含んでいた。

この革命が何であったのかが暴露されたとき何が起きるのであろうか。この革命の行き先が社会主義ではなく、レーニン自身がいうところの東洋的専制主義の新しい形態であることが知られたとき、何が起きるのであろうか。

権力政策の観点からは、特権的な受益者を除いて、だれがアジア的復古のために死ねるのだろうか。ヴェールに覆われた寓話的言葉でこの秘密を語るとき、レーニンは一貫していた。彼らの見解では、スターリンとその後継者がまずマルクスのアジア的概念を検閲し、とりわけ『東洋的専制主義』出現後に、これらの概念のロシアにとっての意義を隠蔽しようと試みた際、たしかに彼らは完全に論理的で、レーニン以上に一貫性があった。アジア的復古の受益者の見地からは、彼らがこれらの「不穏な」思想を恐れ消し去ろうと努めることは、完全に理解できる。だが、知的にも道義的にも開かれた世界のイデオロギー的、かつ政治的指導者が、今日、山積みの世界的危機のなかでますます重要になり、ますます不安を駆り立てているこれらの概念を無視しているということが、どれだけ理解されるだろうか。もし「社会主義」世界が「アジア的」運動の法則に従っているのだとしたら、アメリカの「民主主義」(アレクシ・ド・トクヴィルがその複合体を称したように)やその他の同じように条件付けられたヨーロッパ、日本、南半球の秩序は、自らのものとは根本的に異なる基礎を有した社会に立ち向かっていることになるのである。

2　秘密のもう一つの側面

民主主義社会の指導者は、長すぎるほどの長い間、ロシアを彼ら自身の制度的尺度で測ることに満足していた。彼らは、ソ連の産業は未熟で生活水準が低いので、世界権力としてソ連は西側社会からはるかに立ち後れていると信じてきた。われわれは、ワイマール共和国の時代と第二次世界大戦の末期にもこの主張を聞いた。それは誤りである。ソ連は世論の圧力に敏感な国にあてはまる。だが、たしかに「完全には」アジア的社会にはあてはまらない。チンギス・ハンが徹底的に征服した「半」アジア的状態にもあてはまらない。[★14]一九五〇年五月、第二回世界地域研究全国大会で、私は以下のような議論を表明した。「チンギス・ハンの経済的潜在能力は未熟で劣っている。中国の大農業社会が成したような大きな勢力をモンゴルが創出したことは恐らくなかった。敵対する権力経済の相対的全体力が争点であったとき、事なかれ主義の戦略家のみが、自給自足経済の側面を強調することで自己

を慰めることができた」、と。★[15]

全体主義国家の自給自足経済と権力経済の関係は、基本的に民主主義国家のそれとは異なっている。第二次世界大戦末期の経済的に疲弊したソ連軍による東ヨーロッパの接収がこのことを説明している。スターリンは、その拡大主義を実行するために、「兵士帰還運動」（彼が予期したものではなかった）という効果的な圧力によっても、★[16]西側での権力の空白状態の利用を妨げられることはなかった。

同じ原理の非軍事的変種が、ワイマール共和国に対するロシアの態度を形づくっていた。ソビエト連邦の自給自足経済はきわめて脆弱だが、その権力経済は、第一次ソビエト飢饉（一九二一―二二年）と第二次ソビエト飢饉（一九三一―三二年）の時期にドイツ共産主義運動に多額の資金投与を許すほどには強固であった。スターリンはドイツの「反ベルサイユ」ナショナリズムを「ヨーロッパに埋められた地雷」とみなしていた。★[17]政治的かつイデオロギー的ソビエト外交政策が有する武器、すなわち共産主義インターナショナルのドイツ部門（スターリンが指揮する）は、ドイツの全体主義との闘いを麻痺させるには十分強力だったので、他のマクロ戦略家と共有しているこの洞察は、スターリンの場合、効果的行動への転化が可能だった。

スターリンの政策は、ヒトラーが権力を握ることを可能にした。われわれはソ連のパルチザンが隠蔽しようとしたこの事実を忘れてはならない。幸運にもわれわれには、危機的な時期にも共産主義インターナショナル（コミンテルン）のモスクワセンターにおいて最も高い地位を有したC・J・グートマン（**Czech Joseph Guttmann**）の証言がある。ドイツ共産党の運命を決定する行動の陰には、コミンテルン（スターリンが指揮するコミンテルン）があったというグートマンの供述は、曲解はされたが、共産党の報道機関によっても消し去られることはなかった。[★18]たしかに、スターリンの権力は、西側ではなく、東側の絶対主義という意味で全体主義的であったがゆえに、そして旧（アジア的）ロシア体制と近代のファシスト政権の両方にはなかった有効な政治的武器（すなわちソ連に第五列という独自の支援を与える武器）を手元に有していたがゆえに、スターリンがヒトラー政策を遂行できたことも忘れてはならない。ソビエトの制度は、ムッソリーニよりも国際的魅力の強かったヒトラーのファシズムのような国家主義者の全体主義であるだけでなく、確実に制限もされている。ソビエトの制度は、「社会」全体主義であり、その国際的な魅力は社会主義への要求が信じられている限り世界的規模のものである。

マキャヴェリは、封建的状態の下では、自国の支配者に反対し海外勢力と協力する用意のある不満分子を現地に見つけることは容易だと考えていた。だが、彼はトルコのようにアジア的専制主義という砦のある場合にはあてはまらないと断言した。フランスのような緩く統合された国は、簡単に突破できるのだが、それは「いつも不満分子や変革を望むものがいる王国の一部の封建領主に対して勝利を収めることによってである。このことは、既述した理由により、あなた方に道を開き勝利を容易にする」。だが、トルコでは、政治的奴隷が支配的であった。自分より前の時代のアリストテレス、あとの時代のマルクスのように、マキャヴェリはこれをアジア的専制主義の本質であるとみなした。なぜなら、トルコでは、彼らは「すべて奴隷と隷属者なので、堕落させるのはより困難であり、たとえ彼らが収賄を受けたとしても、人々を扇動できないがゆえに、効果がほとんど望めない」からであ

る。★[19]

十月革命後にソ連の権力を定着させたロシアは、そのように条件づけられてはいなかった。あいまいに表現されたレーニンの意見によれば、この運動の法則が新しい（ソビエト）の秩序に復元したというツァーの（アジア的）政権のエージェントは、もちろん海外の友人や同盟者を見つけようと試みた。だが、国家主義的な分派集団、とくに理想主義の体裁をしたスラブ人以外は、ツァーの代理人には、国際的魅力がなかった。その影響力は、金銭の支払いが及ぶ範囲に限られていた。これとは逆に、ソ連によって行使された誘因力とその非外交的対外能力（共産主義インターナショナル、及びその補助団体）は膨大だった。モスクワが国際共産主義組織の創設と維持に相当額の資金を投入する一方で、この運動を支援する大衆には何の経費もかからなかった。この運動のメンバーは、復古したアジア的制度の代表者ではなかった。彼らは、社会的第五列の新しいタイプであった。

レーニンは恐らく、復古という見通しにおいて、こうした、あるいはその他の修正に気づかなかったし、この見通しの制度的可能性にも気づかなかった。半管理秩序（そこでは専制政権は経済制度の指令部上層のみを独占する）から全体的管理秩序（そこでは支配勢力が産業に始まって通常農業を把握していく生産・流通の全ての重要な支部を管理する）への変化は、★[20]その権力経済と人口統制が組織上も運営上も、旧専制主義を遥かに超えるシステムへと帰結する。こうした状況下では、人々に向かう非人間性とは、専制主義の恣意性をめぐるエンゲルスのコメントをパラフレーズすれば、「われわれ西側社会には到底想像できない」という形態を想定しうる。★[21]

エンゲルスは、この問題を社会史的な形態としてのみ見ていた。レーニンは、復古をめぐる論評の中でそれを将来に投影していたが、やはり社会的な形態のみで見ていた。二人は階級の観点で本質的には議論していた。社会的全体主義は進歩的と思われている階級に対してすら、完全な服従を要求する（不服従の場合は絶対的な罰を与える）一方で、新しい秩序の指導者は社会的観点で新しい政策を本質的に定式化する。だが、最後の数十年の恐るべき出来事は、ちょうど抑圧された昨日の階級が新しい方法で今日さらに残酷に抑圧されているように、抑圧された昨日の国家（民族）集団は、再び、しかもさらに残酷に、間接的に（海外での少数民族虐殺に対する支援を通して）もしくは直接的に（国内での根絶を通して）抑圧されることを示している。このように、全体主義的社会民族抑圧は、グーラク〔収容所〕とアウシュビッツを結びつけるのである。

われわれはグーラクとアウシュビッツを忘れてはならない。われわれはまた、権力経済の優位性とその軍事的論理に基づき、全体主義的な管理システムが地球全体に拡がるかもしれないということを忘れてはならない。新旧の支配的な「機能的」（アジア的）権力に共通した制度的分母が、マルクスによれば、自己永続化という独自の能力をこの制度に賦与し、再びマルクスによれば、それが帰するところ不変性（Unveränderlichkeit）に転じることを忘れてはならない。

3　マルクス――独自の社会的功績と独自の「科学に対する罪」

議論は最初のポイント、すなわちマルクスに立ち返る。われわれはどれだけ真剣に科学的研究者としてのマルクスを扱ってきただろうか。マックス・ウェーバーは、「単一の」真理発見力がマルクスの発展的構成（Entwicklungskonstruktionen）に帰因するとした。[★22]その新カント派的形態がわれわれにその存在論的意義からそらしてはならないと命じる判断力は、マルクスのマクロ史的範疇という生産性、さらに相互に連関したメソ、及びミクロレベルでの歴史的洞察により確かめられる。この三つの次元の全てが、ヘーゲルが「東洋」と呼んだ世界に関するマルクスの研究により確認されている。エンゲルスのものを含む東洋の制度的特異性をめぐるさまざまな準備的概念に関して、アジア的社会の発見、及び世界史についての新しい概念へのマルクスによる突破力は、正統派マルクス主義者による伝統的努力とマックス・ウェーバーによる非伝統的努力にもかかわらず、否むしろ、それゆえに、今日でも不十分なままであるとはいえ、独自の功績だといわなければならない。

ウェーバーは学界ではアウトサイダーであるが、マルクス主義の領域でもそうである。その思想的鍛錬はマルクスのそれとは違う。一九〇五年から一九〇六年のロシア革命に対するウェーバーの扱い方は、そのことを明確に示している。ウェーバーはレーニンの「ジャコバン」的姿勢に気づいていたし、[★23]ボルシェヴィキの少数派とプレハーノフの多数派による一九〇六年のストックホルム党大会における農業問題の論争（衝突はアジア的復古をめぐる論争に収斂した）も知っていた。[★24]それにもかかわらずウェーバーは、社会史的基礎を築き、次に起ころうとしているロシア革命でアジア的転機を許容する可能性が根底にあるという議論に十分関心を示さなかった。ロシアにおけるタタールの伝統について認識していたにもかかわらず、[★25]ウェーバーは、ジャコバン派の見通しでの決定的要因が、たしかに西側の力としての高度資本主義（Hochkapitalismus）であると見ていた。[★26]一九一八年までにウェーバーは、ストルイピンの改革を通してロシアの土地問題を新しい角度で見たが、[★27]ロシアのアジア的過去とアジア的復古の可能性を扱った一九〇六年の議論からは何も学ばなかった。

正統派社会民主主義者は、たしかにマルクスの思想的鍛錬を有していた。だが、偉大なるマルクス研究者であるロシア社会民主主義者、B・I・ニコラエフスキー（Boris I.Nicolaevsky）は、一九五八年に「今のところ」彼らはマルクスのアジア的概念にほとんど関心を払っていないと述べた。ニコラエフスキーによると、これらの概念が「マルクス主義の基礎」にとって、及びレーニンへの理解（すなわちロシア革命をめぐる）にとって、[28]いかに重要であるかが明白となったのは、彼が肯定的に評した『東洋的専制主義』が現れてからのことであった。

ニコラエフスキーの発言は、正統派マルクス主義者はマルクスの思想のこの部分にほとんど興味を示さなかったことを示唆している。彼らは、メーリング（Mehring）、クノー（Cunow）、カウツキー（Kautsky）、R・ルクセンブルグ（Luxemburg）、パルブス（Parvus）、トロツキーのような有力なマルクス主義的社会主義者の理論的立場における重要な限界を暗に指摘した。彼らは究極的には、マルクス自身が相反する感情（ambivalence）を抱いて社会史的発見を取り扱ったという、さらに重要な事実さえも指摘した。

この相反する感情を明確にすることが不可欠である。一八五九年の『経済学批判』への序文、一八七二年の『共産党宣言』の新ドイツ版への序文、『共産党宣言』に言及することなく、「普遍主義的」（=単線的）歴史社会概念を非科学的として拒否した一八七七年の書簡に対しての扱い、さらにそれらにおけるこの両義性がとった形態を理解することが重要である。

一八五九年の序文で、マルクスはその理論的原則（「導きの糸」）について、パリで着手し（一八四四年）、ブリュッセルで続けた（一八四五年）経済学研究の「概括的成果」として語った。[29] ブリュッセル生活の時代（一八四五―一八四八年）にマルクスは、エンゲルスと共同で『ドイツ・イデオロギー』を著し（一八四五―一八四六年）、一八四七年前半に『哲学の貧困』を単独で著し、一八四七年秋には、そのアウトラインをエンゲルスがパリで書き、マルクスが一八四七年十二月から一八四八年一月にブリュッセルで徹底的に書き直した共産主義者の『信条』草稿、[30] すなわち『共産主義の原理』を著したが、それは一八四八年二月に『共産党宣言』として出版された。

不幸なことに、のちにマルクスの支持者は、マルクスの一八五九年の理論的宣言が歴史をめぐる「唯物論的」解釈を構成している決定的声明であると指摘した。実際、この宣言の第一、及び第二パートにおいてマルクスが表明した構造と発展をめぐる議論の中で、彼は本質的に『共産党宣言』に従っていた。マルクスはこのことを、物資的生産において自然的条件によって演じられる役割を強調しそこなうという構造的議論の中でおこなった。その役割とは、マルクスとエンゲルスが一八四五年から一八四六年におぼろげながら認識し、[31] 一八五三年に東洋の経済と政府の中で、はっきりと見出したものであった。マルクスは、その宣言の最初の部分で、組織的生産力に賦課を与えることなく「物質的」生産力を強調することによって、[32] さらに『共産党宣言』にしたがったのである。これらの組織的生産力は製造業に顕著に現れ、巨大な規模では、「アジア的」世界に現れた。

マルクスは一八五九年「宣言」の第二のパートにおいて、単線的な概念と『共産党宣言』が示唆した必然的に進歩的なる発展を放棄しなかった。むしろ彼は、前述の考察によれば、発展をめぐる命題は古代にさえ有効でないかもしれないし、[33] その一八五三年の洞察では、アジア的社会には確実に有効ではないはずなのにもかかわらず、そうしたいかなる示唆もなしに、発展的テーゼを印象的に提示することにより、このことを強調すらしたのである。

マルクスはその宣言の第三、及び最後のパートにおいて、『共産党宣言』が成し得なかった特別な「アジア的」形態に言及することで、新世界の歴史的イメージをめぐってたしかな示唆を与えた。だが彼は、アジア的秩序を新しい洞察ではそれが当てはまらなかった連続した発展のパターンに置くことにより、このイメージを歪めた。マルクスは「序文」のコンテクストにおいて、「宣言」そのものよりも重要となった一文を書いている。「広義の輪郭では、アジア的、古典古代的、封建的、近代ブルジョア的生産様式は、社会経済形成の進歩的なエポックと呼ぶことができ、ブルジョアの生産関係は生産の社会的過程と相反する最後の形態である[★35]」。

前述したとおり、この発展をめぐる命題は、古代についてはは疑わしく、アジア的社会に対してはまったく受け入れられない。この命題は、古代世界の終焉に対して進歩的傾向を示唆していたが、マルクスとエンゲルスは、一八四五年から一八四六年にすでにそれに対して疑問を抱き、マルクスは一八五九年以降、明白に否認していた[★36]。最も重要なのは、それが独自の地理経済と社会史的特徴から発展したアジア的社会独特の「停滞」的特徴を無視していることだ。この発展的命題は、アジア的生産様式の承認が、主要な敵対社会に対して共産党宣言の主張した社会発展の単線的な概念を否定するものではないと示唆している[★37]。

マルクス（及びエンゲルス）の一八七二年の行動により、一八五九年の「進歩的」公式が何を示唆していたのかが確認できる。その二人の親友は、『共産党宣言』の新ドイツ版の序章の中で、細部で

はいくつかの改良が必要ではあるが、『信条』の一般的原理はこれまでと同じく概して正しいと宣言した。★38

マルクスが一八七七年、リベラルなペテルスブルグの雑誌、オテーチェストヴェンヌィエ・ザピスキ（Otechestvenniye Zapisky）に宛てた書簡に対する姿勢は、いくつかの理由により重要である。この書簡で彼は、ロシアの独特な「歴史的状況」は、資本主義経済秩序が封建的経済秩序から生まれ進化した西ヨーロッパと異なることを強調するために、〈ロシアの作家、N・ミハエルロフスキー〈N.Michailovsky〉がマルクスの原始的蓄積をめぐる概念を関連付けた〉ロシアの社会歴史的過去と未来の問題を扱った。★39 西ヨーロッパとロシアの発展条件における資本主義勃興の比較は、「歴史的状況が何であれ、全ての人々の運命に課せられた一般的コースの歴史哲学的理論」を正当化しなかった。ロシアの作家はこうした見解をマルクスに由来しているとしたが、マルクスはそのことが自分に多くの名誉と侮辱を与えたと考えた。★40

この議論において、マルクスは「一八六一年」以前のロシアの状態に対して、封建的、及び資本主義的西欧の発展を並置した。一八六一年とは、ロシアがクリミア戦争の壊滅的な敗退に続く改革を経て、資本主義秩序への道を歩み始めた年である。★41 一八八一年、V・ザスーリチ（Vera Zasulich）に宛てた書簡の三つの長い草稿の中で、マルクスが詳細に行った重要な議論によると、「奇異なる状況の一致により」ロシアに「いまだに」現存する孤立した共同体は、西欧においては多かれ少なかれ消滅していた。この村落共同体は、ロシアでは、「おそらく領土の広大さが味方しており、またモンゴルの侵入によって広い範囲でほぼ定着していた★42」。マルクスが以前仮定していたように、散在した村落共同体は東洋的専制主義の強固な基礎であり、[43] アジア的社会や国家を理解する手がかりなのである。[44]『ザピスキ』書簡の主要な部分で、マルクスは彼の四つの相反する秩序のうち、最初の発展の独自性、すなわち「アジア的なもの」、その停滞性をめぐる原因と事実に暗示的に言及した。この部分に付け加えた「範例」として、彼は第二の敵対的秩序の独自性、すなわち近代的経済システムに向けて発展する代わりに、後退していた「古典古代的」なものについて明示的に言及している。『資本論』のいくつかの節でこの現象について示唆しておいたと述べながら、マルクスは後期ローマの自由農民、大土地・財産所有者の運命について指摘した。前者は、怠惰な群衆に堕落し、後者は「奴隷労働による生産様式以外何の資本主義も形成しなかった[45]」。それは「異なった歴史的な背景の中で生じた明白に類似した特徴のある出来事であり、まったく異なった結果となった。これらの発展のそれぞれを別々に研究し、比較することによって、この現象の手掛かりを容易に知ることができるが、超歴史的であることが最大の長所である歴史哲学的一般理論の普遍的な鍵によって、それを成し遂げることはけっしてできない」ということである。[46]

マルクスの『ザピスキ』への書簡は、その研究が一八五三年以来投げかけていた、世界史、アジア、ロシアについての全ての疑問に答えただろうか。明らかに答えていない。だが、それはブリュッセル時代のマルクスが与えた歴史の普遍的なイメージを批判していた。そのイメージとは、明白な矛盾と必ずしも明白ではない「科学に対する罪」に耽りつつ、一八五九年の「宣言」が与えたものでもあった。

私はこの「科学に対する罪」という用語をマルクスが一八六〇年代初頭に使った意味で使用して

いる。[47]マルクスとエンゲルスは一八四五年から一八四六年に歴史が科学であると宣言したとき、まず歴史を科学のヒエラルヒーの中に置いた。一八五九年にマルクスが本質的に一連の歴史的概念として研究の理論的導きの糸を発表した際に、彼はこれらのことを確認した。一八七七年、普遍的アプローチを「超歴史的」と呼んだとき、マルクスはそれを非科学的だと非難した。[48]『ザピスキ』への書簡は、マルクスが一八五三年以来抱き続け、二〇年以上も計画どおりには公開できなかった社会史的中心にある命題について指摘している。マルクスは一八七七年においてさえ、世界史的概念のアジア的、及び古典古代的要素の特異性を体系的に公開しなかった。だが、彼は力強く反普遍主義者としての立場を宣言した。マルクスが一八六五年に創造した定式をパラフレーズするならば、人の運命の世界史的パターンを実証する初期の試みと比べると、彼の『ザピスキ』への書簡での言明は、「明らかに貧弱」であるといえるだろう。とはいえ、彼のブリュッセルでの立場と比較すると、それは「画期的」であった。[49]

マルクスは画期的な前進を始めたが、けっして完結はしなかった。『ザピスキ』への書簡を書きあげておきながら、彼はそれを未投函のままにした。エンゲルスは、マルクスの死後、友人の書類の中から未発表のフランス語の草稿を見つけた。彼は一八八四年三月六日、マルクスがそれを書いた理由に気づいていたと記して、そのコピーをV・ザスーリチ（Vera Zasulich）に送った（ミハエルロフスキー〈Michailovsky〉の記事、「シュコフスキー〈Shukovsky〉氏の裁判に際するカール・マルクス」を参照）。エンゲルスも同様に、それに応えてマルクスが書いた物を見たかどうか明確にしていないが、ある一点について確信している。「マルクスはロシアで出版されることを意図した文体を伴う形式で回答を執筆しているが、それをペテルスブルグに送ることはなかった。なぜならば、彼の回答を掲載する雑誌の存在が、マルクスの名前を通して、危険に晒されることを恐れたからである」。[★50]

エンゲルスは、『ザピスキ』への書簡をジュネーブにいるロシアの友人に託して、「お望みのように、お使い下さい」と取り上げてもらう用意をしていた。[★51] エンゲルスは、帝政の検閲制度がマルクスの新しい世界史観に対してもつ関心をおそらく過大評価していた。ところが彼は、マルクス主義者のそれに対する関心を明らかに過小評価していた。マルクス自身の『ザピスキ』への書簡に対する姿勢は、検閲制度の問題とは独立したものであり、はるかに重要であったことを確実に見落としていた。

書簡原本のロシア語訳が一八八六年、ジュネーブで出版された。それは私の知る限り、懲戒行為を助長することなく、一八八八年ペテルスブルグの法律雑誌にも掲載された。[★52] つまり、ロシア語訳は、検閲制度を大幅に強化することとなったアレキサンドル二世の暗殺後の帝政においてさえ許容されていたのである。[★53] 政府の政策が緩やかでないにしろそれほど厳しくない時代であったのなら、ロシア皇帝の暗殺前に再版されていたのではないか（『ザピスキ』〈*Otechestvenniye Zapisky*〉の出版は、一八八四年禁じられた。）

この質問への答えが何であろうと、マルクスが反普遍主義者の書簡の出版のために、彼自身が働きかけたペテルスブルグ誌の出版に頼っていなかったことだけは確かである。ジュネーブのマルクス主義者集団が一八七七年、『ザピスキー』への書簡の最初のロシア語訳を出版した一年後、そのドイツ語訳がチューリッヒの『社会民主主義者』（*sozialdemokrat*）[★54]、そしてニューヨークの『国民新聞』（*volkszeitung*）に掲載された。[★55] もし一八八七年、ドイツ社会主義サークルの関心がマルクスの世界史観にあったならば、一八七七年、すでにこのサークルにそうした関心が存在したというのは不可能ではないか。さらに、たとえ彼が望んでいたとしても、当時マルクスがこの問題に関する自らの考えを示し、西側諸国の出版販路を探すことは自由にできなかったのではないか。実際、もし彼がそれを行う力と意思を持っていたなら、寓話的な『ザピスキ』への書簡で行うよりも、もっと開放的にこれらの考えを表明することができたのではないだろうか。

マルクスは一八七七年、何年もの齢を重ね、病を患いつつあった。彼のその後の草稿、通常の通信や覚書のような（V・ザスーリチに宛てた一八八一年の書簡での三つの草稿のような）書簡は、もし本人がそう望みさえすれば、肉体的にも精神的にも、新しい思考を確立する能力があったことを示している。ロシアでの出版をめぐる抑制がいかなるものであったにせよ、もしそれが彼の意思であったならば、世界史、そしてアジア、ロシアをめぐる思考のために他のより制限のない発表場所を探すべきではなかったのか。だが、この意思は欠如していた。ヘーゲルは厳格に宣告している。「結論に達しない意思は、本当の意思ではない（Ein Wille der nichts beschliesst, ist kein wirklicher Wille）」、と。★56

五〇年代の新たな研究以来、マルクスを悩ませてきたジレンマは、この「すさまじい」方法で彼を悩ませ続けた。どうすさまじいのか。マルクスは六〇年代初頭、重要かつ新たな真理への探索が粗暴で野蛮なものになるかもしれないとみなしていたのである。リカードという偉大な学者としての手本を見習いつつ、マルクスは、新しいもの、意味あるものとは、神とともにあって矛盾した事象から、矛盾を「堆肥」として、猛然と進化していくものであることを発見した（im "Dünger" der widersprüche, gewaltsam...）。矛盾それ自体は、理論がそこから無理強いすることとなる生きた土台の豊かさを証明する。[★57]リカードが「科学的誠実さ」を保持したように、学究的研究者が「禁欲的、客観的、科学的」であることを期待しつつ、マルクスは、何であれ外部の利害関心のためにこの原則に背くことを「科学に対する罪」であると考えた。そしてマルクスはこの判断から、実際的関心が労働者のものであったとしても、[★58]その労働者を除外しなかったが、このことはマルクスの基準では最大の功績であった。

エンゲルスは一八五九年八月、『経済学批判』についての批評のなかで、『共産党宣言』に即して、マルクスの理論的宣言の多くを披瀝した際に、こうした関心を指摘していた。だが、その引用の中でエンゲルスは、ブリュッセルのマルクスについての自伝的言及を省略したのみならず、そのアジア的生産様式の存在を(たしかに困惑しながらではあるが)示していた「宣言」最後の中心部分を回避していたのである。読者にこのような警告を与える代わりに、エンゲルスはその批評の中で、マルクスの最後の歴史的観点に焦点を絞った。「われわれが唯物論者の命題をさらに追究し、それを現在に応用するにつれて、きわめて大規模な革命、したがって、有史上最も大きな革命の見通しが、われわれの前に即座に立ち現れてくる[★59]」。

科学的に異質な問題関心は、マルクスとエンゲルスの立場からはたしかに並はずれているものであったが、明らかにエンゲルスが一八五九年、マルクスが一八五三年以来認識していた複雑で粗野な世界史的真理よりも、「宣言」に関する時代遅れな構造的理論、及び発展的理論へと好意的に向かわせていた。これらの関心により、エンゲルスはマルクスの新たな立場を代表していないブリュッセルに発する議論を好んだ。これらの同じ「並外れた」関心は、理論的に卓越したマルクス主義者であるメーリング、クノー、カウツキーに対して、エンゲルスが（いくぶん容易でなく）なしたことをのちに行う気にさせただろうか。[60] これらの問題関心は、プレハーノフとレーニンの「アジア的」なものをめぐる論争に精通していたローザ・ルクセンブルク（Rosa Luxemburg）に対し、『共産党宣言』の立場にとどまらせ、エンゲルスがその一八八八年版にほどこした、表面的に再調整された階級闘争を擁護するよう決意させただろうか。[61] たしかに、一八五三年以降、エンゲルスは東洋的専制主義、及び東洋的専制主義的なロシアへの全ての言及を避けなかった。だが、エンゲルスはその著作である『反デューリング論』、さらにそれ以上に『家族、私有財産、国家の起源』の中で、これらの問題を軽く扱っている。のちに彼は、アジア的問題とともにその著作でかつて取り上げていた自由についても言及しなかったが、一八九一年には、すでに読んだと認めていたのに、「entre nous（ここだけの話）、読んでいなかった」と述べるという厚顔さをうまく除去したことを喜んだ。[62]

マルクスの行動の矛盾は、まったく違う種類のものであり、もっと人をいらつかせ、掻き立てるものである。マルクスはヘブライの予言師ではなかった。彼は大切な時に自分の考えを公表しそこねたが、その知識と信念に基づけば、本来発言すべきであった。マクロ分析的問題の扱いの中で、少なくとも一八五六年から一八五七年以降、全般的奴隷化という観点と結びついていたアジア的社会とロシアをめぐる洞察について、彼は系統立てては明らかにしなかった。

だが、マルクスはヘブライの予言師ではけっしてない一方で、エンゲルスが行わなかった方法で真理と格闘した。マルクスは知識人の「罪」について極めて敏感だった。聖書における過去の偉大な人物たちがそうであったように、それについてきわめて敏感だった。これらの人々とは、われわれの時代では、先駆的新思考を創出できるだけでなく、知的かつ道徳的罪を犯しもする、ドストエフスキー的な英雄である。

マルクスによる類ない分析的功績を認める「アジア的」社会と権力をめぐる研究者が、マルクスが大まかに描いたアジア的準拠枠組みをはるかに超えなければならないのは、この理由による。だが彼らが、マルクスのアジア的なものをめぐるマクロ史的思考の骨子のみならず、マルクスが一八五三年に記録し始めたアジア的軌跡のメソ、及びミクロ・レベルでの組織的詳細を最大限利用しなければならないのもまた、この理由による。

4　アレクシス・ド・トクヴィルの陰

これはまさに、私が中国とアジア社会について一九二〇年代半ばに調査を始めてから、最初はワイマール共和国下のドイツで、さらに一九三四年から一九三五年にアメリカで、一九三五年から一九三七年に中国で、そして再び現在にいたるアメリカで、精力的におこなってきたことである。私はよきコミュニスト、よきマルクス主義者であろうとするコミュニスト・マルクシストとしてこれらの研究を始めた。こうして、中国、アジア的生産様式、経済システムの発展における、そして生産の社会的過程をめぐる他の対立する様式における自然の役割に関する研究を進めていったのである。

マルクスのアジア的社会をめぐる考察を活用したいという願望は、私の経歴の最初の局面では強く、かつあからさまなものであった。ポスト・ドイツ時代の前半、すなわち中国から帰国してほぼ二年後、[63] スターリンとヒトラーの協定まで、その熱情を保持し、戦略的観点についてマルクスを引用し続けた。この協定後、マルクスを引用したくないという意志は、私の理論的、及び政治的出発点であった「マルクス主義者」の運動からわが身を引き離すという決意の表れであった。

トロツキーに刺激されて、私は一九二三年、帝政ロシアのアジア的特徴を見出した。[64] だが学者としてのトロツキーには感銘を受けず、その考察にはそれ以上の関心を払わなかった。私はロシアをめぐる分析を共産党の同志、とりわけ能力があると思っていたソビエト・ロシア人に最初から託したままでいたので、コミュニストと手を切ったとき、ロシアについてのマルクスのアジア的解釈について何も知らなかった。

これは「アジア」に集中するために払った知的代償だった。私は他のほとんどのマルクス主義者以上に、マルクスの「アジア的」視点に精通したが、[65] この分野での私の研究はモスクワでは歓迎されていないことを一九二〇年代後半から気づいていた。だが、私はそれがソビエトの指導者たちにとって、どのようなイデオロギー的かつ政治的な予告となるかについては気づいていなかった。私は一九〇六年のストックホルム党大会でスターリンが「アジア的復古」に焦点を当てた議論に晒されていた事実を知らなかったし、その大会でスターリンがこれらの議論をレーニン主義に対する脅威ととらえ、[66] このストックホルムでの経験を一九二〇年代に苦々しく記憶していたことに気づかなかったのである。[67]

それゆえに一九三一年、「中国という大農業社会の科学的分析の試み」として『中国の経済と社会』を出版したとき、マルクスのアジア的社会の概念に向けての方向づけは、基本的真理の意味では必ずや克服するはずの小さな逸脱と考えていた。★68 私のそこでの分析は、「生産力、生産と流通過程の分析」を扱っていた。実際、全体のほとんど五〇〇ページを中国の（アジア的）生産様式の農業的局面に捧げ、ほぼ三〇〇ページをその通信、工業、商業、及び金融業の局面に費やしている。★69

一九三一年のレニングラードでのアジア的生産様式をめぐる討論は、それに反する行為として私や私の非主流派の仲間に警告を発したが、私は「アジア的」非主流派の立場を保持し続けた。★70 党の代弁者は、とくに自然の役割の強調をめぐり私を批判した。★71 たしかに、一九二九年に出版された『マルクス主義の旗の下に』での一連の記事と私の著作『中国の経済と社会』（この本のロシア語訳は流通したが、ドイツ語版登場の前後に出版されなかった）の中で、運動を促進する人間の行為と社会を方向付ける自然の受動性との間の異なる関係概念を提示することにより、マルクスの父（人間）と母（自然）との関係という社会史的重要性を強調していた。

モスクワの管理下にあるほとんどのマルクス主義者が、この問題を取り上げるのをやめた一九三一年以降、そしてスターリンが「自然」をめぐる議論の妥当性を正式に否定し、マルクスの「アジア的」テーゼを捻じ曲げ、権威をもって捨て去った一九三八年以降も、私は中国とアジア的生産様式をめぐる研究を続けた。★72 ここでいうモスクワに管理されたほとんどのマルクス主義者とは、あるトロツキー信奉者とエドガー・スノーを除いている。ハロルド・アイザックスは、ほぼ四年間の執筆の後、一九三八年、『中国革命の悲劇』を出版した。彼は、伝統的中国の基礎を「マルクスが『アジア的生産様式』と呼ぶもの」に置いた。アイザックスは、それがカール・ウィットフォーゲルの『中国の経済と社会』における最も学問的な議論と一致していると主張した。アイザックスの本の序文はレオン・トロツキー（「Coyoacan, D.F.1938」）が書いている。[73] エドガー・スノーは、一九三六年、彼らにとって初めての西北部の首都を訪問した、中国のコミュニズムに共鳴する独立社会主義者である。その著作、一九三八年に出版された『中国の紅い星』の中で、彼は多くの反スターリン的コメントをし（その後の版では削除された）、「カール・アウグスト・ウィットフォーゲル博士」によって描かれた「アジア的生産様式」について言及した（これは削除されなかった）。[74]

スノーは自らの道を行き、トロツキーとその信奉者は彼らの道を進んだ。卓越したネオ・トロツキズムの経済学者、エルネスト・マンデルは、一九六七年に出版されたマルクスの「経済思想」に関する彼の著作の中で、アジア的問題について詳しく述べている。それはアジア的生産様式をめぐる「大論争」が開始した数年後のことである。この本は、そのアジア的課題の扱いをマルクスの『経済学批判要綱』[75]、すなわち、今や有名になっている『資本論』のいくつかの章の最初の包括的草稿と結び付けながら、アジア的なものをめぐる研究の私の主要な第一歩である『中国の経済と社会』を賞賛している。マンデルは、私の研究の次の主要なステップとなる中国の征服社会、遼をめぐり、遼研究の世界的第一人者である馮家昇（Feng Chia-sheng）と共著でまとめた『中国社会史――遼』には無関心だった。マンデルは、私の研究における第三の主要なステップ、ウィットフォーゲルの最も新しい主著としての『東洋的専制主義』を非難したが、それは「科学的客観性が明確に欠如している」という理由からであった。[76]

国際共産主義運動の中で、反対派であるトロツキストが沈黙させられつつあり、なおかつ中国に対して疑問をなげかけたトロツキーの姿勢がとくに攻撃された一九三〇年代初頭に、マンデルがトロツキーやその支持者らのように、私が行った「アジア的」なものをめぐる反論を歓迎していたのは十分理解できる。マンデルは、「その後の二〇年間（すなわち、レニングラード後）で、アジア的生産様式の範疇は、まずソ連で曖昧になり、それから人民中国でさらにそれが強まり、最後には教科書から消えていくことが運命づけられていた。とはいえ、西側社会では、その間にカール・アウグスト・ウィットフォーゲルというドイツ人コミュニストがアジア的生産様式に対する歴史的著作に没頭し、これは結果的に社会学者の思考に継続的な効果をもたらした」と述べた。★77

ネオ・トロツキスト集団の一員として、マンデルが『東洋的専制主義』を拒否したことも理解できる。トロツキーは、伝統的ロシアにおいて重要なアジア的特異さに早くから気づいていた。だが、彼はマルクスのアジア的概念をめぐるマクロ分析の深遠さには気づかなかった。それゆえに、ロシアの「後退した」労働者と農民の政権についてのその鋭敏なミクロ、及びメソ分析的批判は、ソ連が結局は正真正銘の社会主義秩序へ発展するということを深刻に疑わせることはなかった。一九〇五年以来、ずっと抱いていたアジア的観点から自らを切り離すことはけっしてなかったものの、これがトロツキーの生涯続いていた立場であった。一九三九年、マルクスの著作選集の序文において、彼は歴史を「経済のさまざまな制度の連続」と表現し、『共産党宣言』の中で示唆した三つの制度、奴隷制、封建的農奴制、資本主義について記している。★78 だが、晩年に著した著作『スターリン』の原稿では、「古代ロシアを含むアジア的歴史」、その社会は変わらずに、「救いようのないローテーション」で疲弊していったと書いている。★79

ネオ・トロツキストと彼らの仲間は、この矛盾を継承した。アジア的課題は彼らにとってほとんど意味を持たなかったので、ドイッチャー（Deutscher）やマルクーゼ（Marcuse）といった彼らの多くは、より目立たない形でこれを受け継いだ。[★80]マンデルはこの課題をはるかに深刻に受け止めた。『カール・マルクスの経済思想の形成』の中で、彼は全ての章を、「アジア的生産様式と資本勃興の歴史的前提条件」に捧げている。だが、この本の最後の章で、他のトロツキー主義者が行ったように、ソ連に対する同じマクロ史的・社会主義的視点に行き着いた。マルクス主義者としてのこの見通しを提出する努力を続ける中で、マンデルは「アジア的」と題した章で、帝政ロシアを「半アジア的」とするマルクスの解釈とロシアにおける「アジア的復古」というレーニンの観点を無視していた。[★81]そして歴史的見通しについての最後の議論の中で、レーニンが動揺を抱きながら二十世紀初頭（彼は一九〇五年、ロシアに勃興した資本主義を「アジア的」と呼んだ）までのロシアのアジア的制度の持続を承認し、[★82]十月革命後でさえそのことへの拘りについて再び主張したという事実を無視した。[★83]マンデルは、レーニンの不安を駆り立てる議論を無視したのである。「いわゆる」社会主義[★84]から真の社会主義への移行期についての彼の視点は、その出発点を「半アジア的社会」や「アジア的資本主義」ではなく、時には「資本主義的」と呼び、時には「ブルジョア的」と呼んだ社会経済的制度に置いたのである。[★85]

こうした事情なので、マルクスとレーニンのロシアにおけるアジア的視点を必要としないマンデルが、私が復活させた視点である『東洋的専制主義』を必要としないことは、十分に理解できる。ロシアの「アジア的制度」に関する論評の中で、彼はウィットフォーゲルの『東洋的専制主義』の三八九頁から四〇〇頁を、「アジアティシズム」（Asiaticism）に関連するレーニンの一節のほぼ完全な要約として認めているものの、[86]この制度もしくはアジア的復古についてのレーニンの概念を再生しなかった。レーニンが粗雑ではあるが間違いなくアジア的観念の基礎としていたマルクスの伝統的ロシアについてのアジア的解釈も復元しなかった。

一見すると、マンデルを理解するのはより難しそうに思えるだろう。彼は、私の知的冒険である『中国の経済と社会』、及び『東洋的専制主義』に強く反応したものの、私が中国史プロジェクトの代表として企画・実施し、『中国社会史――遼』として結実した中国と内陸アジアの研究にはまったく関心を示さなかった。私は著名な中国研究者、アルタイ族研究者、人類学者の小グループに助けられて、一九三九年後半、この研究を始めた。[87]研究は一九四三年に完了した。一九四六年、私が単独で担当したその「序文」が関心を持つ同僚らに送付された。全文（七五二頁）は、一九四九年にアメリカ哲学会により出版された。

たしかに、オリエンタリストでないマンデルには、大勢を占める意見とは反対に、中国人は支配の状態が続く限り遊牧的支配者とけっして同化しないという事実をめぐるわれわれの発見への関与を期待できなかった。[88]『中国社会史――遼』によってアメリカが中国とアジアの現代研究を先導していたという高等教育機関（universitas literarum）の評価に喚起されることも期待できなかった。[89]さらに上記で述べた理由により、私はマルクスに言及しない中国征服王朝の分析を発表したが、マンデルは三〇年代初頭の中国経済と社会に関する私の分析に関心をもっていたので、四〇年代のこの分析には関心を示さなかったのだ、ということもできる。

だが、外見は必ずしも事実ではない。われわれの遼研究のデーターは中国征服王朝の経済と社会を幅広く扱った。そしてかつてトロツキストの仲間で、マンデルが一九六七年にはまだ権威があると考えていたヨーロッパの中国研究者E・バラーシュ（Etienne Balazs）は一九六七年、いくぶん寓話的とはいえ、たしかにこうした批評を認めて、私の『遼』に関するデーターは社会史的に正しい（バラーシュが理解したように、マルクスの歴史解釈に一致していて正しい）と主張した。[★90]

このネオ・トロツキスト経済学者マンデルは、一九六七年の著作では、私が『東洋的専制主義』で強く主張した遼についての教えから後退した。それは私の分析がマルクスに敬意を払っていないからではなく、愚直なまでに、マルクスの半アジア的見解を強調したことがマンデルを困惑させたからである。四〇年代のはじめ、マルクスの半アジア的社会に関する概念は、まだ私にとって現実味がなく、新しい根拠が豊富な中にあって、アジア的社会の周辺型として認識していた。[★91]そこでは、東洋的専制政府が臣民を長い間統治する一方で、水力的機能はほとんど、もしくはまったく果たしていなかった。[★92]私は、マルクスについての自らの新しい研究によって、周辺のアジア社会とマルクスの「半アジア的（半東洋的）」ロシアの制度的類似性が分かった一九四七年から一九四八年に、より深くその重要性を理解した。私は、五〇年代の初めから半ばにかけて、講義や論文でこの類似性についての手がかりを提示した。中期、及び後期ビザンチウム、遼、古代マヤ社会、そして帝政ロシアに関して、同じ『東洋的専制主義』のとくに第六章でそのことを確認した。[★93]そして同著作の第九章と補足の論文で、絶対主義的な東洋的専制主義により統治された半アジア的社会としてのモンゴルとポスト・モンゴルのロシアに関するマルクスの言及について論じていった。[★94]

マンデルは東洋的専制主義を理解していた。そして彼は、ロシアについてのマルクスの思想に対してきわめて敏感であり、しかも『東洋的専制主義』でのこれらの思想の私の再提起を拒絶するほどに敏感だった。マンデルは、私が『中国社会史——遼』で行い、『東洋的専制主義』で強調したアジア的社会の原型についての説明は、明らかに否定しなかった。彼は、ただそれを読者に知らせないままでいた。誤った議論の連鎖の中で、科学に対する一つの罪は、また別の罪を生じさせるものである。

自立したように見えるマルクス主義者が多くの国で成しえなかったことを、自立したアメリカ人アナリストができるだろうか。アメリカ人中国研究者、ジョン・F・フェアバンクの行動は、アメリカ合衆国の世論形成者を取り巻く困難さを暗示している。フェアバンクは、第二次世界大戦中とその直後、中国に滞在し、新旧の（共産）中国の現実に同時に接触した結果、偏狭な思想のレベルを一時的に超えた。中国からアメリカ合衆国に戻った後に、一九四七年と一九四八年はじめに著した『アメリカ合衆国と中国』で[★95]、歴史を創る勢力に対する理解に劣ることについて新しい見解を得さえすれば、アメリカ人は成功裏に外交政策に到達できると宣言した。この著作でフェアバンクは、「社会史家の先駆者であるK・A・ウィットフォーゲル博士に従い」、自らの中国へのアプローチを深めることを探求した。この先導に従って、彼は伝統的中国を「古代の東洋的社会モデルの代表であり、ヨーロッパやアメリカのより近代的社会とは根本的に異なる」と分類した[★96]。

フェアバンクには、われわれの遼研究から学ぶことを躊躇させてしまうアンビヴァレントなマルクス主義的抑制はなかった。彼は、「二〇年以上の間、『東洋的社会』としての中国に関して最も豊かな考え方を提出したウィットフォーゲルは、『中国社会史——遼』の序文で、とくに遊牧民の征服王朝を扱っている」と主張した[★97]。彼は読者にこれらの征服社会に対して強い関心を払うように促した。[98]そして、東洋で最近直面した現実を振り返り、新旧中国に対する慎重なる研究は、「マルクス主義とロシア」についての同じように慎重なる研究で補足されるべきだと主張した。[99]否である。

フェアバンクの意見では、アメリカ人は中国について現実的に研究したのだろうか。残念ながら、否である。中国の伝統的アナリストは、古代中国社会を伝統的思考、とくに儒教的思考で眺めることで満足していた。現代的探求者であれば、もちろんこれらの思考に適正な関心を払うだろうが、彼らはそれらを「社会的政治的文脈」の中に置くであろう。フェアバンクは、これに失敗した人々を「皮相的」と呼んでいる。[100]残念ながら、アメリカ人は、現代中国をめぐる彼らの研究についても、同様に不適切である。この研究は、非中国的思考にも、そしてとくに中国以外の国についても必要であるが、残念ながらアメリカ人は、「マルクス主義とロシア」の両方に無知であった。[101]

私がマルクスのより深い洞察、中国圏の周辺アジア的社会と半アジア的ロシアの問題へと移っている間に、フェアバンクは一九四七年から一九四八年にかけてこの本を著していた。社会と政治に関するアメリカ人アナリストは、国際社会において効果的行動の鍵となるこれらの洞察に精通していただろうか。フェアバンクは一九四八年、精通できることを望んでいた。そして一九五〇年、第二回地域研究全国大会のメンバーが、私の論文「ロシアとアジア」に対して肯定的に反応したとき、明らかに同様に考えていたのである。[102]

だが、新たな環太平洋の発展、とくに中国共産党政権の定着は、現実的力の前進を阻んだ。それはアメリカの世論を旧中国（国民党）、及び新中国（共産党）に対する国の姿勢をめぐる、感情むき出しの議会的「調査」へと向かわせる激しい衝突へと分断した。この衝突は、理性的な広い視野での対処（それは真理と自由のために重要となる）を犠牲にして、国際問題に関する狭い視野での間に合わせの処置（それは時には望ましいものである）に偏向した。

中国の専門家として私は、不可避的にこの衝突に巻き込まれた。そして一九五一年の夏、自らの意思に反して、国内の安全を調査する上院小委員会に召喚された。委員会の弁護人と参加した議員による質問にできるだけ忠実に答えた後、自分の証言の最後に、委員会のメンバーではないジョセフ・マッカーシー上院議員の前で、魔女狩りに対する懇請をはさんだ。★[103] 証言において私は、ヒトラーに権力を与え第二次世界大戦の勃発を許してしまったモスクワの役割を含む、査問全体に関係した出来事や権力を分析する必要性も強調した。★[104] 悲しいかな、どちらも何の効果ももたらさず、後者については、アンチ全体主義者に対する労働キャンプでの私の友人やこの公聴会が公正に開かれたと考えるリベラル派の間でさえそうであったのである。★[105]

衝突には多くの根源と反動があった。それはフェアバンクとその友人たちの中国研究を、以前に「皮相的」と非難した偏狭で断片的なアプローチに変更させることとなった。★[106] それは、「マルクス主義とロシア」の研究における粗雑な姿勢を再構築させた。その姿勢は、『東洋的専制主義』の出版でいくらか揺らいだものの、実際に妨げられることはなかった。アレクシス・ド・トクヴィルの訓戒をアメリカの民主党員へそれほど楽観的にではなく一九五〇年に援用した著名なアメリカの政治学者、G・A・アーモンドは、一九六〇年には、世界を形成する諸機関についての（新たな）世論形成者たちの理解に対して、さらに楽観的ではなくなっていた。★[107]

『東洋的専制主義』の中で、私はアメリカと海外の社会科学者と世論形成者たちに、「水力」経済（私はこの著作の最初の五章をこれに捧げた）が、長い間無視されていた世界史的問題に対する手がかりを与えると知らせた。それは今や手がかりではなくなった。水力的（アジア的）中心地域の多様性、この世界の水力的境界と境界近くの地域への異なったアプローチを確立するために、この分析結果を表明することは必要であった。分岐点である第六章でそれを行ってから、私は第七章で、私有財産の問題（それはアジア的経験の例証なしには、十分に認識できない）に関する発見について、第八章では支配者階級としての官僚制の問題（それは、絶対的支配権力の受益者にとってはとくにタブーであった）について詳しく述べた。私は第四章で、マルクス（及びエンゲルスとレーニン）のアジア的システムについての見解を明確に示すことにより、これらの探求をクライマックスに到達させた。それは、最初からの章を通して、暗黙裡に関係づけてきたものだった。そして私は第九章と最終章での全体の研究をめぐる結論として、われわれの時代の「アジア的」発展、過渡期の分裂したアジア的社会、ソ連と共産主義中国におけるアジア的復古を現実にあてはめた。

これは『アジア的専制主義』の中で私がとくに「アジア的なもの」を強調しながら提出した世界史観である。繰り返すが、この概念は、マルクスがアジア的社会と半アジア的ロシアの概念を通して与えた転機をめぐりとくに強調した社会と歴史の古典的概念を基調としている。繰り返すが、この概念は、われわれの時代の主要な衝突に対する科学的分析へと導き、さらに人間の偉大なる社会的、歴史的伝統に基づきつつ、これら諸勢力についての唯一の科学的扱いへと導いた。古典ギリシャや新古典ヨーロッパに暗い影として出現した政治的奴隷制の現象は、全体主義的政治や経済的奴隷制の形態において、今日、世界の決定的問題となっている。★108 現実のアジア的復古と全体主義的政治、経済的奴隷制（及び全体主義的疎外）の認識を結びつけることで、われわれは現代の究極的な理論的・政治的問題に直面していることを理解するのである。

アメリカの社会科学者は、マックス・ウェーバーのマルクスに対する矛盾した関係に言及するとき、彼らの方法でこの問題を取り上げた。そして彼らは、マルクスの世界史観を扱ったが、ある一点までで、そこから深く分析することはなかった。本質的問題を「皮相的」に扱ったと思えば、次にはそれを横において「他のことに向かう」という、トクヴィルを悩ませた人間の宿命について、私は落ち着きのない学生たちに注意を喚起しているのである。[109] このような行動は、トクヴィルの時代にはほとんど良しとされなかった。今日においても間違いなく良いことではない。それはそうでなければ彼らの物となるはずのリーダーシップの資格を、アメリカ人から奪うこととなるのである。

トクヴィルの訴えは、現在ではかつてよりさらに重要となった、ヨーロッパ的局面を含んでいる。どんな技術的な言い訳（時間、空間や金銭の欠如）をもってしても、ヨーロッパの多元的国家の世論形成者たちは、十九世紀の遺産を継承したポピュリスト（あるいは非ポピュリスト）の警告に直面する義務から免れることはできない。この警告は、押し付けられてはならない。だが、無視してもいけない。アメリカの民主主義についての偉大なるフランスの研究者は、「人民」が自分たちの国の外交政策を行う危険性について認識していた。「人民の大半は自らの無知や情熱にそそのかされるかもしれない」[110]。だがトクヴィルは、独裁的支配者に忠信を置くこともなかった。「絶対的王は、揺らぐだろう」[111]。彼は、貴族政治のみがこの任務を遂行できると主張する。英国は立憲「君主制」で、貴族政治は明らかに社会的不正義に悩まされたという事実にもかかわらず、トクヴィルは、それがリベラル

さ (liberality) とリーダーシップの両方で他の全てのものに勝ると宣言したのである。「かつて英国ほど自由な貴族制や啓蒙された価値ある人材を絶えず政府に輩出した国を私は知らない」、と。★112

トクヴィルの主張の限界は明らかだ。だが、たまたま西欧の国々は（西洋的）絶対主義の時代から、自由や政治的奴隷、さらに西洋と東洋（アジア的）専制主義の問題を科学的に分析するには十分に自由であった。この過程で歴史と社会に対する古典的な思考は、イタリアのトマス・アクィナスとマキャヴェリ、フランスのボダンとモンテスキュー、英国のヒュームとアダム・スミス、ドイツのヘルダーとヘーゲルによって再構築され、詳述された。

では今日、経済と権力をめぐる国際問題について、いったい誰がだれを導いているのだろうか。残念ながら、ヨーロッパの偉大なる遺産は、虚弱な相続人に受け継がれてしまった。第一次世界大戦後、ヨーロッパの世論形成者は不安定になった。そして第二次世界大戦後、ヨーロッパの新しい世論形成者は、アメリカの権力（それは巨大である）とアメリカの権力理論（それは情緒的である）を一緒に受け入れることが都合のいいことであるとわかった。

困ったことに、思想（権力本位の思想）の領域で起きたこととは、トクヴィルが期待したこととの反対であった。事実は明らかである。だが、それは決定的だろうか。ヨーロッパの開かれた歴史的状況には、マルクスが考えたような「偶然」や「選択の自由」はないのだろうか。★113 この小さな、だが偉大なる大陸の自由な市民たちは、彼らの先祖が有していた知的かつ道徳的なリーダーシップを再び主張できず、民主的アメリカの継承者たちは債務不履行（default）で成り行き任せにさせることになるのだろうか。この運命づけられた大陸の市民は、マルクスが哲学、及び経済の古典から引き出し、自由の科学を彼が見たとおりに（一貫せずとも挑戦的に）適用した思想を、認識し、かつ実行することは不可能なのだろうか。彼らは、これらの思想を認識し、それを落ち着きのないアメリカの研究者と共有することはできないのだろうか。彼らは歴史的状況を構成しているのが何であり、何がそれを阻んでいるのか、順序正しく、科学的に説明できないのだろうか。レーニンの名を援用できないだけでなく、ロシア社会と革命についてのアジア的様相をめぐるレーニンの一触即発の思想を、彼らに代わって使うことはできないのだろうか。マルクスとレーニンの出した指令は、きわめて不完全である。だが、彼らの議論の自立した適用こそが、ヨーロッパとアメリカにおける思想闘争の傾向を覆すことができるのである。

インドに対しても、その他のコースは代替物にはならない。半アジア的ロシアでは、開放的歴史状況のもつ不可抗力（accident）は、アジア的復古の力との闘いとトクヴィルが民主主義と呼んだものの促進に、意識的に使われなかった。インドでは、完全なるアジア的社会の解体は、マルクスの議論における意味でのもう一つの巨大な「不可抗力」を生み出した。そこに内在する概念はきわめて古かった。アリストテレスは、その信奉者に「暴政」（tyranny—それは内部から打倒されうる）と「アジア的」専制主義（despotism—それはそれゆえに崩壊しない）を区別するように説いた。[114] 新古典派、とくにボダンとモンテスキュー、[115] そしてマルクスが古典的独裁（tyranny）の概念に新しい転機を与えていたので、この思想は今日、流行遅れになっているはずである。だが、残念ながら、アリストテレスによるこの概念的区別の中心は、かつてと同じように時宜を得たものとなっている。残念ながら、今日、われわれの偉大なる世論形成者、そして政策立案者の多くはそれを認識すらしていないのである。

　現代西洋研究者が学ぶことがきわめて難しいとわかったことを、インド人はアリストテレスやマルクスから学べるだろうか。ボリス・ニコラエフスキー（B・I. Nicolaevsky）が私に話したところによれば、ブハーリン（彼は当初、マルクスの「アジア的」概念をほとんど使わなかった）は一九三六年、西側への最後の訪問中に彼に連絡を取り、これらの概念にとり憑かれたと話していたという。学術的な情報源を通して私に届いたもう一つの情報によれば、年老いたジャワハルラル・ネルーは、マルクスのアジア的制度の概念にますます心が揺り動かされるようになったとある著名な外国人に伝えていた。アメリカの高位の政策立案者が一九四九年、アジアの危機に関する国務省への助言を執筆中に私の見解を求めた。私は自国の資源をできるだけインドの経済的、政治的民主主義の道の促進に集中すべきである、という理性的な助言をした[★116]。それゆえ私は、今日、マルクスの「自由」をめぐる議論をインドに適用することにおいて、唯一、一貫している。インドの世論形成者は、一時的な暴君（tyranny）がまさに「アジア的復古」を実現するためにうまくやるかもしれないが、その必要はないのである。ロシアの十月革命の戦士は、自分たちが「解放」したものが何なのかについてほとんど無知であった。今日、政治的（かつ経済的）奴隷制の歴史は、一九一七年よりはるかによく知られている。これはインドについても然りである。

　そして現代日本についていえば、技術、スピード、発明の才をもって、市民が自国を一流の工業国にしたことは印象的である。同様に印象的なのは、西洋では資本主義的企業とプロレタリアートの意識や組織の発展とともに歩んだ、経済学、及び政治学に対する彼らの高い関心である。日本の知識人が第一次世界大戦の終わりからマルクスを取り入れた問題関心は、その資本と労働についての思想（その領域では、ソビエト版の教義が目立って現れた）と「アジア的」経済と社会についてのマルクスの思想（この領域では、「アジア的」見解をめぐるスターリンによる否認が、国際的には不均等に広がったため、それらと中国についての「アジア的」分析に関する私の著作は、第二次世界大戦の始まりまで、広く翻訳され、読まれた）に鼓舞されたものである。[★117] この戦争の終わりまでに起きたことは複雑である。だが、今やマルクス主義者と非マルクス主義者の研究者のいずれもが、私の見解について、もともと彼らが肯定的であったのと同じくらい、否定的であることが支配的である。[★118]

アジア的生産様式についての日本の議論は、共産主義国家の内外で一九六二年から行われてきた「大論争」とは多くの細かい点で異なっているが、一つの点では類似している。それは不安を駆り立てるロシアの問題を、覆い隠したままにしようという究極の努力を明らかに反映しているということである。そこには、マルクスの半アジア的ロシアの解釈をめぐる顕著な認識はない。ロシア的社会と革命に関するレーニンのアジア的解釈についての顕著な認識もない。アジア的社会、ロシアと中国における「アジア的復古」の概念に関する日本人の議論は、著名な東ヨーロッパのコミュニスト、テーケイやその友人によって、私がマルクスの「アジア」に関する貴重な概念を奪っていると表現された事実と同じくらい、決定的に混乱しているのである。

このような志向をもつ日本のマルクス主義者、非マルクス主義者が、その変形も含めて歴史と社会の研究に関する古典的かつ新古典的遺産を拒否したことは疑えない。このように方向づけられた日本人が、その不安なる同国の人々から、ロシアと中国の現実に関する社会史的理解、そしてこの現実から現れた「アジア的復古」への理解の鍵を奪うことも疑えない。「科学的誠実さ」についてのマルクスの基準を受け入れる日本の知識人にとって、これは良いことなのだろうか。明らかに否である。アジアにおける多元的社会の先駆けの国、日本として良いことなのだろうか。もちろん、否である。人類が達成した民主主義の拡大を擁護しつつ、日本人はまったく正しくも、「ハードウェア」（軍事的重装備、とくに核兵器）の問題を慎重に扱っている。

だが、「ハードウェア」は重要ではあるものの、今日では十分でない。小規模戦争という補足的問題を認識することも、今日では十分でない（アメリカ人がこの問題を自国の立場で理解するよりも、日本人はおそらく、世界における立場で理解しているのであろう）。[★119]

アメリカの挑戦は際立っている。現代のグローバルな危機に対するたしかなる理解は、「ハードウェア」、「小戦争」、そして第三の究極の問題として、今日一般的に「道徳的性格」と呼ばれているものに対するアメリカの理解にとって、決定的に重要である。マジノラインは、[★120]おそらく軍隊のハードウェアをめぐる近代システムにとっては、それほど良い基盤ではないであろう。それを作った人々が生半可な気持ちで周囲の防御を計画し、それを遂行した人々が同様にアンビヴァレントな思いだったとすれば、それは災いを招くであろう。同じことは、今日の自由主義世界の周辺で勃発している小規模戦争についてもいえる。もしこうした戦争が、愚かにも着手され、愚かにも行使され、愚かにも終結されたとすれば、彼らの行為は、知的潜在可能性に対しても、倫理的潜在可能性に対しても、正義をもたらすことはないであろう。

たしかに、道徳的性質と知的「誠実さ」とは相互に連関している。科学への罪は、究極的には道徳的罪である。マルクスのアジア、ロシア、そして世界についての成就しなかった真実の探求は、道徳的問題に根差した科学的問題を構成している。

5 「アジア」の権力的側面と世界史の再検討

マルクス主義者は、まず現在のグローバルな危機表明の背後にある経済力を見るように主張した。こうした経済力を最も慎重に受けとっていたマルクスは、現代の政治経済への喫緊の研究をはるかに超えることによって、ロシアにおけるアジア的（半アジア的）解釈をクライマックスに到達させたのである。まさにこれこそ、マルクスがその「新発見」（revelation）において、ロシアに関連して行ったことであり、われわれの現在の中心的課題、すなわち「経済的に」脆弱な勢力（半アジア、ロシアの継承者）が、近代的政治経済の支配者に打ち勝つかもしれないという可能性を、まばゆい閃光のように照らし出す分析によって行ったことである。これはマルクスが展開できなかった「アジア的」概念の局面であった。その歴史的発見は「詳細な説明」を必要とすると主張しつつ、彼は何度かその方向に突き進んだが、自分が発見したドラマ（壮大なドラマ）の中心的部分を説明しなかった。また彼は、比較上の組織的、政治的現実と結びついた比較上の環境的、経済的現実のためのアジア的概念とその具体的な意味についても確立しなかった。

私は『東洋的専制主義』を絶対的権力の比較研究として著した。このアプローチは、「新発見」の著者により創出された世界史への見通しを代替するものではない。だが、それはこの見通しのための事実的、概念的な基礎をたしかに提供するものである。それは自然的条件の意義を貶めるものでなく、むしろその歴史的構成機能を強調している。エネルギー問題の自然的根源を無視するマクロ戦略家は非現実的である。もし立地（「Lage」）に関する自然的根源を無視するとすれば、彼らは同様に非現実的である。

そしてこのアプローチは、水力経済の意義を過小評価するものではない。それはアジア的国家に他に類のない耐久力を与える独特の組織的条件を説明するものである。耐久力、それは発展の罠（本来、「水力的な」罠）であり、もしわれわれがこのように条件付けられた形態の政治的、経済的、及び社会的奴隷制の悪夢のような意義を理解したいのなら、その頑強さを理解しなければならない。

一八五六年から一八五七年にかけてのマルクスの新発見後の著作の中に意味論的に現れている組織的改革の思想は、その後に続いた現代の政治経済についての諸研究において多くの注目を集めたが、散逸しているアジア的なものへの言及はほとんど注目されなかった。それは私の世界史のイメージであるとともに、『東洋的専制主義』の中で展開されたアジア的イメージの本質的部分をなしている。これらのイメージを基にすると、共産主義革命とは、組織的革命として見ることができる。この現象は今日まで、ほとんどの非コミュニスト系マクロ戦略家の注目を逃れてきたが、それは彼らの制度的背景と方向付けの一部をなしていないからである。

『東洋的専制主義』は、一般的には無視されてきたが、マルクスが開拓者として断片的に認識した世界史の諸相を発展させることを目指した。これらの様相を見出すことは、長過ぎるまでの間、われわれがその解決を当たり前だとみなしてきた奴隷制と自由の問題への新しい回答を与えるのである。

奴隷制を理解する安易なる道はない。そして、自由を理解する安易なる道はない。奴隷制と自由の問題を扱う者はだれでも、全体性と歴史的深遠さにおいて、それらにアプローチしなければならない。トクヴィルがそれに対して警告している態度のように、不注意であったり、「皮相的」であってはならないのである。

『東洋的専制主義』に対するあるヨーロッパの書評子は、この研究を「自由の科学」と呼んだ。実際、それは奴隷制と自由についての科学である。反乱を弄んではいけない。エンゲルスはかつてそう記し、そしてこれにマルクスが同意した。より命令的には、次のようにいってよいであろう。奴隷制の科学を弄んではいけない、自由についての科学を弄んではいけない!

註

(1) テーケイは一九六二年、謄写版として配布を許可する前に、その講義に関するフランス語のテキストを編集した。この編集版には回収(reprendre)の文字を含んでいなかった(see F. Tökei, *Sur le "Mode de Production Asiatique."* 編集者は、"Centre d'Etudes et de Recherches marxistes"の名で、住所とともに記されていたが、日付はなかった)。シェノーは一九六四年に二回、一九六二年七月の「大論争」の詳細なる報告と補足的書籍の解題をめぐり、再度回収勧告付きで作成した。(see *La Pensée*, no. 114, April 1964, pp. 35 and 71. 両方の版において、シェノーは、"reprendre"という言葉を強調している。)

(2) Jean Chesneaux, "Ou en est la discussion sur la mode de production asiatique," in *La Pensée*, no. 129, October 1966, p. 39, note 10.(当該論争の一部を掲載している本田喜代治編訳『アジア的生産様式の問題』岩波書

店、一九六六年にはこの論文は収められていない——訳者。）

（3）Karl A. Wittfogel, *Oriental Despotism. A Comparative Study of Total Power.* New Haven, London 1957, pp. 391 ff. Hereafter cited as *OD*.

（4）*Ibid*., pp. 393, 399, 450.

（5）*Ibid*., pp. 391 f.

（6）*Ibid*., p. 375 f. and 379.

（7）Karl A. Wittfogel and Feng Chia-sheng, *History of Chinese Society: Liao*（*907-1125*）. With the Assistance of John de Francis, Esther S. Goldfrank, Lea Kisselgoff and Karl H. Menges. *Transactions of the American Philosophical Society.* Vol. 36（1946）, Philadelphia, March 1949, *passim*. Hereafter cited as *Liao*.

（8）Karl Marx-Friedrich Engels, *Werke*（1957-1966） vol. 28. p.267. Hereafter cited as MEW. See also next note.

（9）マルクスが『ニューヨーク・デイリー・トリビューン』（*New York Daily Tribune*）の一八五三年六月十日、七月二十二日に書いたインドに関する二つの記事の二つ目の冒頭で、「この書簡で私はインドに関する考察について結論を述べる」と記している。この二つの記事（書簡）は一八五三年六月二十五日、八月八日付けの *NYDT* にそれぞれ出版されている。

（10）*MEW* 23, p. 373 f.

（11）"Karl Marx über Indien and China, mit Einleitung von Rjasanov," *Unter dem Banner des Marxismus*, 1, 2, 1925, p. 370 *passim*.

（12）See below. マルクス（石堂清倫訳）『十八世紀の秘密外交史』三一書房、一九七九年。

（13）*Ibid*., pp. 399 f. and 438 f. レーニンが望んだロシア革命ののちに示されたそのアジア的復古についての見解は、躊躇しながらも開拓者として、「けっしてうまくは定式化されていない概念を構成している」。

だが、この理由ゆえに、その見解は的外れだったのだろうか。この疑問は、チャーチルの言葉を想起させる。「民主主義は、政府の全ての形態で最悪なものである。その他全てのものを除いてではあるが」。
See Wittfogel, "Problems of Marxism and Relations Between the East and West" in *The Soviet Union: The Seventies and Beyond* edited by Bernard W. Eissenstat; Lexington, Mass. 1975, p. 46. Hereafter cited as 1975.

（14）Wittfogel, "China and die osteurasische Kavallerie-Revolution," *Ural-Altaische Jahrbücher*, 49（1977）p. 33. Hereafter cited as 1977.

（15）Wittfogel, "Russia and Asia," *World Politics*, II, 4. 1950. p. 461. Italics added. Hereafter cited as 1950.

（16）Milovan Djilas, *Conversations with Stalin*, New York 1962, p. 74.

（17）J. Stalin, *Works*（13 vols. Moscow 1952-55）, 6, p.302. Hereafter cited as *Works*.

（18）See *International Press Correspondence* 1934, p.50, さらなる参考としては、Guttmann's "slanderous" accusation see pp. 27, 108, 188, 189, 320, 622, 636.（グートマン〈Guttmann〉は一九三三年十二月、共産主義運動から追放された。*Ibid*., p.50）。コミンテルンの最高位の職員らに知られているように、私がスターリン、ヒトラーに関する内部の話に精通するようになったのは、グートマンとの一九四〇年代半ばから深まりつつあった親交を通じてであった。ロシアのアジア的復古がもたらすであろう底知れない結果を、一九四九年から私に強く強調させたのは、この洞察であった。A・ケスラー（Arthur Koestler）は、*The Yogi and the Commissar* についての重要な議論について、P・マイアー（Peter Meyer）の分析を基調にしている（"The Soviet Union: A new class Society," published in *Politics*, April 1944.）。この分析は、私のアパートの住人同士のグループの前で最初に発表された。著者のP・マイアーとは、J・グートマン（Joseph Guttmann）のことである。

（19）*OD*, pp. 361 f.

（20）*Ibid.*, PP. 48 and 439 f.

（21）*MEW* 18, p. 567.

（22）Max Weber, *Gesammelte Aufsätze zur Wissenchaftslehre*, Tübingen 1922, pp. 204 f.

（23）Max Weber, "Zur Lage der bürgerlichen Demokratie in Russland," *Archiv für Sozialwissenschaft and Sozialpolitik*, 22（igo6）, pp. 246 and 281. Hereafter cited as Lage.

（24）Max Weber, "Russlands Ubergang rum Scheinkonstitutionalismus," *Archiv* 23（1906）, p. 283. Hereafter cited as *Ubergang*.

（25）Weber, Lage, p. 18, *Ubergang*, pp. 249 and 396.

（26）Weber, Lage, p. 347.

（27）Weber, *Gesammelte Politische Schriften*, Tübingen 1921, p.110, note and p. 107.

（28）Boris I. Nicolaevsky, "Marx and Lenin on Oriental Despotism," *Sotsialisticheskii Vestnik*. February-March 1958, p. 53.

（29）*MEW* 13, p. 8.

（30）D. Riazanov, *Karl Marx and Friedrich Engels*, New York 1927, pp. 76 ff. 全文は、*Der Bund der Kommunisten, Dokumente and Materialien*, Vol. 1, Berlin, 1970, pp. 1057, 1081, 及び付属テキスト参照。

（31）See *MEW* 3, pp. 21 and 44. マルクスの場合、この姿勢は、彼の学生時代と学生以前の日々に戻っている。（See *ibid.*, p. 28 note and *Marx Engels Archiv*, Vol. 2, 1927, PP. 117 ff.）。

（32）私は "Produktivkräfte" を通常のように、生産力（productive forces）としてではなく、生産的権力（productive powers）、もしくは、生産権力（powers of production）として訳している。これらの用語は一般的にマルクス自身が採用したもので、彼は適切な英語の成句や文を引用する時、主に古典派経済学者から引用した。彼の用語の使い方を見ると、われわれは、再度、彼の古典派経済学者との強い結びつきに気付く。(See *NYDT*, August 8, 1853; Marx, *Grundrisse der Kritik der Politischen Ökonomie*, Berlin 1953 p. 636 [Hereafter cited as *Grundrisse*]; *MEW* 26, 1. pp. 40 and 402 [Adam Smith]; 26.2. pp. 570 and 623 [Ricardo]; in connection with Richard Jones, *MEW* 26, 1, p. 18, 26; 3. pp. 406, reference to *On Rent*. ジョーンズについて調査している間、マルクスは時おり、社会労働の生産力(productive forces)という定式を使った(*ibid*., p. 414)。

(33) W 3, p. 24.

(34) プレハーノフの「進歩的」という定式をめぐる議論は、それに対する私のコメントと同様に不適切である。両者ともにマルクスが理論的宣言を組み込んだ自叙伝の背景に適切な注意を払っていない(see *OD*, p. 416, note d)。

(35) *MEW* 13, p. 9. 武田隆夫他訳『経済学批判』(岩波書店、一九七八年)、一四頁。

(36) See below, note 45.

(37) *MEW* 4, pp. 462 f.

(38) *Ibid*., p. 573.

(39) *MEW* 19, p. 108. 平田清明訳「『オテーチェストヴェンヌィエ・ザピスキ』編集部への手紙」、『マルクス=エンゲルス全集』第一九巻(大月書店、一九六八年)所収、一一四—一一七頁。

(40) *Ibid*., p. 111.

(41) *Ibid*., p. 108.

(42) *Ibid*., p. 388.

(43) *NYDT* June 25,1853; cf. *MEW* 9, p. 132.

（44） *MEW* 23, p. 379.

（45） *MEW* 19, pp. 111 f.

（46） *Ibid*., p. 112.

（47） *MEW* 26, 2, pp. 111 ff.

（48） レーニンとプレハーノフは、『ザピスキ』（Zapiski）への書簡に大変魅かれており、その中でマルクスが、普遍主義者の見解を現実的でなく、皮相的であるとして拒否していたことを理解した。マルクスの主張に続いて、レーニンは一八九四年、最初のマルクス主義者としての主要な著作において、「一般的」かつ「抽象的」歴史へのアプローチを、形而上学的と呼んだ。（V.I. Lenin, *Collected Works*, Moscow 1963 passim, 1, pp. 143 ff. Hereafter cited as CW）。プレハーノフは一年後、同じ課題に同様の方法で取り組んだ。マルクスに従って彼は、普遍主義的アプローチを「神秘主義的」であると主張した。（G. Plekhanov, *Selected Philosophical Works*, Moscow, n.d. 1, p. 759）。

（49） *MEW* 16, p. 2-5.

（50） *MEW* 36, p. 121.

（51） *Loc cit*.

（52） *MEW* 19, p. 558.

（53） See Richard Pipes, *Russia Under the Old Regime*. London 1974, pp. 300 f. Hereafter cited as 1974.

（54） *MEW* 19, p. 558.

（55） See Karl Korsch, *Karl Marx*. New York 1938, p. 167, note 2. Hereafter cited as 1938-

（56） Georg Wilhelm Friedrich Hegel, *Grundlinien der Philosophie des Rechts*. *Hegel, Sämtliche Werke*, Bd. 7, Stuttgart-Bad Cannstadt, p. 65.

(57) *MEW* 26, 3, p. 80.
(58) *MEW* 26, 2, pp. 112 ff.
(59) *MEW* 13, p. 470.
(60)「やや容易ではないにもかかわらず…」。三人全員が、一八五九年のマルクスの序文を、その理論的立場の明確な表明として扱った。彼らは一八五八年のマルクスの宣言の中核となる要素を再生しただけでなく、彼が紹介した自叙伝的言及も指摘した。メーリングは、ブリュッセルの文を省略したが、三つの点を打ち、その省略を示した（Franz Mehring. *Karl Marx*, 1918, p.265）。クノーも同様であった（Heinrich Cunow, *Die Marxsche Geschichts-Gesellschafts-und Staatstheorie*, Berlin 1920, Part 1, p. 249）。カウツキー（Kautsky）は、点こそ使わなかったが、やはりブリュッセルの文は省略した（Karl Kautsky, *Die Materialistische Geschichtsauffassung*, Berlin 1927, Part 1, pp. 20 and 806.）。
(61) 論点となっている思想に対するローザ・ルクセンブルグの議論は、パルブス（Parvus）とトロツキーのそれと同様に複雑である。そして他の二人のロシア起源のマルクス主義者のそれのように、ここでは分析されない。しかし、次のようなことくらいはいえるだろう。ローザ・ルクセンブルグは、東ヨーロッパからドイツに政治的行動範囲を移してから、プレハーノフとレーニンが行ったようには、「アジア的」議論には立ち入らなかった。彼女は、アジア的専制主義とロシアの旧秩序における東洋的専制主義的な要素の存在に気づいていた。それゆえに彼女は、『共産党宣言』の歴史的原則についての発表は、他のドイツ人マルクス主義者の多くが思っているほど容易ではないことを明らかに感じていた。しかし、彼女はマルクスが『ザピスキ』書簡で行ったように、この問題には深くは立ち入らなかった。そして、『共産党宣言』の階級闘争の命題に関するエンゲルスによる時代遅れの調整に関与することにより、その重要な問題について説明するのではなく、むしろ曖昧にした。『共産党宣言』の中で、マルクスは対立する社会に関してのみ階級闘争について言及しているので、エンゲルスが原始的共同社会においてはそれが存在しないとした一八八八年の言及は正しいが、この文脈では的外れである。ローザ・ルクセンブルグのエンゲルスに対する『共産党宣言』の調整に関する試みについては、その *Ausgewählte Reden and Schriften* Vol. 1, Berlin 1951, p. 524. を参照。経済的秩序の連鎖において東洋的専制主義を構築しようとする試みは、全てが想定されたとおりに分解、崩壊し、全てが資本主義の勃興に寄与することとなった。これについては、*ibid.*, p. 673.

(62) *MEW* 38, p. 117. を参照。このこととそれに関連した事柄に対するエンゲルスの態度をめぐる問題には、きわめて凝縮された論考の中では必然的に議論しきれないいくつかの局面がある。だが、関心ある読者には、ウィットフォーゲルの「マルクスとエンゲルス」をめぐる議論を参照してほしい(1975, pp. 32 f.)。それはマルクスがマクロ分析者としての能力を持ち、エンゲルスのアプローチと質的に異なることを示唆している。エンゲルスは、マルクスの知的「重砲」と着手前に全ての利用可能な証拠に精通しようとする執筆へのその尋常ならぬ強い衝動について、マルクスの卓越性を躊躇なく認めている。しかしながら、エンゲルスが自らの限界を抱えつつも、たとえ酔っていた時にも素早く、そしてすばらしく表現しているのは、マルクスの意見そのものである(*MEW* 28, 596, letter to Adolf Cluss, October 1853)。もう一つ付け加えれば、クラス(Cluss)の書簡の中でいくぶんユーモアのあるトーンを斟酌しつつ、エンゲルスはその概念的枠組みの中で、ほとんどいかなる場合にも、きわめて意味深く、鮮やかに記していた。私の知るところでは、彼はマルクスがそうであったように、「科学への罪」と闘わなかったというのが、のちに私がためらいながらも到達した結論である。これら全てを考慮すると、エンゲルスの『起源』本には、人類学的文献の利用を超えてこの本の評価に際して考慮に入れなければならない厚かましさの要素が存在することを忘却してしまう権利はわれわれにない。エンゲルスはけっしてマルクスではないのである（See *OD*, pp. 385 f. See also Wittfogel, "The Hydraulic Approach to Pre-Spanish Mesoamerica" in *The Prehistory of the Tehuacan Valley*, General Editor, Richard S. MacNeish, Vol. IV, *Chronology and Irrigation*, edited by Frederick Johnson, Texas: 1972, pp. 64 and 78）。

（63）See Wittfogel, "The Foundations and Stages of Chinese Economic History," in *Zeitschrift für Sozialforschung*, IV, 1935, p.50; idem "Wirtschaftsgeschichtliche Grundlagen der Familienautorität," in *Studien iiber Autorität and Familie*, Vol. V Schriften des Instituts für Sozialforschung; Herausgegeben von Max Horkheimer, Paris, 1936, p. 478; idem. "Die Theorie der orientalischen Gesellschaft, in *Zeitschrift für Sozialforschung*, VII, 1938, p.118.

（64）Wittfogel, *Geschichte der bürgerlichen Gesellschaft*, Wien 1924, pp.110 f.（この本は一九二四年に書かれた。

（65）For Socialdemocratic Marxists see Nicolaevsky, "Marx and Lenin on Oriental Despotism," see above, note 28. For the Communist Marxists, see the judgment of Mandel, below.

（66）J. Stalin, *Works*, I. Moscow 1952, p. 238.

（67）*Idem, Works*, see 6, pp. 57 f.

（68）See Wittfogel, *Wirtschaft und Gesellschaft Chinas*. Versuch einer wissenschaftlichen Analyse einer grossen asiatischen *Agrargeselischaft. Erster Teil, Produktivekräfte, Produktions und Zirkulationsprozess. Schriften des Instituts für Sozialforschung an der Universität Frankfurt a.M.* Herausgegeben von Carl Orunberg. Leipzig 1931. Hereafter cited as 1931. 平野義太郎監訳『解体過程にある中国の経済と社会（上、下）』原書房、一九七七年。

（69）*Ibid.*, pp. 7-494 and 494-762.

（70）See G.L. Ulmen, *The Science of Society. Toward an Understanding of the Life and Work of Karl August Wittfogel*, The Hague（1978）, Chapter IV. Hereafter cited as 1978.

（71）「歴史的に開放された状況における人間の自由」と人間の「技術的準備」をめぐる現実を認識しよう

という試みとして、私は『東洋的専制主義』において、言葉の狭い意味で経済学的ではない、制度形成の効果を無視する経済決定論者を批判した（see *OD* pp.11 and 161 f.）。私の一九二九年と一九五七年における「水力的」議論の全体は、私の全体の結論を否定するものではないことを明確にした。第一に、「制度的状況」が等しいとすれば、「新たな形の技術のもつ本質と社会制御の発展」を示唆し、容認または排除するのは、「自然的背景（natural setting）の相違」である（*ibid.*, p. 11）。第二に、水力は与えられた自然的背景に反応する。それは「非常に特別な文化的状況下」でのみ起き、もちろん技術的変化というよりは組織を巻き込む道具の使用を必要とする。そしてその組織的中心となるしくみは、「協働」である（*ibid.*, pp. 161 and 25）。水力的な反応とは、生産する人間と自然的背景との間の一般的関係の一つの特別な、そして歴史的にではあるがたいへん重要な転形であるすぎない。ペティ（Petty）から得たマルクスの命題に基づきつつ、私は物質的富の生産が、基本的に人と自然の相互交換（Stoffwechsel）の中にあり、その過程において人は父であり、地球は母であることを詳説した（*MEW* 23, pp. 57 f.）。この命題は、積極性と受動性が二つの異なった機能を充足している。前者の要素は、運動の要因を、後者は運動が作用するかしないかの方向性を決める条件を示している。私はこの議論を、ヘーゲルがすでに対象の「目的」設定の役割を考察し、しかもこの点でレーニンがヘーゲルに従っていたという事実と連関させつつ、一九二九年に提示した（see Wittfogel 1929, *Unter der Banner des Marxismus*, III, pp.723）。私は一九二九年、人間と自然の関係における自然の二つの局面を認識したのである。しかし、同時に私は大規模組織が制度的、及び歴史的に果たす役割を明白に理解しなかった。一九二四年と一九二六年から私は、この問題と格闘し、『マルクス主義の旗の下で』（*Unter dem Banner des Marxismus*）での論説で、仮に一貫していなかったとしても、概念的に論じ始めた（1920, pp. 721 and 726）。中国については一貫して（1931, pp. 126, 129, 410 ff）、東洋的社会全般については一九三八年に発端として、そして全面的な形態として一九五五年、一九五六年、とりわけ一九五七年に論じていた（*OD*, 25 ff. and 161 f）。
（72）See *OD*, p. 408.
（73）Harold Isaacs, *The Tragedy of the Chinese Revolution*, London 1938, pp. 2, 457 and XXV.（鹿島宗二郎訳『中国革命の悲劇（上、下）』至誠堂、一九六六年）。
（74）Edgar Snow, *Red Star over China*. New York 1938, p. 78. 松岡洋子訳『中国の赤い星（上、下）』筑摩書房、一九九五年。
（75）Ernest Mandel, *The Formation of the Economic Thought of Karl Marx*, New York and London 1971, p. 129. Hereafter cited as 1971.
（76）*Ibid.*, p. 128.
（77）*Ibid.*, pp. 118 f. このスペルはもともとのものである。
（78）*The Living Thought of Karl Marx based on Capital: A Critique of Political Economy*, presented by Leon Trotsky, Philadelphia 1939, p. 3.
（79）Leon Trotsky, *Stalin*. New York 1941, p. 425.
（80）See Wittfogel, "The Marxist View of Russian Society and Revolution," *World Politics* 12, 1959-60. pp. 505 f. text and notes. Hereafter cited as 1959-60.
（81）Mandel 1871, pp. 127 f. and 117.
（82）Lenin *CW* 9, p. 48.
（83）*OD*, pp. 398 ff. See also Wittfogel 1975, pp.54 ff.
（84）Mandel 1971, p. 201.
（85）*Ibid.*, p. 191 *passim*.

(86) *OD*, p. 117, note 4.
(87) *Liao*, p. 33.
(88) *Ibid.*, p. 15.
(89) Wittfogel 1977, chapter "Nothing Comparable."
(90) Mandel 1971, p. 123, note 26 and Wittfogel 1977, chapter "The China Study of the Future."
(91) *Liao*, p. 363.
(92) *Ibid.*, p. 663.
(93) *OD*, pp. 173-195.
(94) *OD*, pp. 375 and 379. Cf. Wittfogel 1959-60, pp. 490 ff.
(95) John King Fairbank, *The United States and China*, Cambridge 1948, p. 266. Hereafter cited as 1948. J・F・フェアバンク（市古宙三訳）『中国——社会と歴史／アメリカと中国（上、下）』東京大学出版会、一九七二年）。
(96) *Ibid.*, p. 53.
(97) *Ibid.*, p. 353.
(98) *Ibid.*, p. 78 ff.
(99) *Ibid.*, p. 260.
(100) *Ibid.*, p. 59.
(101) *Ibid.*, p. 260.
(102) See above, note 15.
(103) See Ulmen 1977, chapter XII.

(104) *Loc. cit.*
(105) *Loc. cit.*
(106) Wittfogel 1977, notes 152 *passim and text.*
(107) Gabriel A. Almond, *The American People and Foreign Policy*, New York,1967, p. XXIX.
(108) Wittfogel 1975, *passim.*
(109) Alexis de Tocqueville, *Democracy in America*, ed. J.P. Mayer and Max Lerner (New York 1966), pp. 402 ff.
Hereafter cited as 1966.
(110) *Ibid.*, p. 212.
(111) *Ibid.*, p. 213.
(112) *Ibid.*, p. 216.
(113) See Marx, 1953, p. 30.
(114) Wittfogel 1975, p. 16.
(115) *Ibid.*, pp. 18 f.
(116) See Ulmen, 1978, Chapter XII.
(117) *Ibid.*, Chapter IV.
(118) *Ibid.*, XVII.
(119) ワシントンによる韓国と台湾との同盟を弱体化させた政策は、明らかに日本の防衛システムを弱める。
また明らかにアジア内、及びアジア外におけるワシントンの軍事的、及び政治的な信頼をそこねる。
(120) 軍事的な「ハードウェア」について言及する時、私はもちろん究極的な技術的武器、核兵器を含めている。指導者が自らの防衛システムを核の攻撃以外は全て完全に整えている超大国の権力は、周辺での可能性を否定しているが、それは最大限の危険を包含するものである。プレハーノフは、その同志たちに、ナポレオンは自らの計画について全ての好ましい条件が揃うという仮定に基づいて作戦を計画した将軍を愚かだと見なしたことを想起させた。条件はけっして揃わない。全ての戦略的愚かさの中で、核兵器の愚かさは、最も自滅的である。

(121) See above, note 58.

(122) 私はここでは、上記で引用した論説のシリーズに言及している。私はまた、一九八〇年代の終わりにフランクフルトで出版されたドイツ語版の *Revelations of the Diplomatic History of the 18th Century* における私の序文に言及している。

(123) *Ibid.*

(124) *Ibid.*

(125) *Ibid.*

(126) See my Banner articles of 1929, cited above in note 71. (In Banner vol. III, pp. 706 ff.)

(127) 開発の罠の思想は、もちろんマルクスに由来する。「水力的な罠」は、アメリカの人類学者、マーヴィン・ハリスによって提唱された。See his Cannibals and Kings. *The Origins of Cultures*, New York, 1977, pp.153 passim.

(128) *MEW* 8, p. 95.

終章　中国における「アジア的」なもののゆくえ

あとがきに代えて

1　本書の方法論的位置づけをめぐり

本書は、前著『K・A・ウィットフォーゲルの東洋的社会論』（社会評論社、二〇〇八年）に続く、いわば姉妹版である。前著が二〇〇七―二〇〇八年にかけて、スタンフォード大学フーバー研究所で行った文献調査の成果であったのと同様に、本書もまた、そのときに収集した資料、情報に大きく依存しているという意味でも、そのように呼ぶことができる。

本論（第一〜四章）の骨格を構成しているのは、K・A・ウィットフォーゲルによる『中国コミュニズム小史』（"A Short History of Chinese Communism," in *General Handbook on China*, 2 vols., edited by Hellmut Wilhelm, Human Relations Area Files, Inc. New Heaven: 1956）という比較的短編の著作であるが、それは『中国総合ハンドブック』という大学の教材の一部として、しかも謄写版として内部発行されたのみであり、最後まで市場に出回ることはなく、それゆえに読者の数もきわめて限られていた。だがこれは、通史としての現代中国革命史についてウィットフォーゲルによって書かれた唯一の作品であり、しかも中国現代史の謎を解き明かす上で、画期的な意味を持つものである。その主著『東洋的専制主義』（一九五七年）の出る前年に出版されたことからも分かるように、そのテーマは明らかに、『東洋的専制主義』と同じ問題意識を反映しつつ、しかも同時並行で追究されていたものだといえる。その意味でこの著作は、その主著のいわば「副産物」であり、あくまでもそれとの密接なる関連性において読まれるべき性格のものである。

筆者がこの著作をはじめて読んだのは、じつはこの在外研究から帰国してからのことである。本来の予定では、筆者は帰国後、ウィットフォーゲルの未公開の論考、*Marxism, Anarchism and Nihilist Revolution*（*1968-1977*）を読み解く中で、マルクスのリベラル展開の可能性について研究を進める予定であった。だが、この『中国コミュニズム小史』を一読するや、そこに描かれている中国革命史像をめぐり、そのきわめて斬新な視角に即座に圧倒されていった。たしかに、いまでこそ、中国革命史を国民党の観点から書いたものはけっして少なくない。だが、ウィットフォーゲルは、コミンテルンをその中心的なアクターとしつつも、共産党ではなく、国民党が中国という後進資本主義国での「ブルジョア革命」を実現する上で、中国革命史上、もっとも重要な役割を果たしていたというのである。それが筆者にとってきわめて大きな驚きだったのは、そうした逆説的仮説の下で、しかも将来における「本来の」社会主義へのプロセスが、どこでどう挫折、あるいは屈折していったのかが、具体的、かつ明確に理解できるように描かれていたからである。

たしかに、中国国内・外における国民党、及びコミンテルンに関する実証研究は、この著作が書かれた当時に比べれば、圧倒的な速度で進歩しており、ここでウィットフォーゲルが持論の展開のために使用している史料のもつ限界は、自ずと明らかである。だが、仮に大きな史料的制約があるにせよ、そこで扱われた限定的「史実」を如何に分析、評価するかをめぐるその基本的視座、あるいは分析枠組みといったものは、いまだにまったく遜色のない、というよりも、むしろきわめて斬新なものである。なぜなら、現存する中国革命論とは、いまでも中国共産党による「正統史観」という既存の大枠内部で一定程度、わずかに「量的」に変化しているだけで、そこに大きな「質的」変化は認められないからである。その意味で、ウィットフォーゲルの中国革命論とは、これまで二〇年以上にわたってモヤモヤと鬱積してきた思いを、一気に払拭してくれるものであった。なぜなら、天安門事件(一九八九年)以降、中国革命史のもつ潜在的意味をもう一度振り返ってみたとき、筆者には過去の重い「伝統」、つまり、ある種の歴史的、かつ政治的に蓄積されてきた「力学」とでもいったものが、突如、この事件に襲いかかり、しかも、なおも現代中国社会で目に見えない巨大な何かを押し出そうとしているようにしか思えないからである。筆者はそうした潜在的力学をもたらす歴史的「歪み」が、一九二七年の上海クーデターと翌年の中国共産党六全大会における「半植民地・半封建」規定によってもたらされたものであることを漠然と理解してはいた。すでに一九二八年の段階でロミナーゼが、アジア的生産様式を視野に入れつつ、中国の社会的基礎における「アジア的中世の残余」を除去するための中国革命の再規定の中で、「アジア的」なものをめぐって「戦略、戦術を再編しなければ、中国共産党は一九二七年四月から七月にかけての敗北を将来も繰り返すことになる」と警告していたことも、まさにこうしたコンテクストで理解されるべきであろう。要するに、それ以降の中国現代史とは、「革命」という名の「ボタンの掛け違い」の繰り返しであったということなのである。

だが、その大きなパラダイム転換が、コミンテルン、国民党、共産党という三つのアクターによる役割分担の下でもたらされた際、いかなる「支配の正当性」がそのプロセスで創出、構築、配分されたのかについて具体的イメージを与えてくれる著作は、国内外でも、これまでまったくなかった。ちなみに筆者自身は、天安門事件が「挫折したブルジョア革命」であるとする見方に立っているのだが、そうした立論を可能にする、まさに「世界史における中国革命像」といったものが、ウィットフォーゲルによって、すでに一九五〇年代の半ばには明らかにされていたという事実は、筆者にとってきわめて大きな驚きであった。

じつは、本論をまとめるに当たって、筆者が意図的に、かつ意識的に取り組んできたことが一つある。それはウィットフォーゲルの原著には明確に示されていなかった「前近代と近代」、さらに「専制国家と市民社会」という対立軸を、具体的な叙述、行論においてさらに理解しやすくするために鮮明に打ち出す、ということである。とくに「アジア的復古」という言葉は、じつは原著書では一度も使われておらず、筆者があえて書き加えたものである。だが、それにはそれなりの理由がある。

スタンフォード大学フーバー研究所では、ウィットフォーゲルによるアメリカ国内外の研究者、友人たちとの数多くの書簡に目を通す機会を得た。その中で、とりわけ筆者が気になっていたのは、とくに親しいB・ウルフら何人かの旧友らとの間で、一九六〇―七〇年代にかけて、『東洋的専制主義』の社会的評価についてウィットフォーゲルが繰り返し「嘆いて」いたことである。それは意外なことに、「反共」としてのネガティブな評価に対してではなく、むしろその肯定的な評価に向けられていたのである。いわく、「東洋的専制主義を高く評価してくれた人々でさえ、その最大のポイントである『アジア的復古』について理解してくれていない」、と。

しかし筆者の見るところ、こうした評価はさもありなんというべきものである。なぜなら、「アジア的復古」の問題は、アジア的生産様式について論じた第九章において、しかも比較的に控えめに書かれているに過ぎないからである。これは筆者の個人的推測であるが、恐らくウィットフォーゲルは、ただでさえ「反共」というレッテル貼りをされる中、さらに「宿命論者」であるとまで批判されることを恐れて、意図的にそのトーンを落としたのではないか。だが、第六章において見たように、明らかにそれは本人の本来の意図ではなかった。本書で本邦未公開の『東洋的専制主義』の「前文」の全文訳を掲載したのも、なおかつ本論において「アジア的復古」の観点をあえて盛り込んだのも、まさにこうしたことが理由であった。

2 アジアにおける「近代」の再考

丸山眞男はかつて、わが国において近代的思惟は「超克」どころか、真に獲得されたことすらないと喝破したが[★1]、このことはじつは日本以上に中国についてこそ当てはまる。戦前・戦中の「旧パラダイム」では、「現行パラダイム」とは異なり、「前近代と近代」という対立軸が前面に出ており、「前近代的」遺制の問題も正当に析出されていた。丸山が引き継いだのも、基本的にはそうしたパラダイムであったといえる。だが、戦後日本を代表する中国研究者である竹内好、溝口雄三、加々美光行といった人々によって構築、かつ維持されてきた中国認識の「現行パラダイム」では、「伝統と近代」というもう一つの対立軸の中で、「前近代」の問題性はいとも簡単に「中性化」され、「前近代的遺制」はあたかも「社会主義革命」によってすでに克服済みであるかのように扱われてしまう。ここでは「専制国家と市民社会」という対立軸がまったく消失し、「前近代的」遺制が現存するという事実そのものがまるごと隠蔽されるのである。たとえば、加々美光行は、文化大革命という「前近代的」非合理性の噴出の中に、一種の「コミューン革命」を見出しつつ、「近代化革命路線」対「コミューン革命路線」という図式の中で仮にそれが終結しても、「国家に対する異議申し立てとしての革命は、なお未完として存在し続ける」とした。★2 あるいは加々美なら、薄熙来の重慶事件（二〇一二年）も、まさにその一例ととらえるのかもしれない。

だが、これはまさに、中国における「未完のブルジョア革命」の意義を否定し、「前近代的」非合理性を暗黙裡に肯定する言説である。なぜなら、溝口にせよ、加々美にせよ、「近代」をもっぱら「西欧近代」のこととしてしか理解しておらず、「中国独自の近代」（溝口雄三）なる「近代」の概念において、普遍的近代が本来的に有しているある一定の「規範性」をまったく骨抜きにしているからである。そこでは、いわば「擬似近代」とでもいったものが「中国独自の近代」なるものとして扱われ、普遍的啓蒙としての近代という概念がほとんどないがしろにされてしまうのである。そうした意味でいえば、よほど竹内の方が「東洋の力が西洋の生み出した普遍的な価値をより高めるために西洋を変革する」★3 とする観点から、「西欧近代」とは厳密に区別された普遍的近代について理解していたといえる。

ところで、マルクスと「近代」、そしてその「市民社会」といったことがらについて考えるとき、廣松渉と平田清明という、戦後日本が生んだ、二人の巨大な社会科学者について触れないわけにはいかない。その二人が一九八三年、山之内靖をはさんで、ただ一度だけ、対談している。[★4]この対話から、中国革命論のパラダイム転換との関連で学べることとは、いったい何なのだろうか。

この対談での廣松渉によれば、平田清明をはじめとするいわゆる「市民社会派」の議論とは、「独立小生産者社会モデル」に関するものであり、それに見合うような理念や価値基準を持った体系である。したがって、「人権、自由、平等、友愛」といった「近代的価値」もたしかにそこから生じるとはいえ、そうした枠組み自体、マルクスのものとはむしろ「異質」なのだという。すなわち、マルクス主義が受容されたプロセスを振り返れば、たとえばロシアの場合、まだ「ブルジョア革命」以前の段階に「啓蒙思想」と「マルクス主義」とが一緒に入ってきたのであり、要するに、「ブルジョア革命を準備するイデオロギーと、プロレタリア革命を準備するイデオロギーとが込みになって入ってきた」ということになる。そこでは旧体制に対する革命性をもち、従来のそれとは異質の価値観をもった「啓蒙主義」と「社会主義」との間の「断絶的異質性」、あるいは「パラダイムの相違性」といったものがあまり意識されていない。それゆえに、日本の場合でも、戦前の天皇制をどう想定するかは、少なくとも政治の領域では「自由・平等・友愛」がインテリ層の間ではポジティブな価値をもつようなかたちでマルクス主義が輸入されることとなった。それゆえに、戦中の知識人は、マルクス主義が「啓蒙主義」の単純な延長ではないことを理解しつつも、「自由、平等、友愛」といった市民革命期の理念に、「二段階革命戦略」とともにセットとなって、プラスの価値を置くようになった、というのである。

しかも、廣松によれば、本人のような戦後第一世代は「戦後の平和と民主主義の価値観」の中で育っており、「市民主義的価値観」はそれ自体で「革命的」とか、「反体制的」とかいうことはなかった。それゆえに、「自由とか民主主義という価値は、理念的・思想的な場面では、それをどう超えるかが問題であり、市民主義的（ブルジョア民主主義的）価値理念を止揚するものとして、社会主義思想に熱いまなざしを注いだ」というのである。だが、ここでは自由や民主主義といった価値がすでにそれなりに定着している近代西欧、あるいは近代日本がその対象として想定されており、「前近代的」ロシアや中国はそもそもその射程に入ってはおらず、そうした「近代的価値」をアジア社会においても実現しているとはいえないであろう。仮に日本人としてのそうした世代間の実感を問題にするのであれば、そもそも廣松は、具体的な中国、そしてロシア社会をまったく経験していないはずである。

これに対して平田は、「自由・平等・友愛」、あるいは「単純商品社会」、「小生産者生産様式」の社会というものは、その組織的枠組みの存在について歴史的な例証を行うことが可能な世界であっても、そうした市民社会とは、まずは「商品世界」としてとらえるべきであると主張する。そこでは商品の私的所有者としての平等性、対等性が、さらには、その一般的等価形態としての「貨幣」が市民社会で君臨するのであって、「モノの支配」と「人格的支配」との間には大きな違いが生じるのだという。だが、本来、ここでのより本質的問題とは、その「市民社会」の対極にある「アジア的」社会についてであったはずなのに、平田は廣松に遠慮したためか、あるいはこの場での根源的対立を避けようとしたためなのか、いずれにせよ、ここではそれ以上を語っていない。

さらに廣松は、マルクスの市民社会論における最大のポイント、「個体的所有の再建」にその議論を移す。ここでもマルクスによる「自由・平等、所有、ベンタム」という「近代市民主義」のイデオロギーを揶揄する言葉を引用しつつ、「高次の共産主義」ではそもそも「自由、平等、友愛」などはことさら問題にはならず、「マルクスの理想としたのは、市民社会モデルではなく、まさに共同体モデルであり、その共同体はヘーゲル式に言うと、最高の共同こそが最高の自由であるような共同社会、いまさら各個体の自由とか平等とかいうことが問題にならなくてすむような社会ではないか」と疑問を呈する。だが、ここできわめて遺憾なのは、廣松と平田がお互いの理論的立場の相違を深く認識していたにもかかわらず、「近代」と「前近代」をめぐるこのもっとも重要な点をめぐっては、対談の最後までまったくかみ合っていないということである。

しかるに、マルクスが念頭に置いた未来の「共同体」(コミューン)とは、けっして「前近代的」ゲマインシャフトのことではなく、それを「近代的」原理でいったんは昇華させたゲノッセンシャフト(「協同体」)の概念であったはずである。そうした意味で「前近代性」を克服するという課題は、アジア的生産様式論を媒介しない限り、「前近代性」のもつ本来の意味内容が十分に析出されることはなく、それゆえに、その目的を達成することはきわめて困難であろう。とはいえ、平田においては、「本源的所有」の「第一形態」がアジア的生産様式であることがきちんと認識されていたという事実はとりわけ重要である。しかも、「アジア的、古典古代的、封建的、市民的という生産様式のプログレシーヴな諸エポッヘンというものが、*Kritik* 序言において記述されたとき、そこにはそれらのプログレシーヴな諸エポッヘンを整序する論理的基準が明示されていない」とする平田の指摘は、この克服されるべき「前近代性」の問題を考えるうえで、きわめて本源的な意味をもつものである。[★5] ところが、こうしたアジア的生産様式を媒介として、将来のゲノッセンシャフト像を描くという基本的視座が、廣松にはそれこそかの『「近代の超克」論』(一九八〇年)にでさえまったく垣間見られないのである。

このように、廣松にはアジア的生産様式についての議論がまったく見出せないが、それは恐らく、そのマルクスに対する理解そのものが、西欧を中心とする単線的発展段階論に大きくバイアスをかけていたからではないだろうか。たとえば廣松は、K・A・ウィットフォーゲルをその具体的行論に即して論じたことも、アジア的生産様式についての専論を残したこともなく、ウィットフォーゲルへの数少ない引用に際しても、きまって「例の水浸し論」と揶揄しつつ、最初から異端者として貶めているほどである。それゆえに、廣松のマルクス論に対する筆者の最大の違和感とは、その社会認識論には、仮に日本の「前近代性」についての認識があったとしても、ロシアや中国における「アジア的」前近代性についての認識がまったく希薄であったことにある。たしかに、マルクスには、「近代主義」的側面と、「反近代主義」的側面とが共存してはいるものの、前者はアジア的=前近代的社会とのコンテクストにおいて典型的に現れると同時に、後者は西欧近代市民社会(「欲求の体系」)との関係性において典型的に表出するものであろう。だが、ここできわめてやっかいなのは、マルクス本人には、たしかにこうした「前近代的なもの」、つまり「アジア的なもの」を跳び越えて、「超近代」たる社会主義を展望するという基本的視座がけっしてなかったわけではない、という事実である。

3　アジア的生産様式と「近代」

マルクスは、一八五〇年代に著した「インドにおけるイギリス支配」、「インドにおけるイギリスの二重の使命」において、アジアの遅れた諸民族・諸国家にとって、資本主義化、植民地化は不可避であると論じた。つまり、その資本主義化＝植民地化を媒介にしてはじめて、「前近代的」政治経済システムが破砕できるのであり、ここではそうしたポジティブで、かつ限定的な意味でのみ、植民地化が肯定されていたことになる。だが、晩年のマルクスは、そうした考え方を一部変更しつつ、アジアの遅れた諸民族・諸国家による資本主義を「跳び越えて」の社会主義への発展を認めていた。すなわち、いわゆる「ザスーリチの手紙への回答」においてマルクスは、ロシアが資本主義（＝カウディナ山道）を越えて社会主義に至ることが可能であると承認したが、このことこそが、西欧を中心とする社会主義革命とは異なった、アジア社会に「独自な」社会主義への道を可能にし、二十世紀のロシア革命と中国革命がまさにそのマルクス晩年の構想の正しさを実証するものである、と理解されたのである。この議論は中国においても、「カウディナ山道の超克」（跨越卡夫丁峡谷）論としてさまざまに議論されてきた。しかも、ここできわめて興味深いのは、これらの「論争」が、ポスト天安門事件期における党＝国家による独裁的支配の強化と、国家資本主義の高度成長の中で行われていた、という事実である。とはいえ、マルクス自身は「もし、ロシア革命が西欧プロレタリアート革命にたいする合図となって、両者がたがいに補いあうなら、現在のロシアの土地共有制は共産主義的発展の出発点となることができる」[★6]と述べていたのであり、この両者がたがいに補うことが、高度に緊密な関連をもった世界革命の「同時性」について述べたものである以上、ここで主導的な働きをなすのは、周辺の「遅れた」諸国家ではなく、中心の「先進的」資本主義の成果を継承した西欧プロレタリアートであり、「遅れた」国家、民族は、それに依拠しなければ「跳び越え」自体があり得ないことになるであろう。それゆえに、マルクスにおいては、やはり第一義的には「前近代的なもの」に対して、「近代的なもの」がポジティブなものとして対置されていたということになる。

もちろん、現代中国における「工業プロレタリアート」の約六割は、「農民工」(マルクスのいう「季節的出稼工」でなく、制度化された労働市場で半ば常態化した「非正規労働者」)という名のいわば「擬似近代的」主体で占められているという、マルクスの「想定外」の特殊事情が存在しており、西欧プロレタリアートとはその基本的性格を大きく異にしていることはいうまでもない。だからといって、こうした事実によって、マルクスのアジア社会論における基本スタンスそのものを単なる「近代主義」として否定し、捨て去ることはもとより不可能である。そもそも、西欧の市民社会のみが生んだ「近代」(M・ウェーバー)とは、いわば人類史的な意味において「普遍的なもの」である。マルクスにとって資本主義的「近代」とは、それを乗り越えてはじめて成立可能な協同体社会(ゲノッセンシャフト)への「跳び越え」不可能な一つの重要なプロセスであっただけでなく、「前近代」との対比においては人間精神そのものの大いなる跳躍を意味したのであり、それ自体が「普遍的価値」に基づくものであったのだといわなければならない。このことをとらえて、マルクスを、あるいはウィットフォーゲルを偏った「近代主義者」ときめつけるとすれば、それはあまりも横暴であるといわざるを得ない。なぜなら、このようなマルクスの構想から見れば、歴史的事実としてのロシア革命や中国革命、そしてロシアや中国社会の現実がそうした「普遍的価値」から大きくかけ離れたものであった以上、カウディナ山道による資本主義の「跳び越え」論によって、両国の革命がマルクス晩年の構想、アジア社会論にもとづくものであったとはけっしていえないからである。★7

とはいえ、日本でアジア的生産様式といえば、その欠くべからざる構成要素の一つである「東洋的専制主義論」よりも、アジアへの侵略を正当化した「停滞論」がまっさきに想起されるほど、そこには払拭しがたい、否定的印象がこびりついている。たしかに、かつて竹内好が批判した日本の戦前・戦中のマルクス主義とは、まさにこうした「停滞論」に基づくものであった。だが、この竹内による批判は、「旧パラダイム」としての社会認識の一部にすぎなかった「停滞論」とともに、アジア的生産様式そのものをすべて排除してしまい、「現行パラダイム」の中で、「東洋的専制主義」をめぐる歴史的事実としての諸問題をまるごと押し流してしまった。いいかえれば、「現行パラダイム」は、アジア的生産様式を西洋中心主義的「偏見」であるとしつつ、結果的には、中国における事実としての専制独裁政治をまるごと容認してしまったのである。また、六〇—七〇年代にかけて繰り広げられたアジア的生産様式論争の中で主に問題となったのも、その上部構造としての専制政治システム、あるいはイデオロギー論というよりは、むしろ「停滞した」土台としての所有形態に基づく経済制度（ウクラード）論に対する批判であったという側面が強い。そうした観点に立つ限り、すでにこの三〇年余りの間に高度資本主義的経済発展を遂げ、ＧＤＰ世界第二位にまでのし上がった中国のいったいどこが「停滞」なのかといった、いかにもありそうな潜在的批判へと結びつくこととなる。

だが、これはアジア的生産様式を単線的発展段階論に当てはめた場合にのみ有効な理論的前提であり、本来のマルクスから引き出された立論ではない。既述のように、「アジア的、古典古代的、封建的、近代市民（ブルジョア）的」という生産様式の「プログレシーヴな諸エポッヘン」というものが仮に「発展的」であったとしても、ここには「整序する論理的基準が明示されていない」以上、それは「古典古代的」段階ですでに「アジア的」なものがすべて克服されたわけでもなければ、「近代ブルジョア的」生産様式のもとで「アジア的」なものがすべて清算されたことを意味するわけでもない。S・アミンが指摘したように、周辺資本主義諸国においては、その社会構成体は「外部市場」に依存するがゆえに、そこでの資本主義的生産様式とは、けっして「専一化傾向」を持つことはなく、むしろ現実的には、非資本主義的生産様式との「接合」（articulation）による「混成形態」にならざるを得ないのである。そうした意味で、仮に現代中国社会を理論的にとらえるならば、それはいわば、「国家資本主義的生産様式」と「アジア的生産様式」との「異種混合体」であり、しかも「近代的」資本主義でもなければ、「前近代」的官僚制でもない、「官僚資本主義」（中嶌太一）として現実化している、ということになる。これこそが平田清明らの市民社会派の視点にはあっても、廣松渉のマルクス論には決定的に欠落した、現代中国の政治社会を理解するうえでもっとも重要な視座である。ただし、ここでさらに問題になるのは、より本質的な部分を占めるのが「アジア的」なものなのか、それとも「資本主義的」なものなのか、ということなのだが、筆者自身は前者こそが中国政治社会の

「基底」をなしていると考えている。

4　現代日本における「市民社会」論の現状とその問題性——植村邦彦氏との対話

では、今日の日本において、こうした平田清明らの市民社会論は如何に理解されているのか。たとえば、植村邦彦によれば、一九三〇年代の講座派やその周辺知識人は、日本の「市民社会の特殊性」を「封建的残滓」の残存に見ており、その理由を自由民権運動の自由主義的変革の不徹底さという歴史的諸条件に求めていたのだという。だが、一方の戦後に生きた平田は、「アジア社会の家族的構成」にヨーロッパとの根本的な違いの根拠を求めるという「一種の本質主義」に陥っていると植村は批判する。たとえば、羽仁五郎は、「東洋における資本主義の形成」（一九三二年）で、「かのアジア的生産様式に基づくアジア的性格は、日本の社会の古代以来の発展の中に、まぎれもなく確認されなければならない」のであり、日本社会における「アジア的性格」の歴史貫通的な規定性を強調していた。こうした議論に基づきつつ、「アジアにおけるような、個人が成立しないところでは、所有もまた成立しない」と主張した平田の立論を、植村は「極論」であると突っぱねる。しかも、「共同体」に埋没して「滅私奉公」し、おのれの「我利我欲」の追求に汲々たる人間像という、いわば「アジア的」性格を色濃く残している日本の社会では、ヨーロッパにおけるような「個体の肯定的理解」が成立しないと主張した平田清明を、「これは相当に根の深い本質主義だと言うしかないだろう」と植村は完全に排除するのである。だが、こうした植村の理論的立場は、すでに本書序章において批判したとはいえ、アジア的生産様式の存在そのものを否認する社会認識のパラダイムに身をおく限り、当然の論理的帰結というべきであろう。

では植村は、本書における中国革命論、そしてアジア的生産様式、それに基づく中国認識のパラダイム転換という提唱をいかにとらえるのであろうか。じつは筆者は、日本社会思想史学会の一員として、植村氏とは公私ともども、たいへん懇意にしていただいているという関係にある。そうした学会の取り持つ間柄の中で、筆者は同氏とのメールでのやり取りを通して、お互いの率直な意見交換を試みた。同氏による転載の許可を得たうえで、その概略を記せば、以下の通りである。

本書序章における植村氏に対する批判をめぐっては、「中国のマルクス主義者は賢明にも一九二八年に『アジア的生産様式』という概念を放棄した」という箇所が最大の問題だという点で、われわれ二人の間での基本的な共通認識はできていた。これに関連して植村氏は、「中国革命をめぐる路線闘争の意味を理解しておらず、『賢明にも』という形容は歴史的文脈からすれば間違っているという批判であれば、甘受します」と回答した。ただし、そもそも植村氏の著書（『アジアは〈アジア的〉か』二〇〇六年）のテーマは、「アジア的」という形容詞の言説史であって、「現実のアジア社会」の分析を試みたものではないのだから、それが「日本の学会における『現実のアジア社会から遊離した』絶望的なまでの理論的混乱ぶりを象徴するものである」という評価には、「納得できない」のだという。

そのうえで植村氏は続ける。

「（前掲書の）全体を通して私が問題にしているのは、『アジア的なるもの』を幻想的に構築した西欧中心主義の言説です。マルクスの『アジア的生産様式』も『東洋的専制』も、モンテスキューやヘーゲルの西欧中心主義的言説の系譜に連なるものであり、日本の講座派マルクス主義も、そのような西欧中心主義を内面化してしまった、というのが私の議論の趣旨です。羽仁五郎にしても、塩沢君夫にしても、彼らの議論は『アジア的生産様式』という概念に囚われたために、結果として『現実のアジア社会から遊離した』無残な議論を展開してしまった、と私は考えます」。

これに対して筆者は、マルクスの「アジア的生産様式」も「東洋的専制」もモンテスキューやヘーゲルの西欧中心主義的言説の系譜に連なるものとするのが植村氏の趣旨であるとすれば、そのような議論は、すでに私自身が前著『K・A・ウィットフォーゲルの東洋的社会論』（二〇〇八年）で批判的に検討したところであり、そのうえで私は、現実社会の問題として、アジア的生産様式をさらなる検討の対象にしているつもりだとし、こう続けた。

「しかし、何もかも、西欧中心主義で片付けられるほど、西洋的なものの中国への適用というものは、一面的なものではないはずです。そもそも、マルクス主義が西洋起源のものであり、たとえば、中国の現実に即したマルクス主義＝毛沢東主義、などというテーゼが安易に肯定されると、文革や今回の重慶事件のような、前近代的非合理性の復活を容易にもたらしてしまうと思います。私が申し上げたいのは、言説は言説としてのみ議論されるという考えであるとするならば、それは現実との Relevancy（有意性）を欠いた『観念（ただし Idee）』に過ぎず、『思想』ではないということです。『社会思想』というのは、あくまでも現実社会との緊張関係においてはじめて成立するというのが、私の基本的な考えです」。

じつは筆者はかなり以前から、植村氏によるマルクスの「アジア社会論」に対して、そうした意味での、現実社会との「有意性」がかなり希薄であるとの感想を抱いていた。だが、それ以上に重要なのは、植村氏が筆者との「考え方が決定的に違っていると感じた」のが、以下の二カ所についてであるとしていることである。すなわち、まず一つ目が、「なぜならば、本来的に『アジア的なるもの』とは、『具象性を欠いたもの』どころか、きわめて現実的、かつわれわれ自身の主体的な判断として、実在する政治社会に対して下すべき価値評価そのものに直接関わってくるはずのものだからである」という記述。そして二つ目が、「現在の東アジアの代表的『東洋的社会』である中国と北朝鮮」という記述である。

まず、第一の点について筆者は、「価値評価を下すべき」という問題が、もし「事実と価値評価を区別すべし」という意味なのであれば、アジア的生産様式を排除した二八年の中共のテーゼを肯定しているという点で、すでにして植村氏自身が大きな「価値判断」を下していると反論した。むしろ問題は、植村氏がそのことをきちんと認識できず、自分の政治的立場に対して、無意識でいるように見えるだけのことなのだ、と。この点で筆者は、「我国ではマックス・ウェーバーの価値判断排除論がとかくこうした傍観者的実証主義の隠れ蓑となっているが、ウェーバー自身は、理論的な価値関係づけと、実践的価値判断との分離は一つの『研究者の理想』で、それを完全に実現することはむしろ人格の統一性と矛盾すると考えていたのである」とする丸山眞男、★9さらに「道具的理性批判」として「実証主義」批判を展開したハーバーマスを擁護するものである、と応じた。

これに対して植村氏は、それは「事実と価値評価を区別すべし」という意味ではなく、むしろ自分なりの「価値判断」をしていることについては自覚しているつもりであり、なおかつ丸山眞男やハーバーマスの理解に関しても異論はないとしている。とはいえ、筆者（石井）との間で「価値判断」が違うのは当然のことであり、それは「アジア的なるもの」という思想的、構築物に対する考え方がすれ違っているという意味なのだという。

さらに植村氏によれば、ここでより重要なのは、現実の中国や北朝鮮の社会がどのような経済的・政治的構造なのかというリアルな分析を、「アジア的・東洋的」という形容詞を使わずに行うことであるという。ところが、たとえばヨーロッパでは、ナチスの所業を「アジア的野蛮」と称したり、ソ連・東欧の「現存した社会主義」は「アジア的・東洋的」だったと形容する言説がいまだに存在するが、そのような言説は「予断と偏見」に満ちた一種の「判断停止・思考停止」だと批判するのである。そして最後に植村氏は、「その意味では、私と石井さんの間にも『共約不可能性』があるのかな、とも思います」と結んだ。

これに対して、そもそも「リアルな分析」という意味でいえば、すでに「実証分析」を中国についても、北朝鮮についても筆者はいくつも行っており、そのうえでアジア的生産様式論の有効性を議論しているつもりであると反論した。さらに、ナチスの所業を「アジア的野蛮」と称したり、ソ連・東欧の「現存した社会主義」は「アジア的・東洋的」だったとする言説が「予断と偏見」に満ちた一種の「判断停止・思考停止」であるとする指摘に対して、こうしたいわば例外的な「逸脱行為」を問題の「本質」とみなして、「だからアジア的なものをめぐる議論とは本来的に無意味で、有害なのだ」とするのであれば、それこそマルクスの「アジア的」なものについての議論からいったいなにを学ぶべきなのかを問うという基本的研究姿勢からいって、そもそもマルクス研究者として失格なのではないかと問うた。マルクスのアジア社会論のいったいどこに、ナチスの所業を「アジア的野蛮」と称したりする言説が存在するというのか。ここでのマルクス研究者の任務とは、「アジア的」なものをめぐるマルクスの言説に立ち返り、むしろこうした「逸脱行為」を批判することであるはずである。その意味で、「判断停止・思考停止」しているのは、むしろ植村氏ご自身ではないかと反論したのである。

とはいうものの、たしかに「アジア的復古」をめぐる議論とは、いわゆる「本質還元論」批判や、丸山眞男の「歴史意識の『古層』（＝執拗低音）」論に対する「循環論」批判と同じような批判を引き起こす可能性があることは否めない。すなわち、前者は中国をめぐる特殊な社会現象をすべてこの本質論に還元して説明してしまおうとする単純な「宿命論」、「一元論」、そして「流出論」である。後者は、たとえば、中国における毛沢東主義の根底にある伝統的＝前近代的「古層」の基底範疇を抽出することが、本来、外来思想であるマルクス主義の「中国的変容」という思想史的認識を前提とした方法的行為となり、また同時に、近代的普遍思想を媒介にした際の「脱規範的」中国化のパターン認識が「アジア的なもの」という前近代的「古層」の存在を前提とするがゆえに、そこでは論証すべきものを予め前提にする「循環論」に陥ってしまう、という批判である。だが、そのような認識論上の危険性が存在するということと、そこに「アジア的復古」や「古層」をめぐる諸問題が存在しているという事実とは、まったく別の領域に属することがらであろう。要するに、ここでもっとも重要なのは、そうした認識論上の陥穽に嵌ることなく、なおかつ事実として存在するこうした根源的諸問題を直視しながら、それらをいかにして具体的に克服するかを真剣に問うことなのである。

そうした意味では、たしかに植村氏との間には、架橋困難な「共約不可能性」が横たわっているように思えてくる。それはいわば、かつて平野義太郎とウィットフォーゲルとの間に生じた、深遠なる思想的懸隔と同じような性格のものなのかもしれない。だが、植村氏との相違とは、じつはそんなに複雑なものではなく、もっと単純に、アジアをめぐる現実的、かつ具体的な諸問題を、自らの思想的営為の中にいかに取り込むのか、つまり、アジアの現実社会との「緊張関係」(Spannung)をいかに設定し、それをどれだけ現実的に維持できるのか、という問題であるようにも思える。もちろん、これは植村氏一個人の問題ではなく、最終的には、われわれ一人ひとりに問われるべき共通の課題であることはいうまでもない。それゆえに、ここから先の中国革命論のパラダイムをめぐる個別の評価、そしてそのパラダイム転換そのものの是非をめぐる価値判断は、読者一人ひとりに委ねられているというべきであろう。

註

（1）丸山眞男「近代的思惟」（一九四五年）、『戦中と戦後の間――1936―57』（みすず書房、一九七六年）、一八九頁。
（2）加々美光行『逆説としての中国革命』（田畑書店、一九八六年）、一〇一頁。
（3）竹内好「方法としてのアジア」（一九六一年）、（丸川哲史・鈴木将久編）『竹内好セレクションⅡ――アジアへの／からのまなざし』（日本経済評論社、二〇〇六年）所収、四五頁。
（4）廣松渉「マルクスは何を提起したのか」、『廣松渉コレクション』第六巻（情況出版、一九九五年）、二一〇―二四六頁。
（5）平田清明『平田清明――市民社会を生きる』（晃洋書房、二〇〇七年）、四五頁。
（6）マルクス・エンゲルス「共産党宣言・一八八二年ロシア語版序文」、『マルクス＝エンゲルス全集』第四巻（大月書店、一九六九年）、五九二―五九三頁。
（7）福本勝清「中国的なるものを考える――カウディナのくびき」、『21世紀総研』（w.w.w）。
（8）植村邦彦『市民社会とは何か』（平凡社、二〇一〇年）、二二〇頁。
（9）丸山眞男「科学としての政治学」、『［新装版］現代政治の思想と行動』（未来社、二〇〇六年）所収、三五八頁。

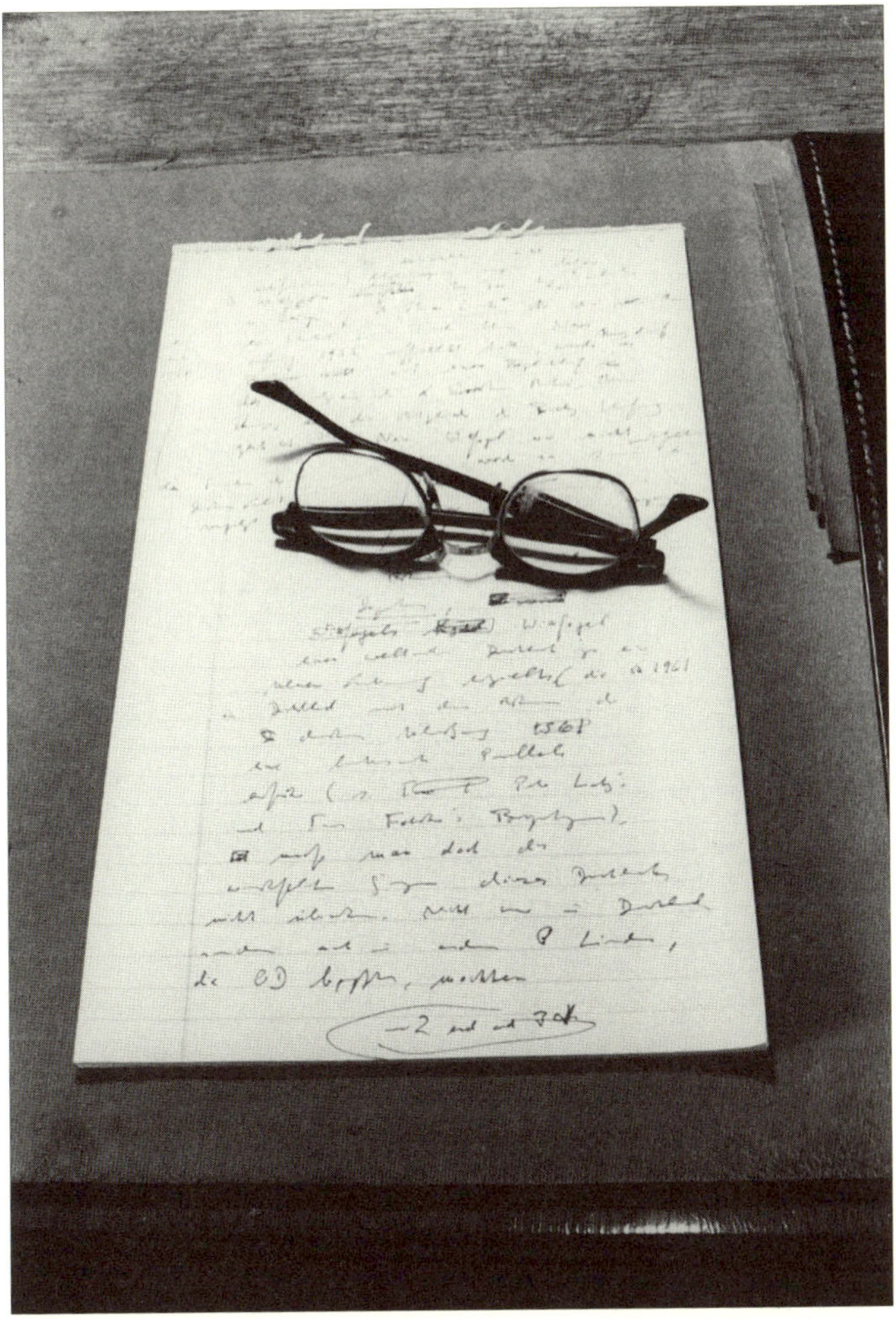

自宅書斎の研究机上の書きかけの原稿とウィットフォーゲルのメガネ（1977 年）。

謝辞

本書の上梓にあたっては、いつものように、多くの方々から多大なる学際的援助を賜っている。

まず、真っ先にお礼を申し述べなければならないのは、二〇代の若き日に同じ北京大学の学生寮で学生生活を送って以来、三〇年近くにわたって、公私ともどもお世話になっている二人の同学（先輩）に対してである。中国現代史のうち、とくに一九二〇年代の専門家である江田憲治氏には、本書の第一・二章に目を通していただき、全体を通して、きわめて懇切、かつ丁寧なコメントを賜った。私だけでなく、一部ではウィットフォーゲルの誤訳や事実誤認までも改めることができたのも、ひとえに江田氏による厳しい文献精査のおかげである。専門分野外である私にとって、今回は大学院レベルでの研究指導に匹敵するか、あるいはそれ以上の学恩を受けたことになる。史実に対してきわめて厳格なその学問に対する姿勢に、いつもながら多くのことを学ぶとともに、深い尊敬の念を抱かずにはいられない。また、同じかつての同学で、一九三〇年代の中国現代史、かつアジア的生産様式論に精通している福本勝清氏には、第三・四章に目を通していただき、同じく詳細なるコメントをいただいた。福本氏とは、天安門事件以来、一緒にウィットフォーゲルの読書会を続け、その刺激的な討議ゆえに、我を忘れ、あっという間に数時間の時が流れてゆくという経験を共に繰り返してきた間柄である。そうした中で、本書でのテーマをさまざまな視角からじっくりと醸成することができたという点で、本書は同氏との共同作業によってもたらされたといってもけっして過言ではない。

さらに、本書の主要なテーマの一つとして全体を貫いている中国の「近代」をめぐる概念の「洗い直し」に際しては、子安宣邦氏の主宰する「昭和イデオロギー研究会」での、子安氏や川田恒信氏、その他多くの参加者らとの間で、じっくりと、継続的に深められていったさまざまな議論に負うところがきわめて大きい。とりわけ、子安氏による毎回の講義と参加者らとのディスカッション、あるいは普段からのメールでのやり取りを通して、本書における基本的なスタンスを確たるものに高めることができたと思っている。

また本書の基本的分析枠組みの一つである「専制国家と市民社会」という対立軸の設定に際しては、既述のように、戦後の市民社会派の中でも、とりわけ平田清明のマルクス論からきわめて多くのものを負っている。すでに五年ほど前から、私は中国国内において日本の市民社会派の紹介に努めてきたところであるが、その過程で、幸いなことに、戦後日本の市民社会派のもう一人の重鎮である望月清司氏の知遇を得ることができた。その後、南京大学の張一平氏らとともに直接望月氏にお目にかかり、約一〇時間にわたって中国と市民社会をめぐる諸問題について討論するというきわめて貴重な機会を得ることとなった。それ以来、メールや書簡による数度にわたるやり取りの中で、マルクスの市民社会論を中国で運用するに際しては、とくに長期的視野に立った歴史意識と、忍耐強くテーマに取り組むという細心の注意が不可欠であることをご教示いただいた。そうした観点から、さらに本書の第一・二章にも目を通していただき、数々の建設的なご意見を望月氏から頂戴できたことは、私にとって何物にもかえがたい生涯の宝物となった。

さらに、私が南京大学の丁瑞媛氏とともにひそかに進めていた平田清明『市民社会と社会主義』（岩波書店、一九六九年）の中国語訳（南京大学出版社より近刊予定）の作業に際しては、平田清明のお弟子さんの一人である経済学者、野沢敏治氏、及びマルクス『経済学批判要綱』研究の第一人者である内田弘氏から、いくつものターミノロジーについて適切な訳語を採用するうえで多大な援助とアドバイスをいただいただけでなく、本書の執筆に当たっても、私の市民社会論を深めるうえで、何度も貴重なコメントを賜っている。

そしてこの市民社会論との関係では、だれよりも植村邦彦氏に対し心からお礼の言葉を申し述べなければならない。本書の序章であれだけ辛らつな批判を加えたにもかかわらず、「アジア的」なものをめぐり、お互いの率直な意見を交わす機会を与えてくださっただけでなく、そのやり取りの公表すら認めてくださったことは、ひとえに植村氏の学問的良心と寛容さに基づくご好意によるものである。このことに対して、ここで改めて深甚なる感謝の意を表したい。

前著に引き続き、今回もまた、こうした編集作業を最初から最後まで温かく見守り、なおかつ一つひとつの原稿を丁寧に読んでコメントして下さったのは、日本におけるウィットフォーゲル研究の先学である湯浅赳男氏である。そもそもウィットフォーゲルの『中国コミュニズム小史』を読んで、その主な論点をより明確にするために補足的論評をほどこしたうえで、日本で紹介することを勧めてくださったのは、他ならぬ湯浅氏であった。湯浅氏は、すでに『革命の社会学』(田畑書店、一九七五年)において、本書で言及した毛沢東の農民革命という「跳び越え」論に対して、ウィットフォーゲルと同じように批判的見解をとっておられたことを再認識して、その先見性に改めて敬服した。また、ニューヨーク在住のG・ウルメン氏には、これまで未公開であった『東洋的専制主義』の「前文」の本書での掲載だけでなく、前回同様、ウィットフォーゲルのいくつかの貴重な写真の使用を許可していただいた。さらに、今回も最初の読者になってくれた社会評論社の新孝一氏には、本書の出版をすでに構想の段階でご快諾いただいただけでなく、出版・編集作業のすべての面で、最後まで丹念にお付き合いを賜った。その新氏が、じつはその昔、インターカレッジで存在していた「中国研究会」というサークルの、他大学所属の先輩であったことを前著の出版後に知り(昔の学生論文集で、新氏が鼎談していたのを私が古いファイルからたまたま発見した)、「類は友を呼ぶ」という言葉の真実味を改めて噛み締めたものである。また、前著に続き、自分の仕事を差し置いて、本書の編集・校正作業の一部を手伝ってくれた妻、和代にも心から謝意を表したい。

最後になるが、本書のタイトルの一部である「パラダイム転換」とは、修士課程時代の恩師、故藤原保信先生の『政治理論のパラダイム転換』(岩波書店、一九八五年)での独創的視点に刺激され、かつその手法を私なりに応用してつけたものである。(もちろん、それがどこまで成功したのかは、はなはだ心もとないが……)。それゆえに本書を、現実社会との「有意性」(relevancy)と「緊張関係」(Spannung)とをつねに自らの学問形成に問い続け、コミュニタリアンの一人として、マルクスにおけるリベラリズム復興の可能性の追求にも果敢に取り組んでおられた先生のご霊前に捧げたい。

二〇一二年九月十日　北京

石井知章

【初出一覧】

序章　本書のための書き下ろし。

第一章　「K・A・ウィットフォーゲルの中国革命論――『アジア的復古』と労農同盟の崩壊をめぐり」、『明治大学教養論集』通巻四五八号、二〇一〇年九月。

第二章　同。

第三章　「K・A・ウィットフォーゲルの中国革命論（その2）――毛沢東の台頭と第二次統一戦線の形成と崩壊をめぐり（上）」、『明治大学教養論集』通巻四六七号、二〇一一年三月。

第四章　「K・A・ウィットフォーゲルの中国革命論（その2）――毛沢東の台頭と第二次統一戦線の形成と崩壊をめぐり（下）」、『明治大学教養論集』通巻四七二号、二〇一一年九月。

第五章　「中国近代のロンダリング――汪暉のレトリックに潜む『前近代』隠蔽の論理」、『中国研究月報』第六六巻、第七号（通巻七七三号）、二〇一二年七月。

第六章　「K・A・ウィットフォーゲル『東洋的専制主義』（一九八一年、ヴィンテージ版）の『前文』への解題とその全文訳」、『明治大学教養論集』通巻四七九号、二〇一二年三月。

終章　本書のための書き下ろし。

[ヤ行]

[ラ行]

[ワ行]

[ハ行]

[マ行]

人名索引

[マ行]

[ヤ行]

[ラ行]

［サ行］

事項索引

石井知章（いしい・ともあき）

1960年生まれ。早稲田大学大学院政治学研究科博士課程修了。政治学博士。（社）共同通信社記者、ILO（国際労働機関）職員を経て、現在、明治大学商学部教授。高麗大学、スタンフォード大学、南京大学客員研究員（2007 — 2009年）。
著書：『中国社会主義国家と労働組合——中国型協商体制の形成過程』御茶の水書房、2007年。『K・A・ウィットフォーゲルの東洋的社会論』社会評論社、2008年。『現代中国政治と労働社会——労働者集団と民主化のゆくえ』御茶の水書房、2010年（日本労働ペンクラブ賞受賞）。
共著：Masaharu Hishida, Kazuko Kojima, Tomoaki Ishii, Qiao Jian, *China's Trade Unions-How Autonomous Are They*, Routledge, 2009. 菱田雅晴編『中国——基層からのガバナンス』法政大学出版局、2010年。石井知章・小林英夫・米谷匡史編『一九三〇年代のアジア社会論——「東亜協同体」論を中心とする言説空間の諸相』社会評論社、2010年など。
訳著：アンドレイ・ランコフ（下斗米伸夫・石井知章訳）『スターリンから金日成へ——北朝鮮国家の形成 1945-1960年』法政大学出版局、2011年。傅佛果（鄧偉権・石井知章訳）『中江丑吉在中国』商務印書館、2011年。

中国革命論のパラダイム転換
K・A・ウィットフォーゲルの「アジア的復古」をめぐり

2012年10月25日　初版第1刷発行

著　者＊石井知章
発行人＊松田健二
発行所＊株式会社社会評論社
東京都文京区本郷2-3-10
tel.03-3814-3861/fax.03-3818-2808
http://www.shahyo.com/
印刷・製本＊倉敷印刷株式会社

Printed in Japan